广西大学对口支援学科建设项目（合同编号：2023N03）

外部治理与实体企业金融化

秦建文　胡金城　著

中国财经出版传媒集团
中国财政经济出版社
·北京·

图书在版编目（CIP）数据

外部治理与实体企业金融化／秦建文，胡金城著．北京：中国财政经济出版社，2024.10. －－ISBN 978－7－5223－3503－2

Ⅰ．F279.23

中国国家版本馆 CIP 数据核字第 2024UX5933 号

责任编辑：张怡然　　　　责任校对：胡永立

封面设计：陈宇琰　　　　责任印制：张　健

外部治理与实体企业金融化

WAIBU ZHILI YU SHITI QIYE JINRONGHUA

中国财政经济出版社 出版

URL：http：//www.cfeph.cn

E－mail：cfeph@cfeph.cn

社址：北京市海淀区阜成路甲 28 号　邮政编码：100142

营销中心电话：010－88191522

天猫网店：中国财政经济出版社旗舰店

网址：https：//zgczjjcbs.tmall.com

北京虎彩文化传播有限公司印刷　各地新华书店经销

成品尺寸：170mm×240mm　16 开　15 印张　230 000 字

2024 年 10 月第 1 版　2024 年 10 月北京第 1 次印刷

定价：69.00 元

ISBN 978－7－5223－3503－2

（图书出现印装问题，本社负责调换，电话：010－88190548）

本社图书质量投诉电话：010－88190744

打击盗版举报热线：010－88191661　QQ：2242791300

序

近年来，经济金融化和“脱实向虚”问题已经成为我国经济发展过程中的突出问题，并引发决策部门和学术界的密切关注。从宏观视角来看，相关数据显示，一方面，金融业增加值占GDP比重从2006年的4.5%增长到2020年的8.3%；房地产行业增加值占GDP比重从2006年的4.7%上升至2020年的7.3%；泛金融增加值占GDP比重从2006年的9.2%上升至2020年的15.6%，年均增长0.32个百分点，且仍然有继续上升的趋势。同时，涉足金融领域的企业数量也呈现不断攀升的态势。以实体企业参与委托理财为例，2011年以来我国上市公司参与委托理财的数量出现了井喷式增长，2016年参与委托理财的上市公司数量达到1405家，占当年A股上市公司总数的46.04%。实体企业金融化的方式不止委托理财这一项，企业对外股权投资、投资房地产和一些影子银行业务等都属于金融化的范畴。

实体经济是一国经济的立身之本、财富之源。从根本上说，金融部门是服务实体经济的，一旦脱离了实体经济，金融将失去其本身的意义，并且从历史经验来看，经济危机的出现往往与金融部门的过度发展紧密相关。党的十八大以来，习近平总书记高度重视实体经济振兴发展，明确提出“实体经济是一国经济的立身之本，是财富创造的根本源泉，是国家强盛的重要支柱”“我们这么一个大国要强大，要靠实体经济，不能泡沫化”“中国式现代化不能走脱实向虚的路子”“要扭住实体经济不放，继续不懈奋斗，扎扎实实攀登世界高峰”……一系列重要论述生动阐明了实体经济举足轻重的分量。实体企业是实体经济的基础，防止经济过度金融化，一个重要的方向就是防止实体企业过度金融化。因此，探究实体企业金融化的影响因素及其机制，对于防范实体经济“脱实向虚”以及系统性金融风险具有重要的理论意义和现实意义。

学术界对企业金融化的影响因素进行了大量的研究，现有研究大多关注宏观经济因素和企业内部治理对企业金融化的影响，但鲜有研究考虑到公司外部治理的作用。公司外部治理是指公司与外部利益相关者之间的关系和互动。它的目的是确保公司遵守法律、规章制度和道德标准，保护股东权益，维护公司的声誉和长期发展。公司内部治理和外部治理相互依存，缺一不可。公司内部治理的有效性需要受到外部治理的监督和约束，外部治理的有效性也需要建立在公司内部治理的基础上。如果公司缺乏有效的内部治理机制，就难以实现良好的外部治理，外部利益相关者的权益可能无法得到保护。相反，如果公司缺乏有效的外部治理机制，就难以监督和约束公司的行为，公司可能产生权力滥用、违法违规等问题。本书将系统研究公司外部治理对实体企业金融化的影响，试图厘清各类外部治理措施对企业金融化的影响机制，同时提出针对性的对策建议。

本书首先对外部治理及实体企业金融化的概念和特点进行了系统的阐述，为读者提供了对实体企业金融化的整体认识；其次，系统地梳理与本书研究相关的现有文献以及相关理论基础，为后文研究打下基础；再次，根据现有研究论述了三类不同的外部治理影响企业金融化的机制，从政府治理、市场治理和社会治理三个方面系统地分析了外部治理对实体企业金融化的影响，同时提出后文实证分析的研究假设；最后，分别选择违规监管、经理人市场竞争和分析师关注三个外部治理机制，通过实证研究提供定量分析的结果。这些研究结果不仅为人们更好地理解实体企业金融化过程中的外部治理问题提供了重要的理论支持，也为相关政策的制定和实施提供了重要的参考依据。

作为本书的共同作者，我们首先要感谢所有在本书研究和撰写过程中给予帮助和支持的人们，同时还要感谢中国财政经济出版社对本书的认可和支持。希望本书能够得到广大读者的认可和关注，并为中国实体经济高质量发展和企业外部治理的优化提供有益的参考。

秦建文　胡金城

2024 年 7 月

目　录

第1章　绪　　论

1.1　研究背景与意义

1.1.1　研究背景

实体企业“脱实向虚”现象是当前学术界和实务界的热点话题。实体经济是一国经济的立身之本、财富之源，是国家强盛的重要支柱，是现代化经济体系的坚实基础。然而，近十几年来，我国的工业增加值占GDP比重（以下简称“工业增加值比重”）和制造业增加值占GDP比重（以下简称“制造业增加值比重”）呈现连年下滑的态势（见图1-1）。

由图1-1可以发现，全国工业增加值从2006年的42%下降到2020年的30.8%，同期制造业增加值比重由32.5%下降至26.2%。短短15年时间，工业增加值比重下降了11.2个百分点，年均下降0.75个百分点；制造业增加值比重下降了6.3个百分点，年均下降0.42个百分点，下降速度明显过快①。同时，我国工业增加值比重和制造业增加值比重还表现为过早开始下降。已实现工业化的国家经验表明，工业增加值比重和制造业增加值比重往往在人均GDP达到较高的水平后才开始下降。比如，美国、德国和日本的人均GDP分别达到了1.7万、2.0万和1.9万美元（2010年不变价）

① 从制造业强国的发展规律来看，制造业比重下降阶段一般耗时几十年甚至半个多世纪。

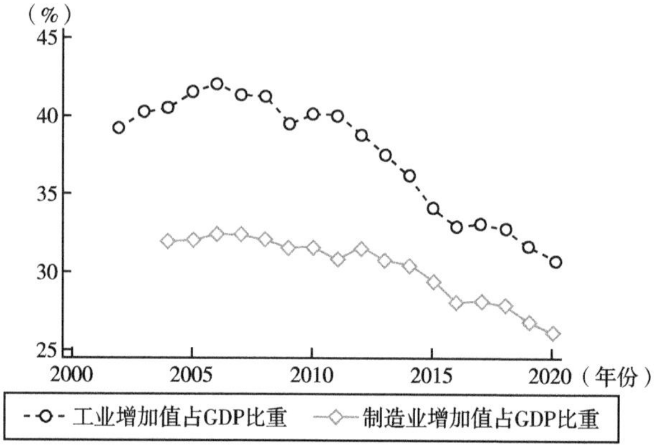

图 1-1 中国工业和制造业增加值占 GDP 的比重

注：数据来源于历年《中国统计年鉴》；图由作者使用 STATA 绘制。

时，制造业增加值比重才开始下降。从我国的经验来看，2006 年我国的人均 GDP 仅有 3069 美元（2010 年不变价）①，同期工业增加值比重和制造业增加值比重分别达到 42% 和 32.5% 就开始下降。根据蔡昉（2021）[1] 运用世界各国数据的测算，人均 GDP 至少要达到 2 万美元（2010 年不变价）且进入相对稳定的高收入发展阶段时，制造业增加值比重的下降才符合大数据规律。而我国的工业增加值比重和制造业增加值比重下降的节点明显不符合大数据规律。一方面，我国的人均 GDP 还处在不断上升且远未达到相对稳定的高收入阶段；另一方面，目前我国距离实现工业化国家仍有一定的差距，在实现工业化国家的道路上仍需要工业和制造业不断发力。针对我国工业增加值比重和制造业增加值比重"过早"和"过快"下降的现象，不少学者提出了质疑的声音，比如过早去工业化容易掉入中等收入陷阱（黄群慧等，2017[2]）、过度去工业化不利于中国经济的增长（魏后凯和王颂吉，2019[3]），以及我国制造业增加值比重下降表现为"早熟"② 的特征，应该将

① 人均 GDP 数据来源于国家统计局。

② 蔡昉（2021）将世界各国制造业发展规律归为两大类：一是水到渠成类型，表现为人均 GDP 达到了较高的水平且农业占 GDP 的比重很低，制造业增加值比重下降后，制造业可以顺利实现升级换代，该类型的代表有 1953 年的美国和 1970 年的日本。二是"早熟"类型，表现为人均 GDP 正处于中等偏上水平且农业占 GDP 的比重仍然偏高的情况下，制造业增加值比重就开始下降，容易造成产业升级换代不成功的后果，该类型的代表有 1974 年的巴西和阿根廷。

当前制造业增加值比重设为警戒线且应该努力遏制其继续下降，等等（蔡昉，2021[1]）。

与工业增加值和制造业增加值的比重连年下降相反的是，我国的虚拟经济增长迅速，不论是金融业增加值占 GDP 比重，还是房地产业①增加值占 GDP 比重，都保持着较好的增长态势（见图 1－2）。其中，金融业增加值占 GDP 比重从 2006 年的 4.5% 增长到 2020 年的 8.3%，房地产行业增加值占 GDP 比重从 2006 年的 4.7% 上升至 2020 年的 7.3%，泛金融②增加值占 GDP 比重从 2006 年的 9.2% 上升至 2020 年的 15.6%，年均增长 0.32 个百分点，且仍然有继续上升的趋势。相比之下，我国金融业增加值占 CDP 比重在全球范围内处于较高的水平，已超过美国、英国、德国、日本等主要经济发达国家。甚至有学者认为中国已经进入经济金融化阶段，主要表现为金融部门的膨胀和非金融企业利润积累渠道的金融化，应警惕经济过度金融化（张成思和张步昙，2015[4]）。

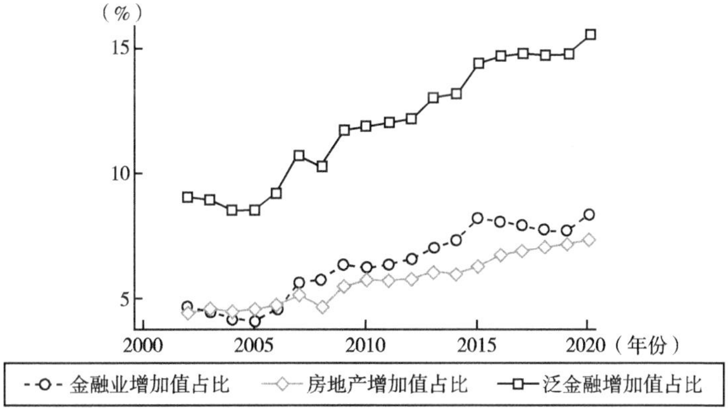

图 1－2 中国金融化率

注：数据来源于历年《中国统计年鉴》；图由作者使用 STATA 绘制。

从微观视角来看，实体企业配置金融资产成为企业重要的投资方式，而最受上市实体企业欢迎的一种金融投资方式就是委托理财（主要包括购

① 由于房地产行业的投资属性较强，因此，学术界将房地产行业归为泛金融业。

② 学术界将“泛金融部门”定义为：金融业、保险业和房地产业（finance，insurance，real estate，简称 FIRE）（Krippner，2005）。本书借鉴张鹏（2021）的做法，泛金融增加值占比 = 传统金融业增加值占比 + 房地产业增加值占比。

买基金、理财产品和信托产品，委托贴现，委托投资，参与资产管理计划等方式）。国泰安数据库的相关数据显示（见图1-3），2010年以前我国上市公司中参与委托理财的数量极少，且保持相对稳定。2011年以来，我国上市公司参与委托理财的数量出现了井喷式增长，2016年参与委托理财的上市公司数量达到1405家，占当年A股上市公司总数的46.04%，与之形成对比的是，2007年参与委托理财的上市公司数量仅有21家，仅占当年A股上市公司总数的1.35%。由此可见，近十年越来越多的中国上市公司进入金融领域，虽然在2017年后有一定的下降趋势，但委托理财公司占A股上市公司总数的比例仍然维持在30%左右，依然处于较高的水平。国泰安数据显示，2019年上市公司购买银行理财产品的认购金额总额就达到了1.66万亿元。企业金融化的方式还不止委托理财这一项，企业对外股权投资、投资房地产和一些影子银行业务等都属于金融化的范畴。可想而知，当前我国涉及金融化的上市公司数量和规模都达到了相当高的水平。

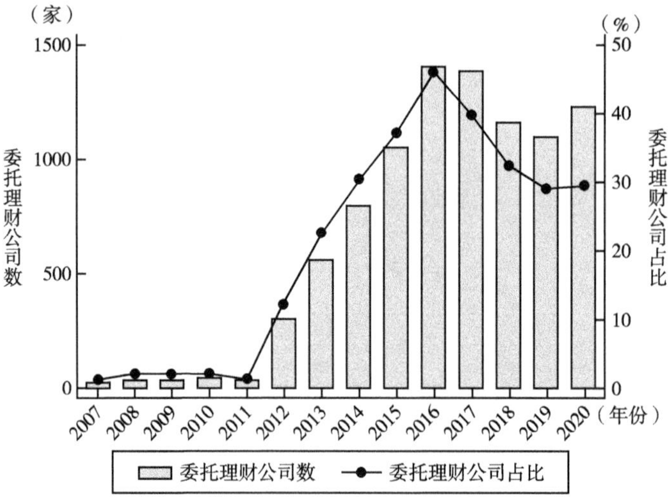

图1-3　委托理财上市公司数量及占当年上市公司总数的比例

注：数据来源于国泰安数据库，并经作者整理和计算所得；图由作者使用STATA绘制。

实体企业金融化现象受到了学术界的关注。企业金融化的影响因素的相关研究主要探讨了公司内部治理如何影响企业金融化，而忽视了外部治理如何影响企业金融化。经理人治理方面，Lazonick（2011）[5]认为，股东价值最大化观念是推动美国企业金融化的主要因素。另外，CEO的金融背景对企业金融化具有显著的正向影响，且这种影响在非银行金融背景情境下更为显著（杜勇等，2019[6]）。股东治理方面，非控股大股东通过“退出威胁”能够有效抑制长期金融投资（余怒涛等，2021[7]），而控股股东的股权质押行为促使企业配置更多投机性的金融资产，表现为控股股东的“掏空”动机（杜勇和眭鑫，2021[8]）。但是，鲜有研究从公司外部治理角度探讨企业金融化的原因。在实体企业“脱实向虚”趋势不断加深的背景下，探讨企业金融化的影响因素，同时了解其作用机制，对于防止经济“脱实向虚”和防范系统性金融风险具有重要意义。

本书关注的核心问题是：公司外部治理机制如何影响企业金融化？相应的作用机制是什么？具体来看，本书基于公司外部治理的定义，分别从市场、政府和社会三个视角选取经理人市场竞争、违规监管和分析师关注来表征公司外部治理机制。首先，经理人市场竞争对经理人的激励约束作用主要体现在代理权竞争机制、信息治理机制和声誉激励机制三个方面（陈婧和方军雄，2020[9]）。基于声誉激励机制和信息治理机制，经理人市场竞争可能会抑制企业金融化；基于代理权竞争机制，经理人市场竞争可能会促进企业金融化。两种相反的作用结果需要利用实证分析进一步检验。其次，已有研究表明，违规监管有助于揭示出公司隐藏的信息，提高公司信息披露的透明度（顾小龙等，2016[10]）。那么，违规监管是否有助于揭示企业金融化过程中的违规行为，减少经理人的信息披露机会主义行为，进而抑制企业金融化呢？有待深入研究。最后，分析师是社会对公司治理进行监督的重要力量，分析师关注的公司治理效应主要有业绩压力假说、信息揭示假说和监督假说（He and Tian，2013[11]；陈钦源等，2017[12]）。经理人既有可能为了迎合分析师盈余预测的目标而增加金融资产配置，也可能因为分析师关注的外部监督作用，减少金融资产配置。分析师关注对企业金融化的总体效应应该是上述两种作用的总和，需要进一步通过实证分析来检验。

1.1.2 研究意义

1.1.2.1 理论意义

本书丰富了企业金融化的相关研究领域。实体企业金融化影响因素的现有文献主要集中在公司内部治理、宏观经济因素和产业政策等的研究，而对于公司外部治理的关注十分有限。本书以公司外部治理为切入点，从理论和实证两个方面对公司外部治理如何影响实体企业金融化进行了系统的研究，不仅丰富了企业金融化的研究领域，还为公司外部治理与实体企业金融化的研究提供了可供参考的研究范式。

1.1.2.2 现实意义

本书从市场治理、政府治理和社会治理三个视角系统地研究了公司外部治理如何影响企业金融化，并且分析了其中的作用机制以及不同变量下的调节效应。对于公司股东而言，本书的结论有助于引起股东对公司治理的关注，公司股东在关注公司内部治理的同时，也要重视公司外部治理，防止管理层和控股大股东通过企业金融化方式来侵害投资者利益。对于监管部门而言，本书研究有助于监管部门从公司外部治理视角制定相应的政策和法律法规，以防止经济“脱实向虚”。

1.2 研究内容与方法

1.2.1 研究内容

在制造业增加值占比下降“过早”“过快”以及企业金融化趋势逐年增强的背景下，本书从公司外部治理视角探讨了企业金融化的影响因素。本书研究的主要内容包括两大部分：第一部分包括文献综述、理论基础和理论模型；第二部分基于外部治理的定义，从市场治理、政府治理和社会治理三个视角分别选取经理人市场竞争、违规监管和分析师关注来表征公司外部治理机制，并实证分析其对企业金融化的影响。具体而言，本书研究从如下 7 个章节展开。

第一章：绪论。首先，从工业增加值占比、制造业增加值占比以及企业金融化趋势介绍本书的研究背景。通过对现有研究的简单梳理和总结，说明本书研究工作的重要性，并提出本书的研究问题。其次，简单介绍本书的研究内容和涉及的研究方法，并画出本书的技术路线图。最后，从研究视角、研究方法和研究结论三个方面来总结本书的创新点。

第二章：理论基础与文献综述。首先，对外部治理和企业金融化的概念进行界定。其次，梳理本书研究的理论基础，主要包括预防性储蓄理论、信息不对称理论、委托代理理论和法律不完备理论，为后续研究提供理论支撑。最后，主要从外部治理和企业金融化两个方面梳理现有文献。其中，外部治理主要梳理了经理人市场竞争、违规监管和分析师关注三个公司外部治理机制的治理效应的相关文献，企业金融化主要梳理了企业金融化的动机和企业金融化的影响因素的相关文献。

第三章：理论分析与研究假设。本章首先从市场治理、社会治理和政府治理三个方面梳理不同外部治理机制的治理作用，并总结出一般规律。其次，对经理人市场竞争影响企业金融化进行理论分析，并使用理论模型推导经理人市场竞争如何影响经理人的金融投资行为，再结合理论分析及模型推导的结果提出本章的研究假设。再次，对违规监管影响企业金融化进行理论分析，并根据理论分析提出研究假设。最后，对分析师关注影响企业金融化进行理论分析，并根据理论分析提出研究假设。

第四章：经理人市场竞争对实体企业金融化的影响研究。本章以经理人市场竞争为代表考察了市场治理对企业金融化的影响和作用机制。本章首先使用普通最小二乘法（简称 OLS 方法）研究了经理人市场竞争对企业金融化的影响。接着，将高铁开通作为准自然实验，构造双重差分模型并实证分析经理人市场竞争如何影响实体企业金融化。同时，采用多种方法对本章实证结论进行稳健性分析。最后，进一步探究经理人市场竞争影响实体企业金融化的作用机制与调节效应。

第五章：违规监管对实体企业金融化的影响研究。本章以违规监管为代表考察了政府治理对企业金融化的影响和作用机制。本章采用与上一章相似的分析框架，首先将违规监管作为准自然实验，构造双重差分模型并实证分析经理人市场竞争如何影响实体企业金融化。其次，采用多种方法对本章实证结论进行稳健性分析。最后，进一步探究违规监管影响实体企业金融化的作用机制与调节效应。

第六章：分析师关注对实体企业金融化的影响研究。本章以分析师关注为代表考察了社会治理对企业金融化的影响和作用机制。与前两章的分析框架相似，本章首先以目标公司受到分析师关注的人数来测度分析师关注，并实证分析分析师关注如何影响实体企业金融化。其次，采用多种方法对本章实证结论进行稳健性分析。最后，进一步探究分析师关注影响实体企业金融化的作用机制与调节效应。

第七章：结论与政策建议。总结本书的研究结论，同时针对本书的研究结论提出具有针对性的政策建议。另外，对本书的研究不足做出评价，并表明未来努力的方向。

1.2.2 研究方法

1.2.2.1 文献研究法

本书研究过程中从中国知网、谷歌学术和 Web of Science 搜索了大量的相关文献。具体来看，主要从《经济研究》《管理世界》《中国工业经济》《金融研究》和《经济学动态》等中文权威期刊，以及 *Management Science*、*Review of Economic Studies*、*Journal of Finance*、*Journal of Financial and Quantitative Analysis* 和 *Journal of Financial Economics* 等英文权威期刊查阅了大量有关企业金融化或外部治理的相关文献。其中，搜索的文献主要以近 5 年的文献为主，也包括发表时间较长的经典文献。另外，还有少部分引用来源于尚未公开发表的工作论文和相关的专著。本书对现有文献进行梳理和总结，形成了本书的文献综述和理论基础。当然，文献的引用也体现在本书其他部分需要引用的地方。

1.2.2.2 规范研究法

本书的规范研究法主要体现在论文的前半部分。具体来看，在绪论部分，分析了当前宏观经济形势和企业发展趋势，并阐述了本书研究主题的重要性、研究的主要内容以及研究的意义和创新点。在理论基础和文献综述部分，首先，梳理现有研究对于相关概念界定的发展脉络，并比较了相关概念之间的区别与联系，以此为基础对本书研究涉及的相关概念进行界定。其次，简单回顾了预防性储蓄理论、信息不对称理论和委托代理理论这三个理论的主要内容以及理论的发展情况。最后，分别从外部治理和企业金融化两个方面梳理现有研究，并提出现有研究的不足之处及本书研究课题未来努力的方向。

1.2.2.3 实证研究法

实证研究法是经济学学术研究中最为常用的一种方法，也是本书使用的主要研究法。在统计学中，OLS 方法是一种用于在线性回归模型中估计未知参数的线性最小二乘法，适用于大样本面板数据，且是当前面板数据的实证分析中最成熟和可靠的实证方法。因此，本书实证研究中以 OLS 方法为主要方法。在实际的研究中，结合特定的研究情景，分别以违规监管和高铁开通作为准自然实验，使用双重差分法（Differences - in - Differences）进行分析。另外，在稳健性分析部分，本书的实证研究法也涉及倾向得分匹配法（PSM）、PSM - DID 和工具变量法等实证研究法。

1.3 研究的技术路线与创新点

1.3.1 本书的技术路线

本书的技术路线图如图 1 -4 所示。

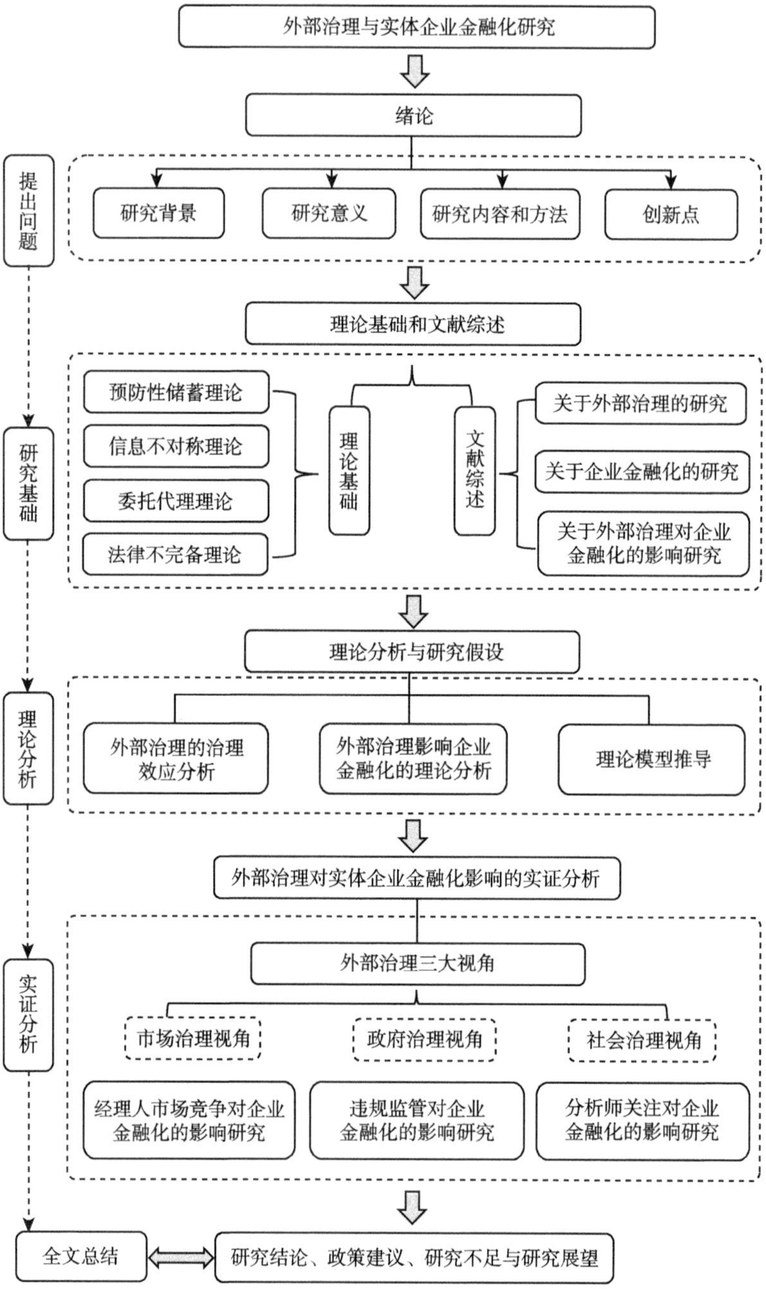
外部治理与实体企业金融化研究
绪论
提出问题
研究背景
研究意义
研究内容和方法
创新点
理论基础和文献综述
研究基础
预防性储蓄理论
信息不对称理论
委托代理理论
法律不完备理论
理论基础
文献综述
关于外部治理的研究
关于企业金融化的研究
关于外部治理对企业金融化的影响研究
理论分析与研究假设
理论分析
外部治理的治理效应分析
外部治理影响企业金融化的理论分析
理论模型推导
外部治理对实体企业金融化影响的实证分析
实证分析
外部治理三大视角
市场治理视角
政府治理视角
社会治理视角
经理人市场竞争对企业金融化的影响研究
违规监管对企业金融化的影响研究
分析师关注对企业金融化的影响研究
全文总结
研究结论、政策建议、研究不足与研究展望

图 1-4　技术路线图

1.3.2 本书的创新点

1.3.2.1 研究视角创新

本书创新性地从公司外部治理视角分析了企业金融化行为，丰富了外部治理领域的研究。本书对公司外部治理与企业金融化之间的联系从规范和实证两个层面给出了系统分析。理论分析部分分析了经理人市场竞争、违规监管和分析师关注的公司治理作用，同时，使用理论模型分析了经理人市场竞争对企业金融化的影响，为后续外部治理与企业金融化的研究奠定了理论基础。实证部分选取了经理人市场竞争、违规监管和分析师关注来表征企业金融化行为所面临的外部治理机制，利用多种计量方法详细论证了外部治理与企业金融化之间的关联。

1.3.2.2 研究方法创新

本书将高铁开通作为准自然实验，使用双重差分模型研究了经理人市场竞争对企业金融化的影响及其作用机理，实现了研究方法的创新。已有研究仅使用固定效应模型来探讨经理人市场竞争的治理效应，该方法存在的问题是如何有效地解决内生性问题。基于高铁开通对高铁开通城市人力资源市场的冲击，本书根据受到高铁开通对经理人市场竞争影响的大小来构造处理组和控制组，并使用双重差分法来识别出政策效应，为未来相关研究提供了可供参考的研究方法。

1.3.2.3 研究成果创新

本书构建了外部治理对企业金融化影响的分析框架，对于后续研究具有一定的借鉴意义，可以将本书的分析框架拓展到其他的外部治理机制；更为重要的是，本书构建的理论模型部分可以成为推导外部治理机制对企业金融化影响理论模型的重要基础。本书实证分析了经理人市场竞争、违规监管和分析师关注对企业金融化的影响，基于实证分析结果提出了针对性政策建议。

第 2 章 理论基础与文献综述

2.1 相关概念界定

2.1.1 企业金融化

“金融化”一词最早出现于 Baran 和 Sweezy（1966）[13]的书中，是英文单词“Financialization”的翻译。但直到 20 世纪 90 年代，金融化现象才受到学术界越来越多的关注。何为金融化？不同的研究给出了不同的答案，主要有以下几种流行的观点。

一种观点从宏观经济角度定义金融化，认为金融化是指金融动机、金融市场、金融行为和金融机构在国内和国际经济运行中发挥越来越大的作用（Epstein，2006[14]）。与上述观点相似的是，Palley（2007）[15]认为金融化是金融市场、金融机构和金融精英对经济政策和经济结果的影响逐渐加深的过程。这些影响主要体现在三个方面：一是，相对于实体部门，金融部门的重要性和影响力越来越大；二是，工资从实体部门往金融部门转移的趋势越来越明显；三是，工资不平等程度上升以及工资增长停滞。同时，作者还指出新自由主义①盛行是金融化趋势不断增强的重要原因，比如经济

① 新自由主义（Neoliberalism）是英国现代政治思想的主要派别。主张在新的历史时期维护个人自由、调解社会矛盾、维护自由竞争的资本主义制度。因而成为一种经济自由主义的复苏形式，自 20 世纪 70 年代以来在国际的经济政策上扮演着越来越重要的角色。新自由主义指的是一种“政治一经济”哲学，反对国家对于国内经济的干预。

全球化、小政府、弹性劳动力市场和放弃充分就业目标等新自由主义经济政策推动了金融化。

另一种观点从中观经济角度定义金融化，主要是指大宗商品①或资产的金融化（张成思，2019[16]）。这主要是因为大宗商品或资产金融化可以将金融市场（宏观）和经济主体（微观）串联起来，因此，可以将大宗商品或资产金融化视为中观角度的金融化。大宗商品金融化方面，张成思(2019)[16]认为商品供需层面矛盾引起的价格波动并不能说明一种商品是否金融化，而真正让商品走向金融化的是期货交易的诞生。早期大宗商品的期货交易还是以真实交易为背景、套期保值为目的，随着金融市场的发展，期货交易不再是以真实交易为背景，而是通过期货交易来达到投机的目的。此时，大宗商品的期货交易实质上是金融交易，进入期货市场的资金规模越大，大宗商品金融化程度越高（Basak and Pavlova，2016[17]）。资产金融化方面，Ibbotson 等（2013）[18]认为，随着金融创新不断发展，越来越多的资产被转化为金融资产，提高了资产的流动性，而金融化就是改变资产的流动性。

还有一种观点从微观经济角度出发，将金融化界定为金融渠道积累利润成为企业利润获得的主导方式（Arrighi，1994[19]）。后来，Krippner（2005）[20]在 Arrighi（1994）的基础上进一步完善了金融化的定义，将金融化界定为利润主要通过金融渠道而不是通过商品和贸易渠道获得。这一定义包含两层意思：一方面，金融行业的利润占各行业总利润比例不断提升；另一方面，更为重要的是，实体企业的利润主要来源于金融渠道。此外，还有文献从股东价值导向视角界定了金融化（Sawyer，2013[21]；Lazonick and O'Sullivan，2000[22]；Froud et al.，2000[23]）。他们认为金融化是股东价值最大化理念在公司治理中的地位越来越重要的一种现象。在股东价值最大化理念的影响下，公司经理人更关注短期业绩和公司股价表现，容易造成投资短视问题。也就是说，为了达到外界对公司的业绩预期，维持公司股价，公司经理人热衷于将更多资金投入金融市场来获取高额的收益，而不

① 张成思（2019）认为，中观层面的金融化既包括大宗商品金融化，也包括普通商品金融化。只是两者发生在不同的市场，前者是金融化市场，后者是产品市场。它们的金融化机制很相似，因此，都可以归结为中观层面的金融化。

是通过公司日常生产经营活动获取利润。

另外，还有学者从政治经济学角度阐述了金融化的内涵。马克思和恩格斯的政治经济学没有具体研究金融化，但其关于资本本性的论述，一定程度上揭示了金融化的必然性。这是因为，首先，逐利是资本的天性。“资本只有一种生活本能，那就是增殖自身，获取剩余价值，吮吸尽可能多的剩余劳动。”① 其次，资本只有不断投入生产和扩大再生产中才能实现自我增殖。然而，资本的增殖也有一定的条件限制。“资本作为生产出来的产品总会遇到现有消费量或消费能力的限制。”② 为了突破“生产—交换”领域的积累束缚，持续获取更多的剩余价值，资本一定会脱离“生产—交换”领域，进入金融领域寻找新的增殖方式，这也就是为什么说金融化是一种必然现象的原因（Lapavitsas，2009[24]；Froud et al.，2001[25]）。基于政治经济学视角，部分研究认为金融化是指资本脱离实体经济独立在金融系统实现增殖的现象（Foster，2010[26]；Foster，2008[27]；Foster，2007[28]）。鲁春义和丁晓钦（2016）[29]提出了更为全面的定义，他们认为金融化是资本积累不再通过创造剩余价值而是通过资本在金融系统中不断循环以实现增殖的现象。从宏观角度来看，金融化反映了经济生产和分配方式的转变。从微观角度来看，金融化反映了非金融企业获取利润的方式由生产经营活动向金融活动的转变，金融企业更加关注表外业务和中间业务。同时，他们还指出金融化主要有四个方面特征：第一，股东利益最大化理念在公司治理中占据支配的地位；第二，金融活动成为资本增殖的主要渠道；第三，资本市场规模及作用越来越大；第四，食利阶层的政治和经济影响力越来越突出。

综上所述，大部分研究都是围绕“金融化”进行界定，虽然一些金融化的内涵在微观层面涉及企业金融化，但是仍然缺少对“企业金融化”的科学定义。相反，近几年企业金融化成为国内学术界的热点话题，针对企业金融化的内涵，国内学者们从不同角度给出了不同的定义。主要的观点

---

① 马克思、恩格斯：《马克思恩格斯全集》（第 23 卷），北京：人民出版社，1972 年，第 260 页。

② 马克思、恩格斯：《马克思恩格斯全集》（第 46 卷 · 上），北京：人民出版社，1979 年，第 387 页。

有：蔡明荣和任世驰（2014）[30]将国外有关企业金融化的内涵总结为两个方面，一方面是企业对金融投资的依赖性增强，另一方面是金融投资成为企业利润来源的主要渠道。但是，他们认为此类定义仅仅局限于非金融企业的问题，并没有包含金融企业。对于金融化究竟是投资还是筹资问题，是利润来源问题还是利润分配问题，也没能够清晰界定。为了弥补上述缺陷，蔡明荣和任世驰（2014）[30]认为可以从行为和结果两个层面对企业金融化进行界定。他们认为企业金融化是指企业资产更多地运用于金融投资的资产配置方式（行为层面）和企业利润更多地来源于金融投资而非传统的经营活动（结果层面）。与上述将金融企业和非金融企业都涵括在企业金融化的概念不同的是，戴赜等（2018）[31]将企业金融化的概念界定为非金融企业的金融化，具体是指非金融企业减少实体投资、增加金融投资的一种趋势。

在上述文献研究的基础上，本书认为，首先，金融化不仅局限于宏观层面金融市场的规模和重要性逐渐增大，也不局限于中观层面大宗商品或者资产的金融化，更不仅仅是微观层面的企业金融化，本书研究的企业金融化则是金融化在微观层面的表现。其次，企业金融化需要从行为和结果两个层面来定义，这是因为，仅仅从企业金融资产配置的行为来定义是不够全面的，例如，企业配置金融资产仅仅是出于预防性储蓄的目的。最后，本书将企业金融化的概念界定为非金融企业的金融化。非金融企业主要包括除了银行、证券、保险和房地产类企业之外的实体企业。因此，本书将企业金融化界定为：从行为层面看，非金融企业逐渐减少实体投资、增加金融投资的资产配置行为；从结果层面看，企业利润来源渠道逐渐转化为金融渠道的一种趋势。

2.1.2　外部治理

20 世纪 70 年代以来，现代企业理论发展迅速，带动了公司治理的研究。从现有研究来看，国内外学者对公司治理内涵存在较大争论。理论界关于公司治理内涵的代表性观点有：一是围绕控制和监督管理层的行为进行界定。吴敬琏（1994）[32]认为公司治理结构是指所有者、董事会和总经理之间形成的一种组织结构，三者之间相互监督、相互制约。完善公司治理就要明确各方权力、利益和责任。林毅夫和李周（1997）[33]认为公司治理结构是指公司所有者对公司的经营管理和绩效进行监督和控制的一整套制度安排；同时也指出，人们通常关注的公司治理指的仅仅是公司内部治理。二是围绕保护投资者利益进行界定。Shleifer 和 Vishny（1997）[34]认为公司治理是使投资者（股东）能够获得应有投资收益的方式。由于信息不对称和代理问题的存在，投资者担心自身利益会受到侵占，由此提出大股东治理和加强对投资者法律保护两种公司治理模式。Tirole（2001）[35]提出的公司治理内涵与 Shleifer 和 Vishny（1997）相似，他认为公司治理是能够缓解代理冲突，减少代理人逆向选择和道德风险问题的一系列治理机制，比如控制权市场和激励合约设计等。三是从广义和狭义两个视角进行界定。Blair（1995）[36]认为，狭义视角下公司治理结构是指明确董事会、股东和经理人员的权力、职责和利益等方面的制度安排，广义视角下公司治理结构可理解为如何通过规范、法律和文化等正式制度和非正式制度有效地安排公司控制权和剩余索取权，包括如何有效使用控制权，风险、收益如何分配等问题。张维迎（1996）[37]认同 Blair（1995）[36]的观点，同时也指出公司所有权安排等同于广义公司治理结构，或者可以将公司所有权安排的具体化看作是公司治理结构。具体来说，公司治理结构是由一系列正式和非正式契约组成，正式契约包括公司法、证券法和劳动法等通用契约，以及公司章程和条例等特殊契约，非正式契约主要是指并没有在合同中明确规定且不具备法律执行力的社会、文化和习惯等方面的行为规范。李维安（2001）[38]认为狭义的公司治理是指委托人对代理人进行监督和激励的机制，具体来看，通过设计一套监督和激励机制来缓解信息不对称情境下的代理问题。作者认为狭义的公司治理是指公司内部治理，主要包括股东大会、董事会和监事会等内部治理主体。其目标是保证股东利益的最大化，防止经营者对所有者利益的背离。广义的公司治理不局限于股东对代理人的监督与激励，还涉及广泛的利益相关者，包括股东、雇员、债权人、供应商和政府等与公司有利害关系的集体或个人。公司治理是通过一套包括正式或非正式的、内部或外部的制度或机制来协调公司与所有利益相关者之间的利益关系，以保证公司决策的科学性与公正性，从而最终维护各方面的利益。

综上，学者们从不同角度和侧重点定义了公司治理，需要注意的是，上述公司治理的相关定义，部分是直接对公司治理进行定义，部分是对公司治理结构进行定义，而公司治理结构仅仅是公司治理的一部分。郑志刚(2010)[39]认为公司治理可以分为公司治理结构和公司治理机制两个层次，公司治理结构主要是产权安排的问题，公司治理机制主要是公司各种治理机制的设计与实施的问题。因此，公司内部治理和公司外部治理需要从治理结构和治理机制两个层面去理解。

学者们的关注点大多都在公司内部治理上，较少关注公司外部治理。何为外部治理？目前尚未有统一的共识。基于 Blair（1995）[36]、张维迎(1996)[37]、李维安（2001）[38]等研究对公司治理（或公司治理结构）的定义，广义的公司治理包含公司内部治理和公司外部治理。目前，学术界关于公司外部治理（公司外部治理机制）的定义主要有：Rediker 和 Seth(1995)[40]认为，外部治理是指来自公司外部的威胁对公司治理产生的影响，比如外部更优秀的经理人对当前经理人职位的威胁、公司所在行业产品市场竞争对公司清算和破产的威胁以及外部的恶意并购对所有者控制权的威胁等。冯根福（2001）[41]认为公司外部治理机制主要由社会机制、行政机制和市场机制三个方面构成。其中，公司外部治理的社会机制主要有中介机构的信用机制；公司外部治理的行政机制主要有政府对一级和二级市场的管理机制；公司外部治理的市场机制主要有职业经理人市场和公司控制权市场机制。白重恩等（2005）[42]认为公司外部治理机制包括企业控制权市场、法制基础和中小投资者权益保护和产品市场的竞争程度。Denis（2001）[43]认为公司外部治理机制主要包括经理人市场、控制权市场和产品市场竞争等机制。谢志华（2008）[44]认为公司治理分为公司内部治理和公司外部治理，公司外部治理主要包括市场治理（如产品市场、劳动力市场、经理人市场、资本市场）和政府治理（如政府监管）。可以发现，学者们对外部治理（或外部治理机制）的理解是有一定的交集的，都强调了公司外部治理的市场机制，同时也提到了政府治理和社会治理，这为本书定义外部治理起到了重要的作用。但现有文献也存在一定的不足，即各项定义都未能全面定义公司外部治理。

本书在上述文献研究的基础上，尝试重新定义公司外部治理。主要思路为：①沿袭李维安（2001）[38]的研究，从广义和狭义两个视角定义公司治理，广义公司治理分为内部治理和外部治理；②沿袭郑志刚（2010）[39]的研究，从治理结构和治理机制两个层面去理解公司治理，公司外部治理也有必要从这两个层面去理解；③结合关于公司外部治理的已有研究，从治理结构和治理机制两个层面全面、系统地定义公司外部治理。因此，本书将外部治理或外部治理机制界定为：在公司内部治理体系范围外，以法律和管制框架、市场竞争的优胜劣汰机制或者人为的制度设计，实现一定程度上降低信息不对称性和起到公司外部监督的各项机制或者制度的总称①，主要包括三个方面的治理机制：市场治理机制（控制权市场、经理人市场、资本市场、劳动力市场、产品市场等）、社会治理机制（媒体报道、分析师关注、外部审计等）和政府治理机制（政府审计、违规监管）。本书从公司外部治理的市场治理机制、社会治理机制和政府治理机制入手，分别从经理人市场竞争（市场治理）、分析师关注（社会治理）和违规监管（政府治理）三个方面考察外部治理如何影响企业金融化。

2.2 理论基础

2.2.1 预防性储蓄理论

预防性储蓄是指风险厌恶的消费者为预防未来不确定性导致的消费水平的下降而进行的储蓄。预防性储蓄理论（Precautionary saving theory）最早出现在 Fisher（1956）[45]和 Friedman（1957）[46]的研究当中，该理论认

① 区别于已有公司外部治理的定义，本书认为公司外部治理不仅仅是来自外部的威胁（Rediker and Seth，1995），而是将外部治理限定在能够实现降低信息不对称性和起到公司外部监督作用，从而影响到经理人的经营决策行为的各项机制或者制度。

为消费者会根据未来收入的不确定性来决定当期消费，未来收入的不确定性越高，消费者越会进行更多的预防性储蓄。预防性储蓄理论将不确定性引入分析框架，在吸收理想预期思想的基础上，分析消费者跨期优化选择行为，是对生命周期假说和持久性收入假说的重要拓展。20 世纪 80 年代和 90 年代，不同学者提出了不同的预防性储蓄理论模型（Dynan，1993[47]；Guiso et al.，1992[48]；Zeldes，1989[49]），预防性储蓄理论获得极大发展。

预防性储蓄理论最初研究的是消费者行为，后来才慢慢将预防性储蓄理论引入企业的分析框架当中。已有研究集中在企业持有现金的动机、影响因素和后果。Keynes（1936）[50]认为企业持有现金的三个主要动机为交易性动机、预防性动机和投机性动机。企业基于交易性动机而持有现金是企业日常生产经营活动所必需的，基于预防性动机而持有现金是企业防范未来不确定性的一种货币对冲行为，基于投机性动机而持有现金是企业为了抓住未来可能出现的投资机会而持有一部分现金的行为。已有研究表明，未来的不确定性是影响企业现金持有（预防性储蓄而持有现金）的重要因素（余靖雯等，2019[51]；姜彭等，2015[52]；Han and Qiu，2007[53]）。为了应对未来的不确定性，企业除了可以持有一部分现金之外，还可以通过配置金融资产来达到预防性储蓄的目的。金融资产具有流动性贮藏工具的属性，企业一旦遇到流动性危机，就可以马上将金融资产变现来应对危机。企业的不确定性来源于企业的收入、成本以及现金流的不确定性，还有企业外部的政治、经济、公共卫生事件和自然灾害等因素导致的不确定性。因此，持有现金已经不能满足企业防范各种各样不确定性的需求，随着金融市场的发展和金融产品日益丰富多样，配置金融资产成为企业防范不确定性风险的重要选择。学术界将企业基于防范未来不确定性风险而配置金融资产的行为称为“预防性储蓄动机”。

2.2.2　信息不对称理论

信息不对称理论（Asymmetric information theory）认为，在市场经济活动中，各类市场主体掌握的信息存在差异，信息掌握比较充分的市场主体往往处于有利的地位，相反，信息掌握较少的市场主体往往处于不利的地位。根据现有研究，信息不对称主要可以分为时间上和内容上不对称两大类，信息在时间上不对称又可以分为“事前”不对称和“事后”不对称①，前者被称为逆向选择问题（Adverse selection），后者被称为道德风险问题。信息在内容上不对称又可以分为市场主体在经济行为和拥有信息（或知识）方面的差异。Rasmusen（1989）[54]对现有信息不对称模型做了分类总结，主要有：逆向选择模型、隐藏行动的道德风险模型、隐藏信息的道德风险模型、信号传递模型和信息甄别模型。

（1）逆向选择模型。逆向选择问题是指协议签订前，市场中掌握更多信息的一方能利用信息优势使自己受益而损害对方利益，掌握更多信息的一方便倾向于签订协议进行交易。Akerlof（1970）[55]在《柠檬市场：质量不确定性和市场机制》一文中讨论了二手车市场中信息不对称问题，被公认为是信息经济学的开创性文献。在二手车市场上，卖家更加了解车的质量和价值，属于掌握更多信息的一方，而买家不了解车的质量和价值，属于信息贫乏的一方。在信息不对称情况下，卖家就会将质量不好的车充当质量较好的车，赚取更多利润，而买家仅愿意按照二手车的平均质量支付平均价格。由此，二手车市场上质量好的车将逐步退出市场。接下来，由于质量较好的车退出了市场，买家愿意支付的价格继续降低，重复上述博弈过程，市场上现存质量最好的一批二手车也将退出市场。如此往复，二手车市场上质量好的车将越来越少，极端的结果将是一辆车都不成交。逆向选择问题也存在于公司股东和经理人之间的“委托—代理”关系中，在聘请经理人之前，公司股东并不完全了解经理人的信息，属于信息贫乏的一方，而经理人完全清楚自己的能力，属于信息充分的一方。双方签订“委托—代理”协议后，由于公司股东在“事前”掌握经理人信息不充分而遭受的利益损失，则被称为逆向选择问题。

（2）隐藏行动的道德风险模型（Moral hazard with hidden action model）。道德风险这一概念来源于海上保险，Arrow（1963）[56]最早将道德风险引入经济学中。道德风险主要是指在信息不对称情况下，一方无法观测另一方

---

① “事前”指契约签订之前，“事后”指契约签订之后，下同。

的“行动”或者观测的成本太高时，拥有信息优势一方的“行动”导致信息劣势的一方利益受到损害。隐藏行动的道德风险模型主要观点是：在“事后”信息不对称情况下，信息贫乏的一方由于无法观测交易对方的“行动”或者观测成本太高时，掌握更多信息的一方的“行动”将损害信息贫乏一方的利益。在公司股东和经理人的“委托—代理”关系中，“委托—代理”协议签订后，委托人只能观测到“结果”，而不能观测到代理人的“行动”（或监督代理人的成本太高），代理人就会选择有利于提高自身效用的“行动”，结果导致委托人的利益受损。由于委托人只能观测到最终“结果”而不能观测到代理人的“行动”，代理人还可以将不好的“结果”归咎于外部不确定性因素，从而逃避相关责任。因此，在“委托—代理”关系中，委托人必须制定一套有效的监督和激励机制，才能确保经理人的行动不损害委托人的利益。

（3）隐藏信息的道德风险模型（Moral hazard with hidden information model）。与隐藏行动的道德风险模型相似，在隐藏信息的道德风险模型中，交易的双方在“事前”所掌握的信息是对称的。不同的是，在该模型中，委托人能够观测到代理人的行动和最后的“结果”，但是无法观测到不利的外部因素。此时，代理人可能会将这些信息进行隐藏，因而造成了委托人和代理人之间的信息不对称。因此，在公司股东与经理人的“委托—代理”关系中，设计一套有效的监督和激励机制，才能保证经理人在外部不利因素情况下选择执行对委托人有利的行动。

2.2.3 委托代理理论

委托代理理论（Principal - agent theory）是现代公司治理的基础理论，由 Berle 和 Means（1932）[57]在其著作《现代公司和私有产权》中提出，他们开始探讨现代公司的所有权与经营权分离后所产生的代理问题，并倡导所有者只需保留剩余索取权，将经营权让渡给职业经理人。“委托—代理”理论研究的委托代理关系是指一个或多个行为主体将一定的决策权力授予另一些行为主体，后者根据双方签订的契约为前者服务，而前者根据后者提供服务的数量和质量向后者支付相应的报酬，两者之间构成了“委托—

代理”的关系，前者被称为委托人，后者被称为代理人。在现代公司中，公司股东是委托人，职业经理人是代理人，公司股东将公司经营权让渡给职业经理人，并向职业经理人支付薪酬，代理人则需要根据契约行使好被委托的权利。在这种情况下，公司的所有权和经营权实现了分离，公司股东拥有剩余索取权（Residual claim），而职业经理人则需要替公司股东管理公司。在所有权和经营权分离的情况下，公司股东和职业经理人拥有不同的效用函数，公司股东追求自身财富最大化，而职业经理人追求更高的薪酬和更多的闲暇时间，这导致了委托人和代理人的利益冲突，被称为代理冲突或代理问题（Jensen and Meckling，1976[58]）。在信息不对称的情况下，代理人为了追求自身的薪酬和闲暇时间的最大化，容易做出损害委托人的行为。因此，必须不断完善公司治理（包括内部治理和外部治理），才能确保委托人的利益不受侵害。

早期的委托代理理论模型存在一些问题，即委托人只能运用“显性激励机制”（Explicit incentive mechanism），并根据事后可观测的结果对代理人进行奖励和惩罚，那么，在没有显性激励机制的情况下，是否能够通过时间本身无成本地解决代理问题呢？许多学者在这个问题上进行了探索，并提出了各类多次性的动态模型。以 Rubinstein（1979）[59]为代表的研究提出了重复博弈的委托代理模型，并通过模型验证了长期的“委托—代理”关系有助于缓解代理冲突，只要委托人和代理人都拥有足够的信心，那么最优风险分担和激励是可以实现的。以 Fama（1980）[60]为代表的研究提出了声誉激励模型，该模型认为，即使没有显性激励机制，代理人市场也会对经理人起到约束的作用，因为代理人的市场价值由公司过去的业绩表现决定，为了提高自身声誉和市场价值，经理人有动力去努力工作。因此，隐性激励机制同样可以缓解代理冲突。以 Holmstrom 和 Costa（1986）[61]为代表的研究提出了棘轮效应模型，与声誉激励模型不同的是，棘轮效应模型认为委托人会根据代理人过去的表现制定“业绩标准”，因此，代理人过去表现将成为其未来“业绩标准”的标杆，一旦达不到该标准，将被视为不努力的结果，影响代理人的收入。这大大降低了经理人工作的努力程度，加剧了代理冲突。

2.2.4　法律不完备理论

法律不完备理论（Incomplete Law Theory）由皮尔斯教授和许成钢教授提出（许成钢，2001[62]），是法经济学（Law and Economics）领域中的新兴理论。早期的法经济学理论隐含的一个假设为法律是完备的，例如，贝克—斯蒂格勒模型认为法律设计达到最优的状态下由法庭执法是最优的制度，也就是说，执法不需要监管机构，法庭执法就能达到相应的目的。芝加哥大学的 Posner 教授也提出了相似的观点，他认为“监管者”是多余的，执法只需要法庭。之所以现实中会存在监管者，是因为利益集团到立法者游说的需要，从而诞生了相关的监管机构。但是，这些监管机构也只是名义上在执法，实际上却是为利益集团服务。与前期理论不同的是，法律不完备理论认为法律是不完备的，这是因为法律具有一定的滞后性，面对日新月异的社会，法律总是滞后于社会发展的需要。因此，现实中的法律都是不完备的，那么将法律不完备因素考虑进贝克—斯蒂格勒模型后，得到的结果就不是最优的。

法律不完备理论的核心观点是法律不完备的情况下引入监管机构主动式执法可以改进法律效果。法律不完备理论认为，尽管人们的知识储备有限，同时也不能准确地预测未来发生的事，但是可以通过不断地学习去适应社会的发展。在这种情况下，如果能够引入监管者，监管者同样也可以不断地学习，不断地了解立法者立法时考虑欠缺的地方，从而可以更好地实施监管。总体来说，如果没有监管者主动式执法，仅仅依靠法庭执法，就不能达到最佳的法律效果。

法律不完备理论指出的另一个重点是法庭不能成为主动执法者，必须引入监管机构。这是因为，法庭必须保持中立立场，而监管机构则不一样，监管者必须介入案件当中，同时需要有自己的立场。因此，从该理论来看，必须要引入一个独立于法庭的监管机构。另外，不完备的法律达到最优的法律效果需要同时满足两个条件：一是主动执法者执法过程中不能夹带私利，必须无私地为社会服务。二是主动执法者能够无成本且准确地观察到所发生的事件。然而，现实的世界中并不能满足上述两个条件，最主要的原因就是因为监管是有成本的。

2.3 文献综述

2.3.1 关于外部治理的相关研究

根据本书对公司外部治理的定义，外部治理主要包括三个方面的内容：市场治理（控制权市场、经理人市场、资本市场、劳动力市场、产品市场等）、社会治理（媒体报道、分析师关注、外部审计等）和政府治理（政府审计、违规监管）。限于篇幅，本节重点对经理人市场竞争、违规监管和分析师关注这三个外部治理机制的相关文献进行梳理。

2.3.1.1 关于经理人市场竞争的相关研究

如何有效缓解所有权和经营权分离导致第一类代理问题一直都是公司治理领域的重要课题。Fama（1980）[60]在《代理问题与企业理论》一文中首次明确了经理人市场的外部治理作用，他认为经理人市场对经理人具有激励和约束的作用，基于个人声誉的考虑，经理人将会更加努力工作，从而有效地缓解第一类代理问题。具体来看，从无限时长的角度来看，即使委托人并不了解经理人的个人能力，在声誉激励的影响下经理人也会努力工作。Harris 和 Holmstorm（1982）[63]进一步将时间和风险因素引入分析中，构建了“市场—声誉”动态均衡模型，他们发现声誉对经理人起到激励的作用，同时，经理人过去的经历与其未来的收入相关，经理人过去经历越丰富和声誉越好，其未来能够获得的合同报酬越高。另外，他们还发现声誉对经理人的激励作用在年轻的经理人中更为有效。Gibbons 和 Murphy（1992）[64]从显性激励和隐性激励角度探讨了如何设计最优的激励合约，他们认为除了基于薪酬的显性激励外，还需要从经理人职业生涯发展的角度来考虑隐性激励，如果经理人任期将至或者临近退休，就应侧重于显性激励。Holmstrom（1999）[65]研究了一个人对未来职业的担忧如何影响其对工作的努力或决策的动机，通过理论模型分析发现，人们的生产能力是通过对绩效的观察来揭示的，但由于每个时期的工资都基于预期产出，而预期产出取决于评估能力，因此“隐性合同”将今天的表现与未来的工资联系起来。

国内学者对经理人市场竞争问题的研究起步较晚，以 Fama（1980）[60]的研究为基础，国内部分学者从理论上对经理人市场问题进行研究。黄群慧和李春琦（2001）[66]认为建立有效的报酬和声誉机制，激励经营者行为长期化，才能实现对经理人的激励与约束。严建苗和万建军（2002）[67]针对国有企业经营者的配置机制不合理、待遇偏低和制度软约束等问题，使用声誉激励模型分析了声誉机制对国有企业经营者的影响，并根据理论模型的结果提出两种补偿国有企业经营者多付出的劳动损耗，一是提高货币收益，二是建立经理人市场。耿卫东（2004）[68]构建了一个基于博弈论的理论模型，通过理论模型分析后提出竞争性的经理人市场必须要完善“事前激励机制”和“事后评估机制”，才能够对经理人进行甄别、定价、激励和约束，使经理人做出有利于委托人的决策。袁春生等（2008）[69]构建了一个经理人声誉与舞弊行为的理论模型，理论模型分析结果表明，基于经理人个人声誉的考虑，经理人年龄越小，合同报酬越高，其舞弊的动机越小。

此外，还有学者利用中国上市公司的数据对经理人市场竞争的相关问题展开实证分析。袁春生等（2008）[69]利用中国 A 股上市公司数据研究了经理人市场竞争对经理人违规行为的影响，结果表明经理人市场对抑制年轻经理人舞弊行为并没有起到足够的激励作用。相似的研究还包括陈国进等（2005）[70]发现声誉机制对于约束违法违规行为的作用甚微，这说明针对经理人违规行为来说，经理人市场竞争的隐性激励作用并不强。但是，也有研究发现经理人市场竞争能够有效地抑制高管腐败行为。卢馨等（2017）[71]从经理人市场化的地区和行业差异两个视角构建经理人市场竞争指标，实证分析发现在民营企业中经理人市场竞争显著地减少了高管的腐败行为，但这种效应在国有企业中并不显著。董维明等（2018）[72]研究发现经理人市场竞争有效地抑制了盈余管理行为，进一步研究发现，经理人市场竞争对盈余管理行为的抑制作用在国有企业样本中并不显著。陈婧和方军雄（2020）[9]研究发现经理人市场竞争能够有效降低业绩薪酬敏感性，这说明经理人市场竞争（隐性激励）在一定程度上可以代替薪酬契约机制（显性激励），这为外部治理机制发挥治理作用提供了经验证据。总体来看，国内关于经理人市场竞争的实证研究还比较少，且经理人市场竞争对于国有企业的激励和约束作用较小。

2.3.1.2 关于违规监管的相关研究

违规监管的治理效果是学术界关注的重点内容，目前，学者们对于违规监管的治理效果持有两种截然相反的观点。一方面，部分研究认为违规监管是有效的，主要体现在：第一，违规监管能够有效抑制上市公司违规行为（李俊成，2016[73]），这说明违规监管起到了威慑的作用，减少了上市公司的违规行为。第二，违规监管提高了公司内部治理水平。Farber（2005）[74]分析了美国上市公司信息披露违规行为，研究发现违规公司受到违规处罚后，上市公司的治理水平得到了显著的提高。Marciukaityte 等（2006）[75]从另一个角度研究了违规监管对上市公司治理水平的影响，他们发现上市公司受到违规处罚后会更加注意公司内部控制的质量，主要通过提高外部董事的数量来提高公司内部控制的质量。第三，违规监管减少了公司盈余管理行为。陈运森等（2019）[76]重点关注了证券交易所一线监管的有效性，他们发现上市公司接收到监管问询函后盈余管理行为得到了有效抑制，上市公司在年度内收到的问询函越多，违规监管对公司盈余管理行为的抑制效果越明显。黎文靖（2007）[77]认为上市公司诚信档案是一项不错的监管制度，上市公司诚信档案制度起到了威慑盈余管理行为的作用，这对于我国上市公司会计信息质量的提高有一定的促进作用。但是，作者研究发现这种作用并不明显。第四，违规处罚会引起负向的市场反应。Feroz 等（1991）[78]研究了 SEC 发布的会计审计公告的市场反应，研究发现会计审计公告发布后，涉及违规的上市公司具有更低的超额收益率。相似的研究还包括 Dechow 等（1996）[79]利用美国上市公司的数据研究了违规处罚对于公司股价的影响，结果发现在违规公告发布当天，违规的上市公司股价有显著的下跌趋势。国内学者也做了相关的研究。杨玉凤等（2008）[80]关注了信息披露违规公告的市场反应差异，研究发现信息披露违规导致违规公司和非违规公司出现不同的市场反应，相比于非违规公司，违规公司在违规公告发布前后较短的时间内明显呈负反应。与已有研究不同的是，吴溪和张俊生（2014）[81]研究了立案公告的市场反应，立案公告早于违规处罚公告，同时立案公告也相当于上市公司违规行为的相关信息首次被释放到市场上，相比于违规处罚公告（信息第二次释放），立案公告对市场的冲击效应更大。吴溪和张俊生（2014）[81]的研究也证实了此猜想，他们发现立案公告附近的市场负反应高达 -6%，而在处罚公告附近的市场反应约为 -2%。由此可见，立案公告的市场负反应明显强于处罚公告。

另一方面，也有部分研究认为违规监管的效果并不理想。张宗新和朱伟骅（2007）[82]研究发现我国证券监管的处罚效率比较低，主要体现在上市公司的违规行为没有得到很好的监督和约束，且违规处罚的时效性差。另外，通过与主要市场经济国家进行对比后发现，我国的证券监管效率要低于国际平均水平，投资者保护水平也较差。宋云玲等（2011）[83]研究了中国上市公司业绩预告违规的治理效应，他们发现无论是业绩预告违规的处罚还是其他违规处罚都不能有效地降低上市公司业绩预告违规的概率。高利芳和盛明泉（2012）[84]研究了违规监管对公司盈余管理行为的治理效果，研究发现上市公司受到违规处罚后会使用更为隐蔽的盈余管理方式，以达到规避监管部门处罚的目的，因此，违规监管滋生了更多的隐蔽型盈余管理行为。从另一个角度来说，违规监管对公司盈余管理行为并没有起到很好的治理效果。郝旭光等（2012）[85]设计了一份针对监管部门和市场参与者的调查问卷，基于调查问卷的数据使用实证方法分析了证券监管的治理效果，结果发现证券监管的效果并不理想，究其原因，作者认为主要是因为监管部门对于监管的本质和监管的目标认识存在偏差，没能深刻地认识证券市场中存在的问题，同时在监管过程中违背了“三公”原则。通过梳理现有文献发现，我国违规监管的效果并不是很理想，违规监管对于上市公司违规行为并未起到威慑的作用。

另外，还有部分研究关注了违规监管对上市公司其他方面的影响。一是违规监管对上市公司审计质量的影响。朱春艳和伍利娜（2009）[86]研究发现违规处罚会影响审计师的行为，在上市公司受到违规处罚后，审计师更可能会出具非标准的审计意见，同时会提高审计费用。此外，也有学者关注审计机构受到处罚后的表现，比如王兵等（2011）[87]分析了审计机构或者注册会计师个人受到处罚后的监管效果，实证结果发现审计机构或注册会计师个人审计的上市公司的操控应计利润并没有显著降低，会计盈余稳健性也没有显著提高，这说明监管部门对审计机构的处罚并没有提高审计质量。二是违规监管对上市公司声誉的影响。Karpoff 和 Lott（1993）[88]研究发现违规处罚影响了上市公司的声誉，然后，公司将采取有力的措施去挽回公司的声誉。现有研究表明上市公司违规后最常用的手段是积极承担社会责任，比如李晓玲等（2017）[89]发现上市公司违规后慈善捐赠显著增加，这是因为慈善捐赠被公司用作掩盖违规行为，转移社会大众的注意力，进而达到规避违规处罚的目的。

2.3.1.3 关于分析师关注的相关研究

分析师是资本市场重要的信息中介，分析师获取的信息主要来源于公共信息和私人信息（胡奕明等，2003[90]）。公共信息包括上市公司发布的年报、相关新闻报道和证券交易所公布的相关消息，是分析师获取上市公司信息的主要渠道。然而，从网上获取的信息可能存在杜撰、虚构和夸张的成分，因此，越来越多的分析师偏向于自己亲自到上市公司调研，获取最真实的信息。分析师调研被称为“反向路演”，现已成为分析师获取上市公司信息的重要渠道（廖明情等，2021[91]）。Cheng 等（2016）[92]研究发现，相比于没有进行实地调研的分析师，实地调研的分析师的预测准确性更高，这充分证明了实地调研对于分析师来说是一项重要的信息获取活动。廖明情等（2021）[91]在 Cheng 等（2016）[92]的基础上，进一步考虑不同的社会关系在分析师调研过程中的作用。他们研究发现，商业关系能够增强分析师实地调研对于盈余预测的乐观程度，减小分析师实地调研对于盈余预测准确性。私人关系却能够提高分析师实地调研对于盈余预测的准确性，减小分析师实地调研对于盈余预测的乐观程度。因此，私人关系有利于分析师获取更为真实的信息，但是，商业关系夹着利益因素，因此不利于分析师获取真实的信息。肖斌卿等（2017）[93]研究发现，投资者根据分析师调研后发布的调研报告或者股票评级调整信息进行投资，可以显著提高相对行业超额收益率和相对大盘超额收益率。上述结果表明，分析师在挖掘行业内有价值的股票方面具有独特的能力。杨青等（2019）[94]探索了高铁开通对分析师信息传递作用的影响，他们发现高铁开通显著提高了分析师信息传递能力，主要表现为高铁开通可以提高分析师盈余预测准确度，降低分析师盈余预测的分歧度和乐观度。综合现有研究来看，分析师实地调研是信息来源的重要渠道，使得分析师可以更好地扮演信息中介的角色。

还有部分文献关注媒体在分析师传递信息的过程中发挥什么样的作用。媒体关注是一种重要的公司外部治理机制。一方面，媒体关注能起到外部监督的作用；另一方面，媒体关注又给经理人带来了巨大的市场压力（于忠泊等，2011[95]）。媒体关注之所以能够成为重要的外部治理机制，与媒体扮演的信息传递角色分不开。Barber 和 Odean（2008）[96]认为媒体是绝大多数投资者获取信息的最便捷途径。与分析师关注一样，媒体同样可以起到传递信息的作用。那么，媒体将如何影响分析师传递信息呢？周开国等（2014）[97]研究发现，媒体关注可以显著提高分析师关注度，也就是说，如果大量媒体关注某一上市公司，也会引起分析师的关注。进一步研究表明，媒体关注不仅提高了分析师关注，还显著提高了分析师盈余预测的准确性。谭松涛等（2015）[98]的研究结论与周开国等（2014）[97]相似，即媒体关注可以显著提高分析师盈余预测的准确性和降低分析师盈余预测的乐观度。不同点在于，谭松涛等（2015）[98]进一步弄清了媒体关注影响分析师盈余预测的机制，媒体关注主要通过提高公司信息质量和降低媒体分歧两大机制来改善分析师盈余预测准确度。以上研究侧重于媒体关注程度对分析师盈余预测行为的影响，而忽略了媒体关注的异质性对分析师盈余预测行为影响的差异。张宗新和吴钊颖（2021）[99]认为媒体除了扮演信息中介的角色之外，还可能扮演“情绪干预”的角色。这是因为媒体需要热度和关注度，可能在报道上市公司相关新闻时选择使用具有冲击性的语言表述（Hermida et al.，2012[100]），抑或是在报道中传达有失公正的观点，从而引导社会舆论风向，影响投资者对于事件的看法（Mullainathan and Shleifer，2005[101]）。基于媒体可能扮演“情绪干预”的角色，张宗新和吴钊颖（2021）[99]运用机器学习文本分析方法测算了百度新闻报道的情绪得分，并研究了媒体情绪如何影响分析师盈余预测。他们的研究结果显示，媒体情绪越乐观，分析师盈余预测准确度越高；相反，媒体情绪越悲观，分析师盈余预测正确度越低。

另外，还有文献从上市公司高管个人背景（宋乐和张然，2010[102]）、分析师现金流预测（袁振超等，2014[103]）、管理层业绩预告（李馨子和肖土盛，2015[104]）、客户稳定性（王雄元和彭旋，2016[105]）、年报文本信息（丘心颖等，2016[106]；王雄元等，2017[107]）、融资融券制度（褚剑等，2019[108]；李丹等，2016[109]）、企业出口行为（新夫等，2017[110]）、企业战略差异（何熙琼和尹长萍，2018[111]）和管理层对分析师的引导（刘青青和陈宋生，2019[112]）等角度探讨了分析师盈余预测的准确性。由此可见，现有研究不仅关注分析师关注如何影响公司治理，还重点关注了分析师盈余预测行为的影响因素。总体来说，分析师是资本市场上重要的信息中介，是公司外部治理不可或缺的一部分。

2.3.2 关于企业金融化的相关研究

2.3.2.1 企业金融化的动机

企业金融化的动机是企业金融化领域的重点研究内容，现有研究认为企业金融化的动机主要有预防性储蓄动机、投机套利动机和公司治理视角的动机等，其中，大多研究的结论支持了投机套利动机，即企业持有金融资产的主要动机是配置金融资产替代减少的实体投资以达到追逐更高收益的目的。

1. 预防性储蓄动机

企业金融化的预防性储蓄动机是指为了应对日常经营活动中由于现金流冲击导致资金短缺而持有一部分的金融资产，需要时可以将金融资产变现来缓解企业现金流压力，减小资金链断裂对企业生产经营活动的不利影响。需要注意的是，如果企业持有的金融资产想要达到预防性储蓄的目的，那么金融资产必须具备流动性高、易变现的特点。Opler 等（1999）[113]研究表明，为了应对现金流不确定性、未来投资机会和融资困难，企业倾向于持有现金资产。虽然现金资产的流动性高且在预防性储蓄方面起重要作用，但是本书中企业金融化的内涵界定中并没有包含现金资产，因而不是本书探讨的内容。Tornell（1990）[114]研究表明，企业倾向于持有流动性较强的金融资产来应对未来的不确定性。一旦企业出现现金流危机或者一项新的投资需要现金资产时，企业就可以马上卖出持有的金融资产获得现金资产。因此，如果企业持有金融资产的动机是预防性储蓄的话，那么企业将持有更多短期金融资产。国内部分研究的结论也支持了企业金融化的预防性储蓄理论。比如，胡奕明等（2017）[115]探讨了金融资产是否包含现金资产两种情况下企业金融化动机。当金融资产包含现金资产时，企业持有金融资产的动机是预防性储蓄；当金融资产不包含现金资产时，企业持有金融资产的动机变为投资代替，即减少企业实体投资以追求更多金融投资收益。另外，杜勇等（2017）[116]从理论上分析认为企业可以利用闲置的资金配置金融资产，这样不仅可以盘活资金和增加投资收益，还能预防企业未来现金流断裂危机，因此，企业持有金融资产有利于企业发展，并称之为“蓄水池”效应。总体来说，企业持有现金资产的预防性储蓄动机是学术界所认同的，而企业持有金融资产的预防性储蓄动机则缺少经验证据支持。

2. 投机套利动机

投机套利是企业金融化的另一个重要动机，具体指企业减少主营业务投资，将更多资金投入金融行业，以追逐更高的收益率。之所以会出现企业金融化趋势增强现象，主要是因为实体企业平均利润率较低，远不及被认为是过去十几年中最暴利的行业——金融业和房地产行业（王红建等，2016[117]），加上国内外宏观因素的影响，越来越多的实体企业开始逐步减少对主营业务的投资，进而将更多的资金投向金融行业去追逐更高的利润。一些研究使用实证研究方法验证了企业金融化的主要动机是投机套利。彭俞超等（2018）[118]指出企业金融化的主要目的是追逐利润而非预防性储蓄，并从两个方面进行实证检验：一方面，将总样本按金融资产的类型分为交易性金融资产、衍生性金融资产、可供出售金融资产、持有至到期投资、投资性房地产和长期股权投资6个子样本，并重新检验基准回归。结果表明经济不确定性增强会显著性降低短期金融资产的持有量，增加长期金融资产的持有量。经济不确定性增强本应该持有更多短期金融资产以达到预防性储备的目的，实证的结果刚好与此相反，说明企业金融化的主要动机为投机套利。另一方面，从融资约束角度入手，构建经济不确定性与融资约束的交乘项，并重新检验基准回归，实证结果进一步从融资约束角度验证了追逐利润为中国实体企业金融化的主要动机，而并没有相关证据验证支持预防性储蓄动机。张成思和郑宁（2020）[119]通过构建一个引入货币扩张因素的投资组合选择模型，分析中国实业部门金融化的驱动逻辑。理论模型的推理结果显示，资本逐利、风险规避和货币扩张是中国实业部门金融化的重要影响因素。理论模型的结果同样得到了实证分析结果的验证，但在区分不同产权性质后的结果存在差异，国有企业主要受风险规避和货币扩张因素影响，而民营企业金融资产占比层面金融化主要受资本逐利和风险规避因素影响，民营企业金融收益占比层面金融化主要受到货币扩张的影响。

上述研究更多是通过宏观经济环境变化识别企业金融化的动机，部分研究进一步从企业各方利益人博弈角度探讨了企业金融化动机。从公司各方利益人来看，公司内部治理主要涉及董事会、管理层和股东。董事会作为股东的代表，代表全体股东治理公司，同时也是监督管理层的重要力量，但董事会成员作为公司大股东，其与中小股东之间的利益冲突而导致的第二类代理问题，可能成为影响企业金融化的重要动机。管理层作为职业经理人，为了稳定公司股价和达到公司业绩目标，以及出于个人声誉和职业生涯的考虑，可能会做出不利于公司长期价值的决策，导致管理层短视问题，其与公司股东之间的利益冲突而导致的第一类代理问题，同样可能成为企业金融化的动机。

从第一类代理问题来看，公司管理层为了自身利益，有动机去增加企业金融投资，以获得更高的利润、更好的业绩和职业生涯履历。这是因为，首先，金融行业和房地产行业的平均利润率较高，远高于实体行业的平均利润率。在高利润率“诱惑”下，大批管理者热衷于投身金融行业。其次，实体企业只有通过不断创新才能在激烈的行业竞争中脱颖而出，然而，与企业日常生产经营活动不同，创新是一个充满不确定性且失败概率极高的长期过程（Holmstrom，1989[120]），因此，管理层倾向于减少此类投资，增加投资周期更短和收益率更加确定类投资，造成了管理者短视问题。再次，徐经长和曾雪云（2010）[121]还发现公司对管理层在金融投资方面有特殊的激励：公司在金融投资方面收益越高，管理层获得的薪酬激励也越高。相反，如果管理层因为金融投资而导致公司出现亏损，则可以完全归咎于金融投资风险等因素，这种特殊的激励制度在一定程度上刺激了管理层进行金融投资。最后，杜勇等（2017）[116]认为公司管理层对于金融资产配置决策的绝对话语权，在信息不对称和高管激励不足等条件驱使下，致使公司管理层有动机利用权力去增加金融资产配置以获取私利。一方面，在信息不对称情况下，公司股东难以完全监督管理层，特别是管理层短视行为，比如过度金融投资而忽视企业创新投资，这将有损企业的长期价值；另一方面，在公司对管理层激励不足的情况下，管理层更加有动机进行金融投资，增加企业收益来获取个人私利。综上，管理层有动机去配置金融资产，支持了企业金融化的投机套利动机。

从第二类代理问题来看，现有研究表明，世界上大多数国家的上市公司普遍存在股权集中现象（Faccio and Lang，2002[122]；Claessens et al.，2000[123]；La Porta et al.，1999[124]），而股权集中将会加剧第二类代理问题。由于上市公司股权结构不合理、外部监督不到位和大股东与小股东利益不一致等原因，大股东会通过"隧道行为（Tunneling）"来侵占小股东利益，而配置金融资产便是大股东可以选择的策略之一，通过金融投资获得超额收益，并使用掏空、关联交易和资金占用等方式转移利润（杜勇等，2017[116]）。文春晖和任国良（2015）[125]提出终极控制人利用其对公司的控制权，热衷于将公司的资金投入到房地产和金融行业，以实现获得更高收益的目的。因此，上市公司的大股东有动机去配置金融资产，同样支持了企业金融化的投资套利动机。但遗憾的是，上述研究都是从理论分析角度去讨论第二类代理问题如何影响企业金融化，尚未有研究从定量分析角度验证这个问题。这也是未来研究的一个方向，使用实证方法验证第二类代理问题如何影响企业金融化问题，同时探究控股大股东是否利用资金占用、关联交易和掏空等"隧道行为"来转移金融投资收益，以及金字塔层级结构是否为终极控制人的"隧道行为"带来便利。

2.3.2.2 企业金融化的影响因素

探讨企业金融化问题，除了关注企业金融化的动机外，同样不能忽视企业金融化的影响因素。研究企业生产经营活动中的内外部因素如何影响企业金融投资决策行为，同时厘清各个因素的影响机制，这对于治理企业过度金融化，引导金融更好地服务实体经济具有重要的理论借鉴意义。现有研究主要从以下几个方面研究企业金融化影响因素。

1. 宏观经济因素

（1）宏观经济政策。现有研究表明，经济政策不确定性是影响企业投资决策的重要因素。一部分研究认为经济政策不确定性能在一定条件下刺激企业投资（Bar－Ilan and Strange，1996[126]；Abel，1983[127]），而更多研究认为经济政策不确定性抑制了企业投资（谭小芬和张文婧，2017[128]；饶品贵等，2017[129]；Huseyin and Mihai，2015[130]）。金融投资作为企业投资的一部分，经济政策不确定性将如何影响经营者的金融投资行为？现有研究表明，经济政策不确定性对企业金融化可能存在两个对立的影响，既有可能提高企业金融化程度，也有可能降低企业金融化程度。一方面，经济政策不确定性增加，金融资产价格波动上升，流动性下降（Pastor and Veronesi，2013[131]；Bittlingmayer，1998[132]），基于预防性储备动机企业将减少金融资产的配置。另一方面，为了应对企业未来现金流不确定性，经济政策不确定性上升时，企业也可能增加金融投资（Duchin et al.，2017[133]）。国内一些学者针对这个问题展开了研究，彭俞超等（2018）[118]采用 Baker 等（2016）计算的指数测度经济政策不确定性，研究了经济政策不确定性对企业金融的影响。他们的研究发现经济政策不确定性对企业金融化具有显著的负向影响，且经济政策不确定性对企业金融化的影响在中西部地区和竞争更激烈的行业中更显著；对企业金融化动机识别部分，通过考察经济政策不确定性对不同类型的金融资产的影响，以及不同融资约束情境下经济政策不确定性如何影响企业金融化后，发现企业金融化的主要动机是投机套利，而非预防性储蓄动机。聂辉华等（2020）[134]认为现有研究采用的经济政策不确定性指标存在一定的缺陷，同一年内所有企业被赋予相同经济政策不确定性指数，但实际上不同企业的经济政策不确定性感知是有所差异的。基于此，从上市公司年报中使用文本挖掘方法构建每一个公司每一年度特有的经济政策不确定性指标。实证分析结果表明经济政策不确定性上升增强了企业金融化趋势。

（2）货币金融政策。孙华妤等（2021）[135]考察了货币政策对企业金融化的影响，发现宽松的货币政策显著抑制了企业金融化，机制分析发现，宽松的货币政策缓解了企业的融资约束，延长了企业信贷期限结构，进而抑制了企业金融化。杨筝等（2019）[136]以 2004 年取消贷款利率上限和 2013 年取消贷款利率下限作为开展研究的准自然实验，并利用双重差分法研究了放松利率管制如何影响企业金融化。他们发现放松贷款利率上限对企业金融化并没有显著的影响，而放松贷款利率下限抑制了企业金融化，这主要是因为放松贷款利率下限能够减小金融行业和实体行业之间的行业利润差距，减少债务成本对企业利润的侵蚀，投机套利动机所引致的企业金融化将减弱。马勇和陈点点（2020）[137]考察了宏观审慎政策对企业金融化的影响，发现宏观审慎政策抑制了企业金融化趋势。且不同宏观审慎政策工具对企业金融化的影响存在差异，贷款价值比政策工具对抑制企业金融化趋势的作用更显著。

另外，一部分研究从金融业发展的视角检验了银行业竞争、数字普惠金融发展和民间金融发展对企业金融化的影响。戴静等（2022）[138]构建了一个银行业竞争与不同产权性质（不同企业规模）的交互项，实证考察了银行业竞争对不同类型金融资产的影响。实证结果表明：相比于国有企业（大规模企业），随着银行业竞争提高，非国有企业（小规模企业）的短期金融资产将下降更多，长期金融资产将增长更多。这表明企业在融资约束较大时，“预防性储蓄”动机明显，一旦融资约束变小，“投机套利”动机将占优。钟凯等（2022）[139]认为数字普惠金融发展对企业金融化趋势起到一定的抑制作用，这是因为数字普惠金融发展缓解了企业的融资约束，提高了企业信贷可获性，从而阻断了部分企业开展过桥贷款、委托贷款等影子银行业务的路径，降低了这部分企业的金融化程度。谭德凯和田利辉（2021）[140]考察了民间金融发展对企业金融化的影响，他们发现民间金融显著促进了企业金融化，这主要是因为民间金融给企业提供了投资渠道，增强了企业投机套利动机，进而促进了企业金融化。

（3）产业政策。现有研究分别从国家和地方视角考察了产业政策对企业金融化的影响。于连超等（2021）[141]发现国家级产业政策的支持会显著提高了企业金融化程度，具体表现为企业若受到一般产业政策或者重点产业政策的支持，其金融化水平将显著提高。机制分析发现，产业政策主要是通过融资套利路径影响企业金融化，而跨行套利和寻租套利机制并不成立。郭飞等（2022）[142]得到了与于连超等（2021）[141]相反的结果，他们发现产业政策抑制了企业金融化，引导企业脱虚向实。不同点在于，郭飞等（2022）[142]构造了一个企业脱虚向实的指标，如果企业当年的实体投资率上升且金融投资率下降，则认为企业是脱虚向实，如果企业当年的实体投资率下降且金融投资率上升，则认为企业是脱实向虚。向海凌等（2020）[143]以地方产业政策为切入点，发现地方产业政策显著抑制了企业金融化，相对于规章型产业政策，法规型产业政策对企业金融化的抑制作用更为显著。机制分析表明，地方产业政策主要通过降低企业税负、抑制金融套利动机、提升企业技术创新能力，进而促进主营业发展，抑制企业金融化。

2. 公司内部治理因素

公司治理是以股东利益最大化为原则而形成的各项治理机制（Denis and McConnell，2003[144]），包括内部治理机制和外部治理机制。白重恩等（2005）[42]认为公司内部治理机制主要包括股权结构、高管薪酬、董事会、财务信息披露和透明度。现有研究从以上几个方面探讨了公司内部治理因素如何影响企业金融化。

（1）股权结构方面。钱爱民等（2021）[145]从国有资本参股民营企业角度研究了企业金融化问题，研究发现国有资本参股民营企业与企业金融化显著负相关，这表明国有资本参股民营企业能够抑制企业金融化行为，促进企业“脱实向虚”。国有资本参股民营企业影响企业金融化的主要机制为降低代理成本、促进固定资产投资和扩大银行信贷融资。杜勇和眭鑫（2021）[8]考察了控股股东股权质押与企业金融化的关系，研究发现控股股东股权质押比例与企业金融化之间并非简单的线性关系，而是呈倒“U”形关系。当控股股东股权质押比例小于临界值（50%）时，控股股东股权质押比例越高，企业金融化程度越大。当控股股东股权质押比例大于临界值（50%）时，控股股东股权质押比例越高，企业金融化程度越小。余怒涛等（2021）[7]考察了非控股大股东如何影响企业金融化问题，研究发现非控股大股东能够有效抑制管理层或控股大股东的金融行为，降低企业金融化程度。机制分析表明，非控股股东主要通过“退出威胁”减少管理层或控股大股东基于投资套利动机的金融投资行为。刘伟和曹瑜强（2018）[146]发现机构投资者显著提高了企业金融化水平，主要的驱动力来源于短期机构投资者，而长期机构投资者对企业金融化无显著的影响。综上，出于投机套利动机，公司控股股东、机构投资者都在一定程度上驱动了企业金融化，加强对控股股东等大股东的监管和进一步优化上市公司的股权结构，仍是公司内部治理的重要方向。

另外，Lazonick（2010）[147]认为股东价值最大化观念盛行是推动美国实体企业金融化的重要因素。邓超等（2017）[148]利用中国上市公司数据实证分析也得出同样的结论。股东价值最大化能促进企业金融化的原因在于股东利益与管理层利益是一致的，在股票数据一定的前提下，股东价值最大化意味着股票价格达到最高，而这也正契合管理层利益，因为股票价格是其业绩考核的重要指标之一，同时也能提高其在业界的声誉。因此，管理层有动力去维持公司的股价，而配置金融资产成为重要的手段之一。金融行业和房地产行业的平均收益率比较高，且被认为是过去十几年中两大暴利行业（王红建等，2016[117]），管理层加大企业金融投资能够达到短期内提高收益和稳定股价的目的。

（2）管理层激励方面。上文对企业金融化动机部分已做了部分文献梳理，基于自身利益考虑和外部因素的影响，管理层是有动机去增加企业金融化投资的，但是，从长期来看，企业金融化投资不利于企业创造长期价值。首先，企业金融化抑制企业创新（王红建等，2017[149]），不利于企业提高竞争力。其次，企业金融化挤出未来主业投资，不利于主业发展（杜勇等，2017[116]）。最后，企业金融投资具有高收益的同时包含着高风险，比如股价崩盘风险（彭俞超等，2018[150]）、经营风险（李建军和韩珣，2019[151]）和财务风险（黄贤环等，2018[152]）等。以上分析表明，企业金融化不利于实现企业价值最大化。戚聿东和张任之（2018）[153]使用实证分析直接验证了企业金融化整体上显著降低了企业价值。因此，进一步完善高管薪酬激励制度，才能减少管理层的投机行为，促进企业“脱虚向实”。除了从管理层激励角度探究企业金融化问题外，还有部分学者研究了管理层个人特质如何影响企业金融化。杜勇等（2019）[6]研究了CEO金融背景如何影响企业金融化，结果表明CEO金融背景显著地促进了企业金融化，相对于银行类金融背景，非银行类金融背景CEO对企业金融化影响更强烈。

机制分析发现，CEO 金融背景主要通过提高 CEO 自信程度和缓解企业融资约束促进企业金融化。闫海洲和陈百助（2018）[154]也发现管理层过度自信的企业金融化程度更高。可见，管理层个人特征对企业金融化的影响同样不容忽视，在完善公司内部治理过程中需要从行为金融角度将管理层个人特征因素考虑进来，才能达到防范微观企业“脱实向虚”的目的。

（3）企业生产经营管理方面。从企业杠杆率来看，2015 年推行的供给侧结构性改革，企业的一个任务便是“去杠杆”，那么，是不是企业杠杆越低，企业金融化程度就越低呢？答案是否定的。马永强和张志远（2021）[155]研究发现，企业杠杆率越低，企业金融化程度越高，这一效应在间接融资占比更高（银行为主导）的地区更为强烈。这主要是因为在政府严控企业杠杆率的宏观环境下，企业需要持有一种流动性较强的资产预防未来现金流危机，由于金融资产同时兼顾预防性储备和投资的功能，因此，持有金融资产便成为企业的一种选择。从企业经营风险来看，企业经营风险越低，金融化程度越高（彭俞超和黄志刚，2018[156]），背后的主要原因是商业银行对不同经营风险的企业设置不同的融资约束，低经营风险的企业由于融资约束比较低，更容易获得银行贷款，而高经营风险的企业由于融资约束较高，贷款需求得不到满足，两类企业很容易形成借贷关系，从而提高了低经营风险类企业金融化程度。从企业社会责任角度来看，企业作为社会的群体之一，是社会的一分子，应承担起相应的社会责任。通过承担相应的社会责任树立企业形象和维护企业声誉，是企业管理层面临的重要课题。现有研究表明，社会责任对企业金融化主要起到“声誉保险机制”和“信息监督机制”两种效应。企业管理层在企业良好形象的掩护下，倾向于减少实体投资，增加金融投资，社会责任对企业金融化主要是“声誉保险机制”发生作用（孟庆斌和侯粲然，2020[157]）。顾雷雷等（2020）[158]的研究结论同样支持了“企业社会责任提高了企业金融化程度”的观点，并且提出融资约束是企业社会责任和企业金融化的部分中介因子，企业社会责任主要通过缓解企业融资约束进而提升企业金融化水平。

2.3.3 关于外部治理对企业金融化影响的相关研究

广义的公司治理除了包含传统的公司内部治理外，还包含经理人市场治理、资本市场治理、产品市场治理、劳动力市场治理和政府监管治理等（谢志华，2008[44]）。概括起来就是外部治理主要包含政府、市场和社会三个方面的治理机制，这部分将从这三个方面梳理现有研究综述。

杜勇和邓旭（2020）[159]以融资融券制度分批扩容作为开展研究的准自然实验，并使用双重差分法研究融资融券制度如何影响企业金融化，结果表明融资融券制度显著提高了企业金融化程度，融资融券制度的企业金融化效应主要是融资制度驱动。融资制度加剧了短期投资者的投机行为，而短期投资者更关心公司的股价，避免自己的财富缩水。短期投资者带来的股价维持压力促使管理层可能会调整投资策略，增加金融投资，致力于提升短期业绩，以迎合外部盈利预期。柳永明和罗云峰（2019）[160]也得到类似的结论，他们发现外部盈利预期和股价维持所带来的盈利压力会提高企业金融投资比例，进而挤出实体投资。另外，秦建文等（2022）[161]研究了分析师关注如何影响企业金融化，结果表明分析师关注显著抑制了企业金融化，且分析师关注的企业金融化效应在国有企业和公司治理较差的公司中更为显著。机制分析表明，分析师主要通过减少信息不对称程度和缓解代理冲突，进而减少企业金融资产的配置。

总体来说，关于外部治理如何影响企业金融化的相关研究还比较少，更多的研究集中于探讨企业金融化的动机，以及探讨公司内部治理和宏观经济因素对企业金融化的影响，忽略了公司外部治理因素对企业金融化影响的研究，这也正是本书努力的方向。

2.4 文献评述

通过对已有文献的梳理发现，研究企业金融化的文献从 2017 年起开始逐渐增多，学者们围绕企业金融化的动机、影响因素和经济效应等方面进行了大量的研究，形成了较为丰富的研究成果。

对企业金融化的相关文献梳理后发现现有文献呈现两个显著的特点：

一是国内关于企业金融化的研究比较多，特别是实证类研究，而国外关于企业金融化的研究比较少。二是企业金融化的研究大多集中于探讨企业金融化的动机，还有部分研究关注公司内部治理如何影响企业金融化，较少关注公司外部治理因素对企业金融化的影响。

从已有的研究成果来看，企业金融化的研究还存在几点不足之处：第一，企业金融化的度量方法未能形成统一共识。一方面，现有研究使用的企业金融化衡量方法众多，主要包括企业金融化绝对指标（企业金融资产取对数）、企业金融化相对指标（企业金融资产占总资产的比重）和企业金融投资收益占企业利润的比重，等等。企业金融化衡量方法虽多，但是哪一种方法能更准确地度量企业金融化程度尚未有定论。另一方面，关于哪些会计科目属于金融资产的范畴也有较大的分歧，特别是企业现金资产和房地产投资这两个科目是否属于企业金融资产的争议最大。第二，现有研究对于企业金融化的动机持有不同的意见，部分研究认为企业金融化的动机是“蓄水池”，即预防性储蓄作用，也有研究认为企业金融化的动机是为了追逐更高的利润。不管企业金融化的动机是预防性储蓄作用，还是追逐利润，都是基于单方面因素进行研究后得到的结果，可能具有一定的局限性。第三，现有关于企业金融化的研究并不够深入，要么研究企业金融化的影响因素，要么研究企业金融化的经济后果，忽略了不同程度的企业金融化的不同影响，得到的结果具有一定的片面性。

另外，通过对外部治理对企业金融化影响的文献综述，可以发现外部治理与企业金融化的相关文献极少。内部治理不能完全解决维护所有者权益、企业经营效率低下和信息作假等行为，这就需要外部治理协同治理（谢志华，2008[44]）。企业金融化是企业的一项重要投资决策，涉及管理层、董事会、大股东和小股东等各方利益，同时，防范实体企业“脱实向虚”、过度金融化以及宏观经济发生系统性金融风险，也是政府重点监管内容。然而，关于外部治理如何影响企业金融化的研究还比较少，现有研究主要集中于探讨公司内部治理如何影响企业金融化、外部宏观经济因素如何影响企业金融化以及企业金融化的后果等。基于此，本书将致力于研究外部治理如何影响企业金融化及其作用机理。

第3章　理论分析与研究假设

3.1　外部治理的治理效应分析

3.1.1　市场治理的治理效应分析

根据本书对外部治理的定义，市场治理主要包括产品市场、资本市场和经理人市场等。本部分从产品市场竞争、债权人治理和经理人市场竞争这三个外部治理机制出发，致力于厘清市场治理的主要公司治理效应。

3.1.1.1　产品市场竞争的治理效应

1. 产品市场竞争有助于降低信息不对称，加强外部监督

除了公司内部治理机制外，来自产品市场竞争的压力同样会影响管理层的行为（Alchian，1950[162]），其中，最主要的影响便是降低信息不对称。Holmstrom（1982）[163]认为企业信息不对称性程度随着市场竞争中企业的增加而降低。相比于处于市场竞争程度较小的企业，处于市场竞争程度较大的企业信息透明度往往更高（Verrecchia and Weber，2006[164]）。还有文献通过构造理论模型来检验产品市场竞争的信息假说。Hart（1983）[165]构造了一个将经理人工资与企业利润挂钩的隐藏信息模型来检验产品市场竞争的信息假说，理论模型结果显示，产品市场竞争越激烈，企业信息披露越充分。

但是，也有研究对 Hart（1983）[165]的隐藏信息模型提出了质疑。Scharfstein（1988）[166]认为隐藏信息模型忽略了经理人效用函数，因此，相关结论应该分为两种情况（经理人对收入水平的边际效应为正或负）来讨论。他们指出，如果经理人对收入水平的边际效用严格为正，那么将得到截然相反的结论，即产品市场竞争不能降低信息不对称程度。谭云清等（2007）[167]认为产品市场竞争能为委托人提供信息来源，从而降低企业信息不对称性程度，增强经理人的激励，提高企业的效率。

上述理论研究一致认为产品市场竞争能够降低信息不对称，提高企业的透明度。结合现有研究，产品市场竞争对信息不对称的影响主要体现在以下两个方面：第一，竞争劣势成本效应。如果企业披露大量高质量的信息，这些信息就会被竞争对手利用，竞争对手会根据这些信息做出更优的“市场反应”，这就不利于披露高质量信息的企业发展。因此，可以推断出，竞争程度较低的行业中，企业没动机去披露高质量的信息，这样可以有效避免来自竞争对手的压力。相反，这种效应在高度竞争的行业会非常弱，这是因为，高度竞争行业中的企业的竞争劣势成本已经非常小了，此时披露高质量的信息在某些方面对企业反而是有利的。第二，融资成本效应。现有研究表明，信息披露质量和企业透明度越高，企业的融资成本越小（Bhattacharya et al.，2003[168]）。为了获得更低成本的融资，企业有动机去披露更高质量的信息，在产品市场竞争更为激烈的情况下，这种动机将会更强烈，因为竞争程度更高的行业中，企业每一项新的技术研发都有可能让企业在竞争中脱颖而出，而研发需要大量的资金支持。因此，在高度竞争的行业中，企业为了在竞争中生存下来，有动机去披露更高质量的信息来换取更低的融资成本。

代理问题产生的根源是信息不对称（Jensen and Meckling，1976[58]）。信息假说表明，产品市场竞争提高了企业信息披露质量，降低信息不对称性程度，因此，从逻辑上看产品市场竞争有利于缓解企业代理冲突，降低代理成本。对于上述结论，部分研究从经验证据上提供了支持：Jagannathan 和 Srinivasan（1999）[169]提供了间接证据支持了产品市场竞争可以降低代理成本。Baggs 和 De Bettignies（2007）[170]构建了竞争对管理效率影响的模型，并将竞争的代理效应（仅存在于受代理成本影响的企业中）与竞争的直接压力效应（存在于所有企业中）分离开来。使用加拿大两家公司的调查数据，考察了这两种效应的经验意义。他们发现竞争具有显著的直接压力效应和显著的代理效应，这两种效应都增加了企业对质量改进和成本降低以及合同激励和员工努力的重视。国内学者也从不同角度考察了产品市场竞争与代理成本，李寿喜（2007）[171]研究发现，产品市场竞争程度越高，代理成本越小且代理效率越高，这一结论适用于各类产权性质的企业。姜付秀等（2009）[172]认为不同的产品市场竞争环境对企业代理成本有不同的影响，当产品市场竞争程度较小时，公司内部治理（董事会、独立董事和大股东等治理机制）就可以起到缓解代理冲突的作用。随着产品市场竞争的加剧，公司内部治理机制的监督作用趋于消失，此时，产品市场竞争替代公司内部监督，发挥外部监督的作用。当产品市场竞争程度达到最高时，产品市场竞争与公司内部治理机制形成互补。可以发现，现有研究从理论模型和实证研究两个方面验证了产品市场竞争可以降低代理成本，不同的产品市场竞争环境对不同的公司内部治理机制影响不同，既有可能是互补作用，也有可能是完全替代作用。综上，经理人市场竞争有利于降低信息不对称，较低的信息不对称环境有利于加强外部对经理人的监督，从而规范经理人的行为。

2. 破产威胁增加了经理人的短期业绩压力

产品市场竞争越激烈，企业经营压力越大，遭受行业淘汰的可能性也越大，而经理人往往会在企业破产后丢失工作或者被迫寻找新的工作。因此，管理层有更强的激励去努力工作，减少破产风险（谭云清等，2007[167]）。这是因为产品市场竞争程度越高，企业进入行业的壁垒越低（Cornaggia et al.，2015[173]），更多的外部企业进入会加剧行业的竞争，企业被淘汰和经理人被解雇的风险也随之增加。经理人出于对个人的职业生涯和声誉的考虑，会减少偷懒的时间，花更多时间在企业经营管理上。Dasgupta 等（2018）[174]提供了更为直接的经验证据，他们研究了行业层面关税削减引起的竞争冲击对 CEO 更替的影响，研究发现关税削减引起的竞争冲击导致 CEO 被迫离职的可能性及其对绩效的敏感性显著增加。这些影响对于面临更大被并购风险的公司，以及产品与其他公司更相似的公司更为显著。另外，在治理薄弱的公司，首席执行官更有可能被迫离职；然而，在治理良好的公司，首席执行官会获得更高的激励薪酬。因此，产品市场竞争增加了经理人的短期业绩压力。短期的业绩压力有可能使经理人变得更加投机，并将短期业绩作为努力的目标而改变经营决策行为。

3.1.1.2 债权人治理的治理效应

1. 债权人的监督有利于降低信息不对称，加强外部监督

金融契约理论表明，债权人对公司息税前收益享有固定要求权，当企业的盈利不能支付债权人的利息费用时，债权人主要通过破产程序或重组手段取得公司控制权。债权人治理对公司信息不对称的影响主要体现在：一是对会计信息质量的事前监督。债权人可以根据债务契约中约定的情况对公司的财务状况进行审查，强制上市公司披露有关财务信息。不仅如此，2023 年修订的《中华人民共和国公司法》还规定公司合并或分立时，上市公司必须提前十天告知债权人，并向其出示资产负债表和资产清单。这有利于遏制上市公司的财务舞弊行为，增加了会计信息的可信度，降低了信息不对称程度。二是对会计信息质量的事中激励。对于经理人来说，债务融资相当于增加了经理人相对持股份额，进而对经理人产生激励的作用，促使经理人提供更加可靠的会计信息。三是对公司信息质量的事后约束。当企业违反契约或资不抵债时，债权人可以通过处理抵押资产和迫使企业破产等制约性方式行使权力，获得企业的控制权。债权人拥有控制权转移的权利，在一定程度上也限制了经理人的会计信息舞弊行为。综上，债权人治理能够降低信息不对称程度，加强外部监督。较低的信息不对称有利于监督经理人的行为，从而影响经理人的决策行为。

2. 债务的压力增加了经理人的短期业绩压力

从另一个角度看，债务的存在使经理人面临按时还本付息的压力。如果经理人不能按时还本付息，那么将可能面临几个问题：第一，丧失公司的控制权，这是因为债务人拥有公司控制权转移的权力。第二，丧失代理权。债务问题将有可能被股东当作经理人不作为的信号，进而可能会替换掉现任经理人。第三，被其他公司收购。在企业面临债务问题时，引入外部公司进行并购或重组是最常用的解决方式。当然上述这些情况都不利于经理人塑造良好的声誉。因此，债务的压力增加了经理人短期的业绩压力。

在业绩压力的影响下，经理人将有可能会改变企业战略，比如将企业重心由实体投资转为金融投资来追求短期业绩。综上，债务的治理通过债务的压力增加了经理人的短期业绩压力，进而影响经理人的决策行为。

3.1.1.3　经理人市场竞争的治理效应

1. 声誉激励机制有助于降低信息不对称，加强外部监督

经理人市场指按照市场规律进行职业经理人这种特殊的人力资源使用权的交易关系总和。经理人市场主要通过以下两个方面来缓解信息不对称问题：一方面，经理人市场竞争对信息不对称的直接影响。经理人市场的发展有利于公司董事会获取更多经理人的信息，从事前来看，董事会可以根据掌握的经理人信息筛选出合适的经理人，降低了逆向选择风险。从事后来看，在经理人市场竞争的影响下，经理人必须努力完成公司的考核任务，提升公司的短期业绩，从而避免在任内解聘，降低了道德风险。这也就是说，经理人市场竞争相当于一股无形的外部监督力量，减少了经理人的个人机会主义行为。另一方面，经理人市场竞争对信息不对称的间接影响。Fama（1980）[60]认为经理人市场对经理人有声誉激励作用。在声誉激励的影响下，基于个人财务、声誉和职业生涯的考虑，经理人需要通过努力工作来塑造良好的声誉才能在未来的聘任中获得更高的合同薪酬。诸如财务舞弊和不实信息披露等违规行为不利于经理人塑造良好的声誉，经理人在任期内存在这类违规行为的话将极其不利于其职业生涯的发展。因此，声誉激励不仅使经理人更加努力工作，同时还可能促使其更加遵守法律法规，减少财务舞弊行为，认真履行上市公司的信息披露义务，从而可以间接地降低到外部投资者与企业之间信息不对称性，提高公司透明度。综上，经理人市场竞争有利于降低信息不对称程度，加强外部监督。在较低的信息不对称环境下更有利于外部对经理人的监督，从而起到规范经理人经营决策行为的作用。

2. 代理权的竞争增加了经理人的短期业绩压力

经理人市场竞争加强了代理权的竞争程度。经理人市场上有大量优秀的经理人，这对于在任的经理人无形中产生了一种威胁。在任的经理人必须更加努力工作，带领公司创造更好的业绩才能在激烈的竞争中胜出，否则，经理人的位置将被市场上更为优秀的经理人代替。因此，从代理权竞争的角度来看，经理人市场竞争增加了经理人的短期业绩压力。在短期业绩压力的影响下，追求短期的业绩成为经理人的主要目标，由此可能改变经理人的经营决策行为。

3.1.1.4 市场治理机制的治理效应小结

市场治理机制对公司治理的影响可以总结如图 3－1 所示。市场治理机制对公司治理主要有两大作用：一是降低信息不对称程度，加强外部监督。二是增加经理人的短期业绩压力。本书认为，经理人市场竞争是市场治理中较为重要的一项机制，这是因为，一方面，经理人市场竞争对经理人产生直接的影响，代理权的竞争直接关乎经理人的工作问题，因而经理人市场对经理人的影响更加直接。另一方面，产品市场竞争或者债权人治理影响到经理人的行为，最终也将反映到经理人市场上。综上可知，经理人市场是一个包含其他市场治理主体信息的一个综合性市场。基于此，本书选择以产品市场竞争为代表，探讨市场治理机制与企业金融化的关系及其作用机制。

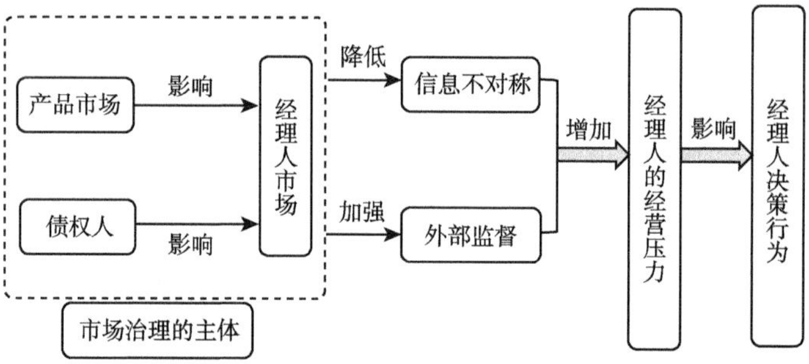

图 3－1 市场治理的治理效应

3.1.2 政府治理的治理效应分析

根据本书对外部治理的定义，政府治理主要包括证监会、审计部门和证券交易所等市场主体。本部分从违规监管和政府审计这两个外部治理机制出发，致力于厘清政府治理的主要治理效应。

3.1.2.1　违规监管的治理效应

公共利益理论认为，政府对资本市场的监管可以有效地解决市场失灵问题，更好地保护投资者的利益。违规处罚是最常用的一种监管方式，也是政府部门对上市公司进行监管的重要手段。目前，我国针对上市公司的主要法律法规有《中华人民共和国公司法》《中华人民共和国证券法》和《上市公司信息披露管理办法》，这三部法律法规都对上市公司信息披露进行明确的界定。其中，《上市公司信息披露管理办法》是我国迄今为止最权威、最全面的上市公司信息披露法规。之所以要强调信息披露的重要性，这是因为信息是影响股票价格的重要信号，与投资者的利益息息相关。具体来看，在信息不对称的情况下，因为缺少对经理人的监督，经理人就有可能做出不利于委托人的决策，比如违规占用资金、关联交易和内部交易等。根据国泰安数据库的统计，上市公司信息披露违规是当前上市公司的主要违规行为，由此可见治理信息披露的重要性。

当前，上市公司信息披露的违规监管部门主要包括上海证券交易所、深圳证券交易所、财政部和相关的税务部门。监管部门首先对可能存在违规行为的公司进行立案，并发布立案公告。接着，相关部门将依法对这些公司进行审查。如果上市公司被审查出确实存在违规行为，那么监管部门将依照法律对上市公司做出处罚，并将相关的处罚公告公布到网站上。值得指出的是，关于上市公司信息披露违规还建立有诚信档案，该档案用于记录上市公司的信息披露违规行为，同时也是政府部门、投资者和商业银行等市场主体对上市公司进行评价的主要参考。

根据上述监管流程可知，违规监管除了起到威慑潜在的违规行为以外，更重要的是能够起到揭示上市公司的相关信息、降低信息不对称程度（顾小龙等，2016[10]），从而起到加强外部监督的作用。这是因为，监管部门如果收到相关举报或者检测到某个上市公司可能存在违规行为的话，首先会在相关网站上公布立案公告。投资者在看到关于上市公司的立案公告后，对于投资该公司将保持更加谨慎的态度，这促使投资者收集更多有关该上市公司的信息，这在一定程度上降低了投资者与上市公司的信息不对称程度。不仅如此，立案公告还会通过媒体和分析师等信息中介传递给更多的市场参与者，将会引致更多的市场参与者挖掘该上市公司的信息，以确保做出正确的投资选择。如果上市公司被查出有违规行为，那么相关的违规公告就会将上市公司违规行为的具体内容公之于众，投资者通过这些信息可以了解到上市公司内部的真实情况，比如经理人的努力程度和经理人的机会主义行为等。如果经理人存在损害股东利益的行为，公司股东就会“用脚投票”向经理人施压，甚至更换当前的经理人。另外，上市公司诚信档案也起到一定的信息揭示作用。诚信档案使得上市公司受到更多的关注，上市公司的违规行为被记录在诚信档案后，不仅促使投资者挖掘违规公司的相关信息，更有媒体这类信息中介对违规行为进行报道，分析师也会针对上市公司的违规行为发布相关的研报，让违规的信息传递给更多的市场参与者。综上，违规监管起到了揭示上市公司信息、提高公司透明度的作用。

3.1.2.2 政府审计的治理效应

政府审计是国家治理的重要组成部分。目前，我国主要的审计部门是审计署及地方审计部门。审计部门的主要职责是针对有关重大政策措施贯彻落实情况、各级政府预算执行情况和其他财政收支情况、重大建设项目的预算执行情况和决算情况、重大项目的资金管理使用和建设运营情况以及国有企业的财政收支情况进行审计工作。主要的审计法律包括《中华人民共和国审计法》《审计署审计结果公告试行办法》和《审计法实施条例》等。政府审计的目的在于，一是监督国家财政预算资金合理、有效地使用；二是通过审计来揭露有关违法违规行为，并提出相关的改进措施。

政府审计的流程主要包括：第一，先由各级审计部门制订年度审计计划。第二，在确定了审计对象后，审计人员需要充分地了解计划的审计对象，收集相关的资料。第三，根据上一步收集的材料，审计部门需要对不同的审计对象制定具有针对性的审计方案。第四，选派审计人员进驻被审计单位，并按照审计方案进行审计工作。第五，审计部门需要对一些重大发现或可能存在问题的地方进行充分的讨论，并征求社会各界的意见。第六，根据前期工作完成审计报告，并公布到官方网站上。第七，督促整改和后续审计等工作。

针对政府对国有企业的审计问题，根据政府审计的流程，政府审计主要通过以下途径缓解信息不对称问题和加强外部监督。

一是审计部门发布的审计公告公布审计结果，公布国有企业违规行为的信息。从 2003 年开始，我国正式开始审计结果公告制度，这就意味着国有企业的违规行为将随着审计公告的发布公之于众，从而提高了国有企业的透明度。例如 2013 年审计署 9 号公告显示，2011 年中国商飞未经过董事会和股东大会的程序就购买总额 1 亿元的理财产品，该行为违反了重大资产投资必须通过董事会和股东大会的规定，被审计署要求整改。由此可见，审计公告公布了国有企业违规的详细内容，让投资者清晰地了解到国有企业的违规行为，并通过正当的渠道维护自身权益。

二是责令整改和后续审计跟进有助于进一步缓解信息不对称问题。审计部门对于被审计出存在违规的国有企业提出整改意见，并督促国有企业进行整改，这将大大降低国有企业再次违规的可能性。例如，国有企业如果被审计出存在信息披露问题，那么国有企业需要根据审计部门给出的意见进行整改，解决企业存在的信息披露问题，这提高了国有企业的信息透明度。另外，审计部门还可能会对整改情况进行检查，可以有效防范国有企业再次发生违规行为。

三是政府审计引入了社会监督，吸引媒体和分析师关注，有助于进一步缓解信息不对称问题。一方面，国有企业是国民经济的支柱，国有企业的“一举一动”都受到媒体的重点关注。审计公告公布后，媒体会对相关的国有企业违规行为进行广泛报道（褚剑和方军雄，2016[175]）。另一方面，审计部门公布的审计公告是证券分析师撰写研报的重要材料来源，分析师将对审计公告内容进一步加工和解读，并以研报的形式将信息传递给投资者。由此可见，媒体和分析师这类信息中介有助于信息的传播，让投资者充分了解国有企业的违规行为，进而降低了投资者与企业之间的信息不对称性，提高了国有企业的透明度。

3.1.2.3 政府治理的治理效应小结

政府治理机制对公司治理的影响可总结如图 3－2 所示。政府治理机制包括违规监管和政府审计等，它们的治理作用主要是：通过政府的监管，加强了对企业的监督，降低了投资者和企业的信息不对称性，进而提高了企业的透明度。本书认为，违规监管是政府治理中较为重要的一项机制。这是因为，一方面，相比于审计署的审计公告或者是责令整改，违规监管过程中的违规处罚对违规企业具有更大的威慑力。另一方面，所有的审计或者监管最终都要落到违规处罚上，监管部门也有可能根据审计公告的结果加大对被审计公司的监管力度。基于此，本书选择以违规监管为代表，探讨政府治理机制与企业金融化的关系及其作用机制。

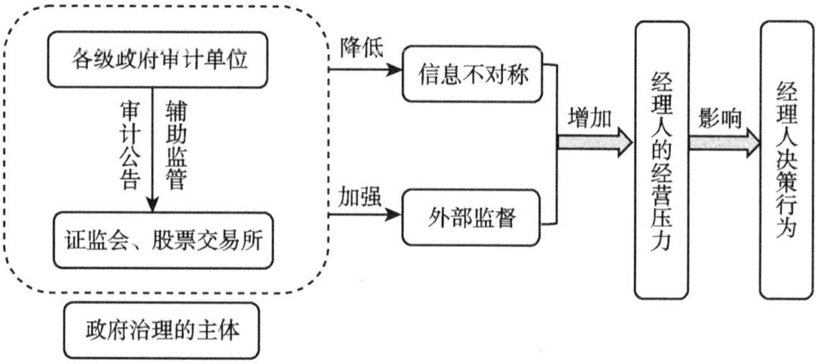

图 3－2　政府治理机制的治理效应

3.1.3　社会治理的治理效应分析

根据本书对外部治理的定义，社会治理主要包括分析师、媒体和社会审计机构等市场主体。本节从分析师关注、媒体关注和社会审计机构的审计这三个外部治理机制出发，致力于厘清社会治理的主要公司治理效应。

3.1.3.1　分析师关注的治理效应

1. 分析师的“信息揭示”作用有助于降低信息不对称，加强外部监督

分析师作为重要的信息中介，大量研究表明分析师能够独立搜集上市公司的信息，并运用专业的知识对其进行加工和解读，最后通过发布盈余预测报告将信息传递给投资者，从而可以降低企业和投资者之间的信息不对称程度（丘心颖等，2016[106]；Ali and Hirshleifer，2020[176]；廖明情等，

2018[177]；Derrien and Kecskes，2013[178]；薛祖云和王冲，2011[179]；Chan and Hameed，2006[180]；Frankel and Li，2004[181]；Womack，1996[182]；Lys and Sohn，1990[183]）。分析师关注的“信息揭示”功能主要体现在以下几个方面：一是分析师结合宏观经济形势和企业发展现状对企业价值做分析，并对股票的盈余进行预测，供投资者参考，降低了投资者收集信息的成本，更为重要的是，减小了外部投资者与企业之间信息不对称程度。二是分析师会通过实地调研获取更多“私人信息”，并将这些信息反映到研报中，从而降低了投资者与企业之间的信息不对称程度。

分析师关注在扮演资本市场信息中介的过程中，实际上也起到了监督企业的作用。Jensen 和 Meckling（1976）[58]甚至将分析师视为投资者的代表，并认为分析师是公司外部监督的主要力量。分析师对企业的监督主要体现在以下三个方面：一是分析师对企业盈余管理的监督。虽然盈余管理具有较高的隐蔽性，但是分析师可以挖掘到上市公司的“私人信息”，并将这些信息通过研报的方式传递给投资者，从而可以加强外部监督，减少管理者的盈余管理行为。二是分析师对于企业投资过程的监督。分析师通过电话会议和实地调研等方式除了可以收集企业信息之外，还能无形中对企业经理人进行监督，降低经理人机会主义行为（Healy and Palepu，2001[184]）。例如，分析师对于拥有更多无形资产和更高研发费用的公司会格外关注，并会花费更大的精力关注这些公司（Barth et al.，2001[185]）。三是分析师对于企业信息披露的监督。Dyck 等（2010）[186]认为分析师是揭发企业欺诈行为的主要力量。分析师不仅可以揭发企业的欺诈行为和揭露企业的坏消息，还可以对企业业绩预告违规行为进行监督。

2. 分析师的盈余预测增加了经理人的短期业绩压力

分析师关注除了可以降低企业与投资者信息不对称性之外，也有可能增加经理人的短期业绩压力。这主要是因为，如果未能达到分析师的盈余预测目标，就有可能导致股价下跌和企业市场价值的损失（Bartov et al.，2002[187]），而经理人将面临被解雇（Hazarika et al.，2012[188]）和被降薪的风险（Matsunaga and Park，2001[189]）。在短期的业绩压力之下，经理人有动机去迎合分析师盈余预测，而经理人最常用的方法就是盈余管理。经理人进行盈余管理的真实目的在于迎合外界对于公司盈利的预期，虽然盈余管理并不增加或减少企业实际的盈利，但会改变企业实际盈利在不同的会计期间的反映和分布，以达到主体自身利益最大化的行为。另外，短期的业绩压力也会使经理人变得更加“短视”，最明显的例子就是经理人减少企业创新投资，增加风险小、周期短和收益可观的项目投资。为了达到分析师的盈余预测目标，经理人倾向于减少高风险、长期和不可预测的投资类型，而创新则是经理人首要考虑放弃的投资项目之一（He and Tian，2013[11]）。综上，分析师的盈余预测目标影响了经理人的经营决策行为，即在分析师盈余预测目标的影响下，经理人倾向于牺牲企业长期价值而去追求短期业绩。

3.1.3.2 媒体关注的治理效应

1. 媒体的“信息揭示”作用有助于降低信息不对称，加强外部监督

媒体对上市公司的关注主要是指新闻媒体对上市公司的相关事件进行报道，并作出相应的社评。大量的研究表明媒体关注可以降低信息不对称程度，提高公司内部治理水平（周开国等，2016[190]；权小锋和吴世农，2012[191]；于忠泊等，2011[192]；Dyck et al.，2008[193]；Miller，2006[194]）。媒体关注的“信息揭示”功能主要体现在以下几个方面：第一，新闻媒体机构是信息制造和传播的专业性机构，它们不仅拥有多渠道的信息来源渠道，同时也会通过实地报道和采访来获取第一手信息，比如新闻记者实地报道上市公司的生产经营情况，并对上市公司的相关人员进行采访，再将收集到的信息进行整理，最后通过新闻的形式发布出来，降低了投资者信息收集成本。第二，媒体还可以通过转发分析师的研报或者社评的方式将信息更为广泛地传播出去，让更多的投资者能够接收到这些信息，进而降低企业与投资者之间的信息不对称程度，提高企业的透明度。

媒体关注在降低投资者与企业之间信息不对称程度的同时，也起到了加强外部监督的作用。主要体现在：第一，媒体将企业的违规行为事件曝光，从而引起政府监管部门的关注。针对企业的违规事件，监管部门往往会第一时间去查实，并对企业的违规行为做出处罚。第二，媒体报道通过影响管理层的声誉来规范管理层的行为。对于管理层来说，良好的个人声誉是一笔财富。一方面，良好的声誉为管理层带来更多的工作机会，另一方面，良好的声誉也是其获得更高薪酬的重要“筹码”。因此，管理层会格外关注媒体报道。由此，媒体关注对管理层起到了外部监督的作用。第三，媒体报道还会引起投资者的关注，如果媒体报道相关公司的负面新闻，投资者就会“用脚投票”促使管理层对相关违规行为进行整改，从而达到外部监督的作用。

2. 社会的关注增加了经理人的短期业绩压力

媒体关注除了可以降低企业与投资者信息不对称性之外，也有可能增加经理人的短期业绩压力。这主要是因为，媒体传播分析师盈余预测的相关报道使投资者更加关注上市公司的盈余情况，在媒体的影响下投资者会格外关注公司股价波动性或者收益率的相关报道。因此，公司的经理人将采取各种措施来提升企业的短期业绩去迎合外界的预期（比如分析师的盈余预测）。另外，媒体的负面报道可能会使公司和经理人陷入社会舆论当中，在舆论的影响下，公司的行为将会被无限放大，这对于公司的生产经营会造成一定的负面影响。为了带领公司走出舆论，经理人必须更加努力工作，提高企业的短期业绩，这在无形中增加了经理人的短期业绩压力。综上，媒体的关注会吸引更多社会的关注，公司的任何一点负面消息都会受到社会的极大关注和讨论，有可能带来巨大的舆论压力。因此，经理人的经营决策行为有可能会受到影响。

3.1.3.3　社会审计的治理效应

1. 审计报告降低了信息不对称，加强了外部监督

我国审计体系包括国家审计、内部审计和社会审计三个组成部分。根据本书的定义，目前社会审计机构以会计师事务所为主。为了充分了解企业的真实情况，及时纠正企业中存在的问题，在内部审计的基础上，许多企业都会选择聘请会计师事务所来进行外部审计。外部审计通过具体的方法去控制企业内部的风险，一般来说公司内部审计对公司评价有重要的作用，而外部审计就是用来发现内部审计的缺陷，所以内部审计加上外部审计可以帮公司杜绝大部分的问题。社会审计主要起到揭示公司的违规行为，提高会计信息透明度的作用（代彬等，2011[195]）。社会审计的“信息揭示”功能主要体现在，会计师事务所属于外部审计机构，其与上市公司并无经济利益关系，从而能够保证审计的独立性。会计师事务所对上市公司的年报、现金流、财务收支等情况进行审计，在获得充分的审计数据之后，会对公司整个年度财务数据发表审计报告建议。会计师事务所在审计过程中能够发现企业违规问题。例如，2022 年，中审亚太会计师事务所（特殊普通合伙）在审计未来股份（600532）年报时发现部分银行账户存在虚假银行对账单及银行回函，上述事项表明公司内部出现重大舞弊。因此，社会审计可以通过揭示上市公司的财务违规行为来提高公司的透明度，降低外部投资者与企业的信息不对称性程度。

社会审计在降低投资者与企业之间信息不对称程度的同时，也起到了加强外部监督的作用。这主要体现在：一方面，会计师事务所的审计报告发布后，上市公司的违规行为会引起监管部门的注意，监管部门的介入以及相关的违规处罚增加了上市公司再次违规的“成本”。同时，监管部门也会要求违规的上市公司进行整改，从而加强外部监督的力度，提高公司内部治理水平。另一方面，审计报告也同样会引起投资者的注意，在投资者的压力下，基于个人利益的考虑，公司经理人会积极改正违规问题，从而提高公司内部治理水平。

2. 舆论压力增加了经理人的短期业绩压力

社会审计除了可以降低企业与投资者信息不对称性之外，也有可能增加经理人的短期业绩压力。这主要是因为，一方面，会计师事务所发布的审计报告揭发了经理人的违规行为，在公司股东的压力下，经理人只有努力提高公司的短期业绩才能为自己不被解雇增添“筹码”。另一方面，会计师事务所发布的审计报告是媒体报道和分析师撰写研报的资料来源，媒体会将上市公司的违规行为广泛报道，扩大信息的传播面，分析师基于审计报告撰写的研报也将传播给更多的投资者。在社会的关注下，经理人为了自身私有利益，将会努力去迎合市场的预期。因此，社会审计会在一定程度上增加经理人的经营压力。在舆论的压力下，经理人可能会改变经营决策行为，将企业发展的重点放在追求短期业绩上。

3.1.3.4 社会治理的公司治理效应小结

本节总结了社会治理机制对公司治理的影响，社会治理机制对公司治理主要有两大作用：一是降低信息不对称程度，加强外部监督。二是增加经理人的短期业绩压力。本书认为分析师关注是一项关键的社会治理机制，这主要是因为，首先，分析师的盈余预测报告是一份专业的报告，不像新闻媒体只是简单报道相关事件，分析师的报告需要利用专业的知识来解读相关信息，再将这些信息传递给外界。而分析师的资料除了来源于网上查询和实地调研外，媒体挖掘的新闻、社会审计报告的结果或其他社会治理主体产生的信息也是分析师撰写研报的重要资料来源（见图3-3）。从媒体的角度来看，媒体挖掘的内幕事件通过新闻媒介发布后，分析师可以收集这些新闻资料，并通过加工和解读，形成一份包含盈余预测和股票评级的专业研究报告，这对于缓解信息不对称问题有着重要的帮助。不仅如此，分析师发布的研究报告也可以通过媒体传递给更多的投资者，有助于进一步缓解信息不对称问题。从审计机构（主要是会计师事务所）来看，审计机构发布的审计报告中可能会包含着许多分析师尚未掌握的信息，分析师可以将审计报告中的这些信息进一步加工，并向外界发布相关的研究报告，有助于进一步缓解信息不对称问题。也就是说，分析师的盈余预测报告综合了社会各方的信息，再加上其专业的解读，因而可以向外界传递更加全面和专业的信息，从而对上市公司产生更“精准”的影响。基于此，本书选择以分析师关注为代表，探讨社会治理机制与企业金融化的关系及其作用机制。

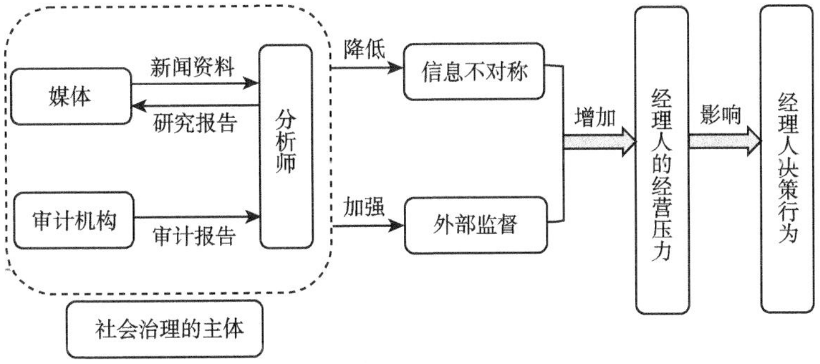

图3-3　社会治理的治理效应

3.2 经理人市场竞争与实体企业金融化

根据上文分析，市场治理机制、社会治理机制和政府治理机制对公司治理产生相似的治理作用，即外部治理机制主要通过缓解信息不对称来影响企业金融化。因此，本章仅对经理人市场竞争进行理论模型推导①，即使用理论模型分析经理人市场竞争如何影响企业金融化。

3.2.1 理论分析

3.2.1.1 声誉激励假说

王红建等（2016）[117]将金融业和房地产行业称为“套利型”行业，企业只需要将资源进行时空转移就可以轻松获得巨额利润。在实体行业利润不断被压缩的背景下，实体企业“进军”金融业成为许多经理人的重要决策。这是因为，一般来说，金融投资的平均收益较高，可以在短期内快速提升企业的业绩和稳定公司的股价，从而帮助经理人保住职位而不至于被解聘。从长期来看，如果经理人长期沉迷于金融投资，将个人精力和努力方向都放在金融行业的话，实体企业的主业发展就会受到影响。对于企业来说，过度金融化会使实体企业逐渐“脱实向虚”，不利于企业的长远发展。对于经理人个人来说，过往的职业表现是塑造其声誉的重要评价标准，同时也与下一阶段的声誉水平息息相关。更为重要的是，经理人通过企业金融化来谋取私利的行为将会被贴上“不务正业”和“投机主义”的标签。而经理人的这些业绩表现将会被市场“记忆”下来，并作为代表其能力的

① 外部治理机制主要通过缓解信息不对称问题和加强外部监督影响企业金融化，本节关于经理人市场竞争对企业金融化影响的理论模型推导可以拓展到分析师关注对企业金融化的影响和违规监管对企业金融化的影响，因此，本节不再做推导。

信号（Fama，1980[60]）。与此同时，这些信息将会通过经理人市场传递给委托人，这对经理人的声誉会造成较大的负面影响。委托人在选择代理人时会对从经理人市场上收集到的信息进行分析，如果经理人拥有不好的声誉，其被聘用的概率将会大大降低。因此，经理人只有通过努力工作，建立并维护自身声誉，才能提高自己在经理人市场上的议价能力（Fama，1980[60]），具体来看，经理人需要减少通过企业金融化来谋取私利的投机行为以维护自身声誉。另外，Kreps 和 Wilson（1982）[196]认为经理人声誉的形成是一个反复博弈的过程，良好的声誉不仅有利于经理人从激烈的竞争中脱颖而出，同时也符合经理人的长期利益。基于以上分析，本书认为，相比于通过企业金融化实现短期内利益最大化，经理人更倾向于维护个人良好的声誉来提高自身在经理人市场上的竞争力。

3.2.1.2 信息治理假说

陈婧和方军雄（2020）[9]认为完善的经理人市场为企业提供了一个经理人信息库，董事会能够从经理人市场上获得有关经理人的信息，减小企业内部与经理人之间信息不对称程度，有利于加强对经理人的监督。中国上市公司的股权高度集中，大股东一般长期持有公司的股票。相比于散户，大股东更加关注的是企业的长期价值而不是股票的短期波动。具体到经理人聘用上，由大股东组成的董事会对聘请经理人这一事项具有决策权力，从事前来看，董事会可以从经理人市场上寻找适合企业长期发展的经理人，大大降低了聘用到机会主义型经理人的概率。从事后来看，如果经理人的投资决策行为不利于企业长期发展和损害股东的利益，公司股东将会向经理人施压，使其改变投资策略。同时，经理人市场的竞争也是对经理人的一种约束，一旦出现上述行为，企业将有可能解聘经理人，再从经理人市场上聘用更合适的经理人。因此，经理人市场缓解了信息不对称，强化了对于经理人的监督，使经理人更加专注于企业长期价值，减少企业金融化等短视行为。

3.2.1.3 代理权竞争假说

在代理权竞争机制的影响下，从短期来看，如何提高企业业绩和稳定股价成为经理人的重要任务。这是因为：第一，短期内企业业绩与经理人的报酬相挂钩，企业业绩越好，经理人获得的报酬也就越高。第二，短期内企业的业绩也是经理人能力的表现，这些信息也会通过经理人市场传递给更多的委托人，一般来说，优秀的经理人能够获得更长的聘用期限，同时也能获得更高的报酬（袁春生等，2008[69]）。然而，当企业业绩表现不佳，企业真实盈余达不到分析师预测时，投资者就会“用脚投票”，从而导致股价下跌（Skinner and Sloan，2002[197]）。来自股东的压力将促使经理人更加专注于提升企业的短期业绩，降低被解聘的风险。由于企业创新是一项具有高不确定性和高风险性的投资活动（Holmstrom，1989[120]），而且企业创新的周期一般比较长，真正将创新应用于企业生产活动中则需要更长的时间，因此经理人通过企业创新来提升企业业绩具有较大的风险。在这种情况下，经理人需要寻找一种周期较短且收益率高的投资，而金融资产就刚好具备了周期短和收益率高的属性。实际上，实体企业进行金融投资已成为一个较为普遍的现象，也有研究表明，当面临股价压力时，相比于企业的长期价值，经理人更倾向于通过配置金融资产来提升企业的短期业绩（杜勇和邓旭，2020[159]）。

3.2.2 理论模型推导

理论模型推导之前，先提出三个理论假设：假设 1：在信息不对称的影响因素中，经理人行为与其他因素之间无交互作用。假设 2：理性经济人假设，即经理所追求的目标都是使自己的利益最大化。假设 3：个人财富、声誉和公司业绩等影响经理人行为的因素为相互独立因素。

3.2.2.1 经理人市场竞争与信息不对称

首先，本节先对经理人市场竞争与信息不对称的关系进行推导。经理人市场竞争用 V 来表示，信息不对称程度用 Θ 表示，构造公式（3－1），探究经理人市场竞争与信息不对称程度的关系。对公式（3－1）分别求一阶导和二阶导，如公式（3－2）和公式（3－3）所示。

$$V = j(\Theta, others) \tag{3-1}$$

$$\frac{\partial V}{\partial \Theta} = \frac{\partial j(\Theta, others)}{\partial \Theta} \tag{3-2}$$

$$\frac{\partial^2 V}{\partial \Theta^2} = \frac{\partial^2 j(\Theta, others)}{\partial \Theta^2} \tag{3-3}$$

然后，构造函数来表示 V 与 Θ 的关系，如公式（3－4）和公式（3－5）所示。

$$V = (M\Theta + N)(P_1 e^{-Q\Theta} + P_2) + R \tag{3-4}$$

$$\frac{\partial V}{\partial \Theta} = M(P_1 e^{-Q\Theta} + P_2) - P_1 Q_1 (M\Theta + N) e^{-Q\Theta} \tag{3-5}$$

令 $\frac{\partial V}{\partial \Theta} = 0$，可以得到公式（3－6）。

$$\frac{P_1 e^{-Q\Theta} + P_2}{(M\Theta + N) e^{-Q\Theta}} = \frac{P_1 Q_1}{M} \tag{3-6}$$

$$\Theta = \sum_1^n \Theta_{i=1} \tag{3-7}$$

接着，将公式（3－7）代入公式（3－6）中，可以得到公式（3－8）。

$$\frac{P_1 e^{-Q \sum_1^n \Theta_{i=1}} + P_2}{\left(M \sum_1^n \Theta_{i=1} + N\right) e^{-Q \sum_1^n \Theta_{i=1}}} = \frac{P_1 Q_1}{M} \tag{3-8}$$

同时，将公式（3－7）代入公式（3－5）中，可以得到公式（3－9）。

$$\frac{\partial V}{\partial \Theta} = M(P_1 e^{-Q \sum_1^n \Theta_{i=1}} + P_2) - P_1 Q_1 \left(M \sum_1^n \Theta_{i=1} + N\right) e^{-Q \sum_1^n \Theta_{i=1}} \tag{3-9}$$

在完成函数构造和求导后，采用层次分析法，构造判断矩阵，具体如公式（3－10）、公式（3－11）、公式（3－12）所示，其中，a_{ij}^k 表示第 i 个准则或者方案和第 j 个准则或者方案的优势度对比，$vec\tilde{A}^k$ 表示矩阵 A^k 的矢量化形式，$\tilde{a}_{ij}^k$ 为去屏蔽化形式。

$$vec\tilde{A}^k = [\tilde{a}_{12}^k \cdots \tilde{a}_{(n-1)n}^k] \tag{3-10}$$

$$\tilde{a}_{ij}^k = a_{ij}^k, a_{ij}^k \geqslant 1 \tag{3-11}$$

$$\tilde{a}_{ij}^k = -\frac{1}{a_{ij}^k}, a_{ij}^k < 1 \tag{3-12}$$

而后，将上述公式进行变换，计算平均值及标准差，如公式（3－13）、公式（3－14）所示，并计算得出公式（3－15），其中，$\bar{a}_{ij}$ 表示平均值，$S_{a_{ij}}$ 表示标准差，G_{ij}^{k} 表示格拉布斯准则。

$$\bar{a}_{ij} = \frac{1}{q}\sum_{k=1}^{q} \tilde{a}_{ij}^{k} \tag{3-13}$$

$$S_{a_{ij}} = \left[\frac{1}{q-1}\sum_{k=1}^{q} (\tilde{a}_{ij}^{k} - \bar{a}_{ij})^2\right]^{1/2} \tag{3-14}$$

$$G_{ij}^{k} = \left|\frac{\tilde{a}_{ij}^{k} - \bar{a}_{ij}}{S_{a_{ij}}}\right| \tag{3-15}$$

然后，判断矩阵的特征值与特征向量，具体如公式（3－16）和公式（3－17）所示，W^k 为矩阵的特征向量。

$$W^k = [w_1^k, w_2^k, \cdots, w_n^k]^T \tag{3-16}$$

$$w_i^k = \frac{a_i^k}{\sum_{i=1}^{n} a_i^k}, a_i^k = \sum_{j=1}^{n} a^{k\prime}_{ij} \tag{3-17}$$

令 $W^{k\prime} = A^k W^k$，则有：

$$\lambda_{\max} = \sum_{i=1}^{n} \frac{(AW)_i^k}{nw_i^k} = \frac{1}{n}\left(\frac{w_1^{k\prime}}{w_1^k} + \cdots + \frac{w^{k\prime}_n}{w_n^k}\right) \tag{3-18}$$

然后进行一致性判定，判定矩阵是否具有一致性，构造相应的 MAHP 层次结构，同时构造相应的矩阵，矩阵为 n_m 行、n_{m-1} 列（$LW^{k,m}$ 矩阵）。即 $LW^{k,m} = (W_1^{k,m}, W_2^{k,m}, \cdots, W_{n_{m-1}}^{k,m})$，构造层次分析法中的全局权重向量，具体如下所示：

$$GW^{k,m} = LW^{k,m} GW^{k,m-1} \tag{3-19}$$

同时，对于群组中的目标约束下综合排序如公式（3－20）所示，r 为校对系数。

$$\widehat{GW} = \sum_{k=1}^{q} r^k GW^k \tag{3-20}$$

将公式与公式结合，可得出以下公式。

$$h(\widehat{GW}) = h\left(\sum_{k=1}^{q} r^k GW^k\right) = h\left[M(P_1 e^{-Q\sum_1^n \Theta_{i=1}} + P_2) - P_1 Q_1 \left(M\sum_1^n \Theta_{i=1} + N\right) e^{-Q\sum_1^n \Theta_{i=1}}\right] \tag{3-21}$$

$$Gh\left(\sum_{k=1}^{q} r^k W^k\right) = h\left[M(P_1 e^{-Q\sum_1^n \Theta_{i=1}} + P_2) - P_1 Q_1 \left(M\sum_1^n \Theta_{i=1} + N\right) e^{-Q\sum_1^n \Theta_{i=1}}\right] \tag{3-22}$$

$$G\sum_{k=1}^{q} h(r^k W^k) = h\left[M(P_1 e^{-Q\sum_1^n \Theta_{i=1}} + P_2) - P_1 Q_1 (M\sum_1^n \Theta_{i=1} + N) e^{-Q\sum_1^n \Theta_{i=1}}\right] \tag{3-23}$$

$$G = \frac{h\left[M(P_1 e^{-Q\sum_1^n \Theta_{i=1}} + P_2) - P_1 Q_1 \left(M\sum_1^n \Theta_{i=1} + N\right) e^{-Q\sum_1^n \Theta_{i=1}}\right]}{\sum_{k=1}^{q} h(r^k W^k)} \tag{3-24}$$

由公式（3－24）反推可得 $\frac{\partial V}{\partial \Theta} < 0$，这说明经理人市场竞争增加会降低信息不对称程度。

3.2.2.2　信息不对称与企业金融化

信息不对称程度用 Θ 表示，经理人行为用 B 表示，则两者的关系可构建公式（3－25）。

$$B = h(\Theta, others) \tag{3-25}$$

对公式（3－25）求偏导，可得：

$$\frac{\partial B}{\partial \Theta} = \frac{\partial h(\Theta, others)}{\partial \Theta} \tag{3-26}$$

设企业金融化用 EF（Enterprise financialization）来表示，可得公式（3－27）和公式（3－28），其中 B 表示经理人行为，C、D 表示其他影响因素。

$$EF = f(B, C, D\cdots) \tag{3-27}$$

$$\frac{\partial EF}{\partial B} = \frac{\partial f(B, C, D\cdots)}{\partial B} \tag{3-28}$$

将公式（3－26）和公式（3－28）结合，可以得到公式（3－29）。

$$\frac{\partial EF}{\partial \Theta} = \frac{\partial EF}{\partial B} \times \frac{\partial B}{\partial \Theta} = \frac{\partial f(B, C, D\cdots)}{\partial B} \times \frac{\partial h(\Theta, others)}{\partial \Theta} \tag{3-29}$$

根据上文计算得出的公式 $\widehat{GW}=\sum_{k=1}^{q}r^{k}GW^{k}$，将公式与公式结合，可得出公式（3－30）和（3－31），其中 H 表示常数。

$$w\left(\frac{\partial EF}{\partial\Theta}\right)=w\left[g\left(\sum_{k=1}^{q}r^{k}GW^{k}\right)\right]=w\left[\sum_{k=1}^{q}g\left(\frac{\partial f(B,C,D\cdots)}{\partial B}\times\frac{\partial h(\Theta,others)}{\partial\Theta}\right)\right]+H \tag{3-30}$$

$$w\left(\frac{\partial EF}{\partial\Theta}\right)=\sum_{k=1}^{q}w\left[g\left(\frac{\partial f(B,C,D\cdots)}{\partial B}\times\frac{\partial h(\Theta,others)}{\partial\Theta}\right)\right]+H \tag{3-31}$$

假设 A_1、A_2 和 A_3 分别表示个人财富、声誉和公司业绩等，则有公式（3－32），其中 Q 表示权重系数。

$$\frac{\partial f(B,C,D\cdots)}{\partial B}\times\frac{\partial h(\Theta,others)}{\partial\Theta}=A_1\times Q_{A_1}+A_2\times Q_{A_2}+\cdots+A_n\times Q_{A_n}=\sum_{n=1}^{n}A_n\times Q_{A_n} \tag{3-32}$$

$$w\left(\frac{\partial EF}{\partial\Theta}\right)=\sum_{k=1}^{q}w\left[g\left(\sum_{n=1}^{n}A_n\times Q_{A_n}\right)\right]+H \tag{3-33}$$

令 $w\left(\frac{\partial EF}{\partial\Theta}\right)=0$，则有公式（3－34）。

$$H=-\sum_{k=1}^{q}w\left[g\left(\sum_{n=1}^{n}A_n\times Q_{A_n}\right)\right]=-\sum_{k=1}^{q}\sum_{n=1}^{n}w[g(A_n\times Q_{A_n})] \tag{3-34}$$

当 $H>0$ 时，$\frac{\partial EF}{\partial\Theta}>0$，即可知信息不对称条件越高，企业金融化程度越高。

当 $H<0$ 时，构造函数 $p(H)$，即：

$$p(H)=-\frac{H}{\sum_{k=1}^{q}\sum_{n=1}^{n}w[g(A_n\times Q_{A_n})]}=-\sum_{k=1}^{q}\sum_{n=1}^{n}\frac{H}{w[g(A_n\times Q_{A_n})]}=-\sum_{k=1}^{q}\sum_{n=1}^{n}w\left[g\left(\frac{H}{A_n\times Q_{A_n}}\right)\right] \tag{3-35}$$

可知，$p(H)<1$，即 $H>-\sum_{k=1}^{q}\sum_{n=1}^{n}w[g(A_n\times Q_{A_n})]$。

由此可知，不管 $H<0$ 还是 $H>0$，都有 $\frac{\partial EF}{\partial\Theta}>0$，这说明信息不对称程

度与企业金融化正相关，信息不对称程度越高，企业金融化程度越高。

综上可知，信息不对称程度是经理人市场竞争影响企业金融化的其中一个作用机制，经理人市场竞争越大，企业金融化程度越小。

3.2.3　研究假设提出

通过上文分析可知，经理人市场竞争的公司治理效应主要体现在三个方面：一是声誉激励机制。Fama（1980）[60]首次研究了经理人市场竞争机制在约束和激励经理人行为，以及缓解第一类代理问题上的作用，并强调了声誉激励在这一过程中发挥的作用。具体来看，经理人过去的业绩水平决定了现在的市场价值，而经理人现在的行为也会影响到未来的市场价值。由于声誉激励约束的存在，经理人的表现不仅与自身短期的薪酬水平相关，还关系到经理人未来的市场价值。声誉激励机制促使经理人更加努力地工作，做出符合公司长期发展的决策。因此，经理人市场竞争能够发挥隐性激励的作用。二是代理权竞争机制。经理人市场为委托人提供更多可供聘用的优秀经理人，从而提高了经理人对于代理权的竞争。如果公司业绩表现不佳或者股价下跌，公司股东就会通过“用脚投票”来向经理人施压，甚至是更换公司的管理层（董维明等，2018[72]）。三是信息治理机制。经理人市场为公司提供了全面的经理人信息，公司可以从这些信息中选择聘请真正有能力的经理人，从事前来看，降低了道德风险，从事后来看，降低了监督成本，提升了公司的治理能力（陈婧和方军雄，2020[9]）。

企业所有权与经营权分离是现代企业的重要标志，在两权分离的情况下，委托人和代理人都希望达到自身效用的最大化，但是，由于委托人和代理人拥有信息的不对称性，代理人极有可能做出不利于委托人的决策，这就导致了道德风险的问题，而企业金融化就有可能成为导致该类问题的决策之一。上市公司的股价是经理人考核的重要指标之一，基于自身财富最大化、个人声誉以及职业生涯等因素的考虑，当经理人面临股价下跌的问题时，经理人将有动机去牺牲公司的长期价值，将精力集中于公司短期业绩和维持股价稳定（褚剑和方军雄，2016[198]）。金融投资具有收益率高的特性，经理人可以通过企业金融化来快速提升企业的业绩，从而达到粉饰企业业绩、维持股价的目的（柯艳蓉等，2019[199]）。因此，企业金融化已成为经理人谋取私利的重要手段之一，特别是在高度信息不对称情况下，由于缺乏有效的监督，经理人通过金融化来达到自身效用最大化的动机将更强烈。

一方面，经理人市场向委托人提供了一个完善的经理人信息库，这有助于委托人选择更合适的经理人。从事前来看，委托人可以根据经理人市场上反馈的信息，选择一个更加注重企业长期价值和实业投资经验丰富的经理人，从而有效地避免选择那些沉迷于金融投资来谋取私人利益的经理人。从事后来看，由于经理人市场竞争的存在，在任的经理人除了需要努力工作外，其所作的投融资决策必须符合公司股东的利益，否则将有被解聘的风险。企业金融化虽然投资收益率高，且有助于快速提高短期的业绩，但是企业金融化并不利于企业长期发展，这不符合大股东的利益。因此，经理人为了避免被解聘，将更加专注于企业的价值提升，而不是金融投资带来的短期收益的提高。因此，经理人市场竞争可降低企业金融化。

另一方面，经理人市场竞争的声誉激励表明，经理人的声誉关乎到未来的合同报酬，因此，经理人有动机去塑造良好的个人声誉。大多数研究表明，实体企业金融投资是一种投机套利的行为，并不利于企业长期发展和价值的形成。如果企业的经理人沉迷于金融投资，必将在经理人市场上留下“机会主义”的标签，这些信号传导给委托人的话，将会大大降低经理人未来被聘任的概率。因此，基于良好个人声誉的考虑，经理人将会减少金融投资，专注于企业的长期价值。

综上，本章认为经理人市场竞争对企业金融化的影响是综合的，声誉激励机制、信息治理机制和代理权竞争机制的治理作用同时存在，本书观测到的是三种机制共同作用下的最终结果。因此，结合理论模型的推导结果，提出下面对立的研究假设：

研究假设 1a：给定其他条件不变，如果声誉激励机制或信息治理机制占据主导位置，那么经理人市场竞争与企业金融化程度负相关。

研究假设 1b：给定其他条件不变，如果代理权竞争机制占据主导位置，那么经理人市场竞争与企业金融化程度正相关。

3.3 违规监管与实体企业金融化

3.3.1 理论分析

当下，企业金融化是一种比较普遍的现象，越来越多的实体企业进行金融投资，实体企业金融投资方面的违规行为也变得越来越多。实体企业金融投资方面的违规主要体现在：一是推迟披露，关于配置金融资产的相关信息被推迟披露①，或者是未按规定及时对重大事项进行临时公告；二是披露不实，不披露配置金融资产的相关信息，或者是披露不实的信息，比如披露的资金远小于实际购买金融资产的资金；三是违规使用资金购买金融资产，包括改变资金用途来配置金融资产，或者是未经过公司内部的重大投资活动使用资金的流程便配置金融资产。四是金融资产的会计处理，将部分金融资产划分到其他会计科目，从而达到避免监管的目的。可以看出，实体企业金融化违规的现象非常多，同时也说明现有法律法规的滞后性和监管的不到位。为了整顿实体企业金融化乱象，政府进一步加大了对实体企业金融化现象的监管。2017 年 3 月，财政部修订发布了《企业会计准则第 22 号——金融工具确认和计量》《企业会计准则第 23 号——金融资产转移》和《企业会计准则第 24 号——套期会计》三项金融工具会计准则。2017 年 5 月，财政部修订发布了《企业会计准则第 37 号——金融工具列报》。政府部门对现行法律法规的修订既是为了适应社会主义市场经济发展需要，也是为了加大对实体企业金融化违规行为的处罚。

违规监管作为一种政府治理视角下的外部治理机制可以有效缓解企业金融化过程中的信息不对称问题，主要体现在三个方面：首先，相关的违规处罚公告会公布于政府监管部门的网站上，这使得更多的外部的投资者

① 2021 年，雪迪龙（002658）使用 3.07 亿元购买理财产品，未及时披露，被出具监管函。

了解到上市公司的违规行为。不仅如此，这些信息还会被分析师和媒体等信息中介进一步传播，上市公司的违规行为将会传递给更多的投资者。基于自身利益的考虑，投资者将通过各种有效的渠道向经理人施压，促使经理人改变投资策略，减少企业金融化这类不利于企业长期价值的投资行为。其次，上海证券交易所和深圳证券交易所专门设置了上市公司诚信档案来约束上市公司的信息披露违规行为。上市公司的信息披露违规行为将被记录在诚信档案中，由此带来的不利影响主要体现在：一是上市公司容易成为政府监管的重点对象，相应的政府补助和政策支持也可能会被削减；二是上市公司的声誉将受到影响，不利于上市公司开拓市场，经营成本也将增加；三是上市公司的违规行为被纳入诚信档案，降低了外部投资者的信心，提高了上市公司的融资成本（黎文靖，2007[77]）。

3.3.2 研究假设提出

企业金融化是实体企业的一项特殊投资。首先，不同于企业的一般性投资活动，它背离了实体企业的主营业务，容易导致“脱实向虚”；其次，它具有高收益和高风险的双重特性，一旦把握不好金融投资的“度”，就有可能危害主业的发展，严重者甚至关乎到企业的存亡；最后，随着金融创新的不断深化，越来越多的金融资产种类可供企业选择，随之而来的问题是金融工具的确认变得越来越困难，监管部门的监管难度也不断加大。彭俞超等（2018）[118]认为金融资产既是一种流动性贮藏工具，也是一种投资工具，也就是说，企业可以通过购买短期金融资产来预防未来流动性危机，一旦企业出现资金短缺或现金流断裂，就可以将短期金融资产进行售卖，从而获得应对流动性危机的现金流。同时，金融投资具有较高的收益率，金融投资的收益还可以反哺主业，促进主业的发展。更为重要的是，经理人可以通过推迟披露、披露不实和使用不合规资金等方式对其金融化行为进行“隐藏”，从而达到谋取私利的目的。综上，企业金融化行为具有较大的信息不对称性。

在信息不对称情况下，经理人有动机利用手中的职权来谋取私利，而企业金融化则是经理人谋取私利的常用方式之一。这是因为：第一，经理人拥有配置金融资产的能力。经理人对于类似金融资产的重大投资有着极大的裁决权（杜勇等，2017[116]），这为经理人通过企业金融化来谋取私利提供了便利。第二，经理人拥有配置金融资产的动机。金融业、房地产业被认为是拥有超额利润的两大暴利行业（王红建等，2016[117]），基于自身财富、声誉和职业生涯的考虑，当经理人面临股价压力时，相比于企业的长期价值，经理人更倾向于通过企业金融化来获取短期超额收益，进而可以达到快速提升企业短期业绩、稳定公司股价的目的（褚剑和方军雄，2016[198]）。因此，经理人有动机和能力通过企业金融化来谋取私利，外部投资者与企业内部信息不对称程度越高，经理人就越有机会去增加金融投资。

基于上述分析的考虑，上市公司将会减少企业金融化过程中信息披露的违规行为，在没有不实信息披露的目标下，上市公司许多不合规的金融投资将得到有效制止，因而降低了企业金融化程度。最后，部分信息违规行为将受到罚款的处罚，大大增加了上市公司信息违规的经济成本，从而减少了信息披露机会主义行为。同时，罚款也是一种比较重的处罚方式，这对于上市公司企业金融化的信息违规行为能够起到威慑的作用。因此，违规监管能够在一定程度约束上市公司信息披露中的机会主义行为，从而降低企业金融化。综合上述分析，本书提出研究假设：

研究假设 2：给定其他条件不变，违规监管与企业金融化负相关，即违规监管将抑制企业金融化。

3.4 分析师关注与实体企业金融化

3.4.1 理论分析

分析师的公司治理作用可以归结为三点：第一，分析师收集、整理和加工上市公司信息，并将信息以研报的形式传递给投资者，降低了投资者与上市公司的信息不对称性，提高了上市公司的信息透明度，本书称之为信息揭示假说。第二，分析师关注不仅提高了上市公司的信息透明度，同时也加强了对上市公司的监督，减少管理层或者大股东的机会主义行为，本书称之为监督假说。第三，分析师关注也可能会增加管理层的短期业绩压力，为了迎合外部盈利预期，管理层有动机去追求短期业绩，从而放弃企业长期投资，本书称为业绩压力假说。

（1）信息揭示假说。金融资产既可以作为一种流动性贮藏工具，也可以作为一种投资工具。一方面，企业可以持有一部分现金或者流动性较强的金融资产来应对未来经营过程中的流动性短缺，以减少经营资金链短缺对生产经营活动的冲击（Opler et al.，1999[113]）。此外，在没有合适的投资机会的情况下，企业可以充分利用金融资产具有流动性贮藏工具的特性，将多余的资金购买金融资产，等待更合适的投资机会。另一方面，金融业和房地产被称为两大暴利行业（孙国茂和陈国文，2014[200]）。在实体企业利润日渐下滑的背景下，越来越多的实体企业开始“进军”金融业和房地产行业，寄希望于通过金融投资来提高企业利润，甚至可以将金融投资的收益反哺于实体企业，以实现企业的长久发展。因此，从理论上看实体企业金融化对企业是有利的。然而，已有研究表明，企业金融化具有“挤出”效应，并不利于实业发展。具体来看，金融化显著地降低了实业投资率，同时也弱化了货币政策提振实体经济的效果（张成思和张步昙，2016[201]）。总体上，企业金融化显著地抑制了未来主业业绩（杜勇等，2017[116]）和创新绩效（王红建等，2017[149]），过度金融化将抑制实体企业生产效率的提升（胡海峰等，2020[202]）。这说明企业金融化的“挤出”效应大于“蓄水池”效应，容易导致实体企业逐渐“脱实向虚”。

另外，金融投资具有高收益的同时，也具有相比于传统投资更高的风险。实体企业的主业并非金融投资，其擅长的领域是实业投资，如何有效防范金融投资的风险是实体企业金融化面临的一大难题。如果实体企业盲目或过度地进行金融投资，金融投资上的亏损必将阻碍主业的发展。除了金融投资本身具有的风险之外，实体企业进行金融投资也增加了企业的经营风险（李建军和韩珣，2019[151]；张军等，2021[203]）、财务风险（黄贤环等，2018[152]）和股价崩盘风险（彭俞超等，2018[150]）。由此可见，实体企业配置金融资产不仅需要防范金融投资风险，还需要警惕经营风险的提高。

（2）外部监督假说。分析师在揭示实体企业金融化相关信息的同时，也对实体企业的管理层进行了监督，缓解企业金融化的委托代理冲突，进而抑制企业金融化趋势。从第一类代理问题来看，基于个人财富、职业生涯和外部声誉的考虑，企业经理人倾向于牺牲企业的长期价值而去追求短期的盈利目标（Graham et al.，2005[204]），加剧了第一类代理冲突。实体企业金融化可以在短期内提高企业收益，因此，经理人有动机利用金融投资来谋取个人利益。主要原因有：第一，经理人的薪酬与企业业绩相挂钩。薪酬机制（Core et al.，1999[205]；Murphy，1985[206]）和解聘机制（Murphy，1985[206]）是现代公司治理中最常用的激励方法，“薪酬—业绩”敏感性和“强制变更—业绩”敏感性是衡量公司激励有效性的重要标准。在实体行业利润率逐年下降的背景下，相比于传统的实体投资，金融行业的平均利润率更高，因此，经理人更倾向于通过金融投资来提升企业的短期收益，从而达到追求个人财富最大化的目的。第二，经理人的声誉是影响薪酬水平的重要因素。现有研究表明，经理人未来的薪酬水平取决于现在的委托人与未来的委托人对于经理人是否严格履行“委托—代理”责任的信念（Fama，1980[60]；Fama and Jensen，1983[207]）。基于薪酬水平和职业生涯（被解聘后可以快速应聘）的考虑，经理人需要努力塑造一个“好”经理人的声誉，而业绩是衡量经理人能力的重要标准，同时也是提升经理人声誉的重要途径。由于金融行业的平均利润率要远远高于实体行业的平均利润率，因此，经理人有动机减少实体投资，增加金融投资。第三，企业对金融投资实行“重奖轻罚”的激励机制。金融投资收益越高，经理人获得的薪酬越高；相反，如果金融投资出现亏损，经理人只需接受较轻的处罚（徐经长和曾雪云，2010[121]）。因此，“重奖轻罚”的激励机制在一定程度上激励了经理人的金融投资行为。

从第二类代理问题来看，控股股东具有利用企业金融投资来获取短期利益，并使用资金占用、关联交易和借款担保等方式转移控股企业利润的动机和能力。一方面，控股股东有强烈的动机从控制的企业吸出资源来实现增加财富的目的（Palepu，2000[208]）。中国上市公司的股权集中度较高，且远远高于国际平均水平，即使在股权分置改革后，大多数上市公司第一大股东的持股比例仍然占据绝对优势（吴世飞，2016[209]）。另外，相比于发达国家的上市公司，中国上市公司的投资者保护水平较低仍然是不争的事实。大量的研究表明，在投资者保护较弱的国家，控股股东侵害中小股东利益的现象更为严峻（Porta et al.，1998[210]；Wolfenzon，1999[211]）。因此，股权集中度较高和投资者保护水平较低都强化了控股股东侵害中小股东利益的动机，加剧了第二类代理问题。另一方面，金字塔形股权结构广泛存在于中国上市公司中，这种股权结构安排的一个特点是，控股股东使用较少的资本支出就可以获得较大的控制权，因此，控股股东可以利用金字塔形股权结构做掩护，将企业资金更多地投向金融和房地产行业（文春晖和任国良，2015[125]），以便获得更高的短期收益，并使用资金占用、关联交易和借款担保等方式转移控股企业利润。

（3）业绩压力假说。盈余预测是研报中重要的内容，也是投资者进行投资的重要参考。除此之外，盈余预测也是经理人重点关注的信息。首先，分析师盈余预测目标已成为外界预期的重要标杆，如果上市公司的实际盈余未能达到分析师预测的目标，将有可能导致公司股价下跌和市值损失（Bartov et al.，2002[187]），经理人将面临被减薪和被解雇的风险（Mergenthaler et al.，2009[212]；Matsunaga and Park，2001[213]）。其次，股票价格是评价经理人业绩表现的一项重要指标，也是经理人薪酬激励的重要指标之一，特别是在实施股权激励的公司中，经理人会更加努力维持股价的稳定。最后，基于个人财富、声誉和职业生涯的考虑，大多数管理层愿意牺牲企业的长期价值，以达到预期的短期收益目标（Graham et al.，2005[204]）。因此，经理人会格外关注分析师盈余预测的目标，并努力去达到或超过分析师盈余预测的目标。

3.4.2 研究假设提出

从信息揭示假说的角度来看，总体上企业金融化的“挤出”效应大于“蓄水池”效应，同时，实体企业金融化具有较高的风险，不利于实体企业主业的发展。分析师可以有效地揭示所跟踪的实体企业金融化的利与弊，缓解信息不对称，避免企业过度金融化。从管理层的角度来看，管理层更为熟悉的领域是实业投资，而金融化可能是企业多元化战略的一部分，也有可能是同群效应的结果（李秋梅和梁权熙，2020[214]）。从大股东的角度来看，大股东一般长期持有公司的股票，更加关注公司的长期价值而非短期股价波动所带来的盈亏。虽然企业金融化具有“蓄水池”效应且金融投资收益可以反哺于实业发展，但是实体企业过度金融化并不利于企业长期价值的提升①。分析师能够利用专业背景和平台优势，收集所跟踪的实体企业金融化的相关信息，并对所收集的信息进行整理和加工，通过研报的形式将信息传递给各个市场主体（包括管理层）。分析师发布的研报包含了企业的经营状况、现金流情况以及债务结构等内容。特别地，分析师能够结合企业现状，同时综合考虑金融投资的市场风险和不确定性因素，并对企业的金融化战略做出评价。如果企业金融化战略过于“激进”，那么分析师就会将相关信息写进研报并传递给管理层。管理层将有可能重新审视企业当前的金融化战略，放缓企业金融化的“步伐”，从而抑制企业金融化趋势。

从外部监督假说的角度来看，第一类代理问题和第二类代理问题的加剧都有可能导致企业增加金融投资。针对企业金融化过程中的代理问题，分析师能够对实体企业金融投资行为进行监督，提升实体企业资金使用（包括金融投资、关联交易以及其他重大投资行为等）的合规性，缓解两类代理冲突，进而抑制实体企业金融化趋势。根据资金量的大小，上市公司配置金融资产有可能属于重大投资行为或重大的配置财产行为，因而需要履行信息披露的义务，但是，上市公司披露的信息的完整性和准确性值得商榷。上市公司除了需要披露金融产品类型、资金来源、决策审批程序和风险控制措施外，还需要披露金融投资的重要信息，包括：第一，金融投资的关联方，即是否存在关联方资金占用或利益输送等问题；第二，与融资募资的关系，即是否存在不合规的融资募资行为②；第三，与负债相关的问题，即是否存在大额负债的同时进行金融投资的行为。在上市公司未能充分地披露上述信息的情况下，分析师能够从年报、相关信息披露公告以

① 现有研究表明，企业金融化挤出企业创新（王红建等，2017），损害未来主业发展（杜勇等，2017），不利于实业发展。而创新是提高企业竞争力的关键，也是提升企业价值的重要路径。

② 上市公司申请再融资时，除金融企业外，原则上最近一期末不得存在持有金额较大、期限较长的交易性金融资产和可供出售的金融资产、借予他人款项、委托理财等财务性投资的情形。

及资本市场上资金往来情况等地方挖掘上市公司金融投资的相关信息，并将相关信息传递给投资者，这对经理人起到了一种监督的作用，减少经理人通过金融投资来谋取私利的行为，使经理人更加专注于企业的长期价值，从而有助于抑制企业金融化趋势。

另外，在盈余预测目标的压力下，经理人很可能会牺牲企业的长期价值，将更多精力集中于企业短期业绩的改善。相比于传统投资，金融投资收益率更高，可以达到快速提升业绩和维持上市公司股价的目的（柯艳蓉等，2019[199]）。另外，金融投资是企业调节利润的便利工具，它不仅起到粉饰短期业绩的作用，还可以起到隐藏企业负面信息的作用（彭俞超等，2018[150]）。基于上述分析，本书认为，基于业绩压力假说，分析师关注越高，企业金融化程度越高。

鉴于以上三方面的理论分析，本书提出以下竞争性假设。

研究假设3a：信息揭示效应和监督效应占主导地位时，分析师关注会抑制企业金融化。

研究假设3b：业绩压力效应占主导地位时，分析师关注会促进企业金融化。

3.5 本章小结

本章从市场治理、政府治理和社会治理三个方面梳理了各类外部治理机制的治理效应，并总结出了一般规律，即外部治理机制主要通过缓解信息不对称问题，加强对企业的监督，降低代理成本，进而达到公司治理的效应。然后，本章分别探讨了经理人市场竞争影响企业金融化、违规监管影响企业金融化和分析师关注影响企业金融化的理论，并相应地提出研究假设。其中，经理人市场竞争影响企业金融化部分还使用理论模型推导了经理人市场竞争对企业金融化的影响程度。结果发现，经理人市场竞争越大，企业金融化程度越小。

第4章　经理人市场竞争对实体企业金融化的影响研究

本章选择经理人市场竞争作为社会治理机制的代表，考察市场治理机制对企业金融化的影响及作用机理。

经理人市场竞争是一项重要的外部治理机制，Fama（1980）[60]和Holmstrom（1999）[65]的研究发现经理人市场能够发挥隐性激励作用，具有较好的公司外部治理效应。陈婧和方军雄（2020）[9]将经理人市场竞争的治理效应归纳为三类：一是代理权竞争机制，二是改善治理机制，三是声誉激励机制。那么，在企业金融化问题上，经理人市场竞争能够有效充当外部治理的角色？即经理人市场竞争如何影响我国实体企业金融化？以及经理人市场竞争对企业金融化影响的作用机制是什么？本章将从外部治理的视角探讨经理人市场竞争如何影响企业金融化及其作用机理，致力于回答以上问题。本章利用2007—2019年非金融、非房地产行业的A股上市公司数据，使用固定效应模型和双重差分法考察了经理人市场竞争对企业金融化的影响，然后分别从安慰剂检验、考虑时间的内生性和排除其他政策的干扰等方面展开稳健性检验。此外，分别从经理人市场竞争与变更业绩敏感性和经理人市场竞争与薪酬业绩敏感性两个方面考察经理人市场竞争对企业金融化影响的作用机制。最后，从公司内部治理水平、制度环境和地理位置三个因素考察了经理人市场竞争对企业金融化影响的调节效应。

本章的结构安排如下：第一部分为研究设计，第二部分为实证结果和分析，第三部分为稳健性检验，第四部分为作用机制分析，第五部分为拓展性分析，第六部分为本章小结。

4.1 研究设计

4.1.1 样本选择与数据来源

本章选取了 2007—2019 年全部 A 股上市公司为研究样本。样本始于 2007 年，是为了避免 2007 年开始实行新版《企业会计准则》造成部分会计科目前后定义不一致而导致的测量误差。此外，本章还对研究样本做了如下处理：①剔除金融行业和房地产行业的上市公司样本；②剔除处于特殊状态的样本，包括 ST、*ST、暂停上市、退市的样本；③剔除主要变量存在缺失值的样本。为了排除极端值的影响，本章对所有连续变量在前后 1% 的水平上进行了缩尾处理，最后本章的研究样本一共包含 26329 个“公司—年度”观测值。本章所使用上市公司数据均来源于国泰安（CSMAR）数据库，宏观经济相关变量数据来源于国家统计局或各省统计年鉴，高铁开通数据则通过公开资料手动收集。

4.1.2 变量的测度

4.1.2.1 企业金融化

现有研究主要从以下几种视角来测度企业金融化。

第一，企业金融资产持有量的视角。现有研究中，更多地是使用企业金融资产总额占总资产（或其他有形资产）的比重来测度金融资产持有量。比如，Demir（2009）[215]使用了企业金融资产与净固定资产的比值来测度企业金融化程度。通过梳理相关文献可以发现，现有研究对哪些会计科目属于金融资产仍存在很大争议，学者们使用的会计科目也存在较大差别，其中，争议最大的是“货币资金”和“投资性房地产”。宋军和陆旸

(2015)[216]认为货币本身就属于金融资产，企业以经营为目的持有货币，同时，企业经营活动也产生货币，因此，货币资金属于企业金融资产的一种。杜勇等（2019）[6]认为货币资金并没有给企业带来资本升值，因而不属于企业金融资产的一种。而企业进行房地产投资的动机已经由自用演变成了逐利，因而将其计为企业金融资产。

第二，企业金融资产收益的视角。Crotty（2002）[217]从三个角度测度企业金融化，分别是企业资产结构、利润来源和利润分配。利润分配角度的核心思路是使用企业金融投资额占企业总收益的比重来测度企业金融化，利润来源角度的核心思路是使用企业金融投资收益占企业总收益的比重来测度企业金融化，后者也是大多数文献所采纳的方法。总体来说，大部分研究都是沿用企业金融投资收益占企业总收益的比重来测度企业金融化，虽然金融渠道投资收益选取的会计科目和标准化的指标并未能形成统一的共识，但是基本上都是从企业利润来源视角下来测度企业金融化。

第三，产融结合的视角。产融结合一般指产业部门与金融部门之间股权相互渗透的一种现象（张庆亮和孙景同，2007[218]）。在企业金融化研究领域，产融结合是企业金融化的一种行为，具体表现为实体企业参股金融机构（Orhangazi，2008[219]；Stockhammer，2004[220]）。在指标构建方面，已有研究大多使用上市公司是否参股金融机构的虚拟变量来测度。这种方法构造的指标可能存在一些不足之处：一是只能反映实体企业参股金融机构与不参股金融机构的差异，并不能反映企业产融结合的程度。二是实体企业参股金融机构并不能完全测度企业金融化程度，虽然可以使用企业参股金融机构的程度进一步完善指标，缓解使用虚拟变量构造指标的不足（解维敏，2018[221]），但是企业金融化的行为除了参股金融机构外，还包括购买其他金融产品和房地产投资等。

第四，还有部分研究使用非金融企业影子银行化来测度企业金融化。韩珣等（2017）[222]认为企业主要以委托代理方式参与影子银行业务，并使用企业委托贷款、委托理财和民间借贷之和表示企业影子银行化程度。其中，委托贷款主要包括其他流动资产、一年到期的非流动资产、其他非流动资产三个会计科目；委托理财主要从上市公司公告中获取相关委托理财数据；民间借贷使用其他应收款来代替。程小可等（2016）[223]则使用同业净资产、信托贷款和委托贷款来测度企业影子银行化程度。

上述测度企业金融化指标的方法中，第三和第四种方法不能精准地测度企业金融化程度，而第一和第二种方法可以使用上市公司财务报表中的金融资产科目精准地测度企业金融化程度，总体上来看，前两种方法要优于后两种。本书借鉴杜勇等（2017）[116]和杜勇等（2019）[6]的做法，将交易性金融资产、衍生金融资产、发放贷款及垫款净额、可供出售金融资产净额、持有至到期投资净额、投资性房地产净额这6个会计科目纳入金融资产的范畴，并使用两种方法来测度企业金融化：一是企业金融化的相对值，使用金融资产总额占总资产的比值来测度（*FinRate*）。二是企业金融化的绝对值，使用企业持有金融资产总额加1后取自然对数来测度（*LnFin*）。

4.1.2.2 经理人市场竞争

由于经理人市场竞争也较难准确地衡量，因此关于经理人市场竞争的实证论文比较少。已有文献主要使用以下三种方法来衡量经理人市场竞争：第一，董维明等（2018）[72]基于经理人来源以及市场中介两个方面，构建了经理人市场评价指数的指标体系，主要指标包括同行业上市公司、非同行业上市公司、外资企业、MBA培养、行业协会、法律、会计和邮电总量8个指标，并通过主成分分析法计算各个省份的经理人市场竞争程度。第二，陈婧和方军雄（2020）[9]高铁开通将会加速资源、人才和信息的流动，打破经理人流动的地理壁垒，进而导致当地的经理人市场竞争发生显著性变化，因此，使用高铁高开通提供的准自然实验来衡量经理人市场的外生性变动。第三，卢馨等（2017）[71]分别从地区和行业两个维度衡量经理人市场竞争程度，分别是经理人外部薪酬地区差异、经理人更替地区差异、地区劳动力流动性、经理人外部薪酬行业差异、经理人更替行业差异和行业劳动力流动性6个指标。

上述三种衡量经理人市场竞争的方法中，第一种方法可能存在。第二种方法仅仅使用高铁开通来捕捉经理人市场竞争程度的变动值得进一步商榷，因为高铁开通不仅仅影响人力资源流动，同时也会影响其他资源的流动，也就是说，使用高铁开通来捕捉经理人市场竞争程度的变动会存在一定的测量误差。第三种方法使用地区和行业两个维度的经理人更替变动可能更为合理。高管更替在一定程度上能够反映一个地区经理人市场发育程度，经理人市场竞争程度越高，那么上市公司就越有机会选择更适合自身的经理人，相应地，高管更替次数也会越多。因此，本章借鉴卢馨等（2017）[71]的做法，使用地区和行业两个维度的高管更替来衡量经理人市场竞争。

一是经理人更替地区差异（$TGAP\_R$），先计算年度内各省上市公司更替次数大于各省经理人更替平均值的公司数量，再除以该省当年上市公司的总数。该数值越大，表示经理人市场竞争程度越大。衡量方法如下：

$$TGAP\_R = NUM(\text{上市公司经理人更替} / \text{经理人更替地区平均值} \geqslant 1) \div NUM(\text{地区公司总数}) \tag{4-1}$$

二是经理人更替行业差异（$TGAP\_I$），先计算年度内各行业上市公司更替次数大于各行业经理人更替平均值的公司数量，再除以该行业当年上市公司的总数。该数值越大，表示经理人市场竞争程度越大。衡量方法如下：

$$TGAP\_I = NUM(\text{上市公司经理人更替} / \text{经理人更替行业平均值} \geqslant 1) \div NUM(\text{行业公司总数}) \tag{4-2}$$

4.1.2.3　其他控制变量

影响实体企业金融化的因素很多，在进行企业金融化的影响因素的相关实证分析时，必须控制企业层面的影响因素。本章重点考虑现有研究中提出的企业金融化在企业层面的影响因素，另外，根据相关文献分析和推断可能会影响企业金融化的其他企业层面的影响因素。

（1）股权性质。大量文献表明国有企业具有更低的融资约束和更多的政府补助，从而导致预算软约束问题比较突出。还有的研究表明政治关联能够缓解民营企业的融资约束，这主要是因为政治关联的资源效应（于蔚等，2012[224]），这说明国有股权性质的企业具有更低的融资约束和更多的政策支持。彭俞超和黄志刚（2018）[156]研究发现风险异质性企业受到的融资约束差异是造成企业金融化的原因之一，而股权性质差异会导致融资约束差异，因此本章在回归模型中控制了股权性质这一个变量。

（2）企业规模或者市值。企业规模是影响企业投融资决策的重要因素。谭之博和赵岳（2012）[225]研究发现企业规模是影响企业获得银行信贷的重要因素，企业规模越小，银行贷款占其总资产的比重就越小。不仅如此，王文甫等（2014）[226]发现大企业、重点企业更容易获得政府补贴，从而导致企业出现投资过度的现象。因此，结合彭俞超和黄志刚（2018）[156]的研究，本章的回归模型中加入了控制变量——企业规模和托宾 Q。

（3）资产收益率和企业成长性。大量研究表明追求金融投资收益是实体企业金融化的主要动机（张成思和郑宁，2020[119]），当实体企业的主营业务的利润率较低时，为了提高企业收益，企业有动机去配置金融资产。也就是说，外部盈利压力会促进实体企业进行金融投资，与此同时挤出了实体投资（柳永明和罗云峰，2019[160]）。因此，本章的回归中加入了控制变量——资产收益率和企业成长性。

（4）第一大股东持股比例。一般来说，第一大股东持股比例越高，其对于企业的控制权越大，当持股比例大于50%时才有绝对控制权。由于控股股东对于企业拥有绝对的控制权，控股股东的“掏空”行为促使企业配置具有投机性的、容易变现的短期金融资产（杜勇和眭鑫，2021[8]）。因此，本章的回归模型中加入了实体企业各年份第一大股东持股比例，从而可以起到控制不同企业之间不同的第一股东持股比例对企业金融化影响的差异。

（5）资产负债率。资产负债率是企业重要的财务指标，也是影响企业投融资的重要指标。马永强和张志远（2021）[155]研究发现实体企业去杠杆后将会增持金融资产，且这一效应在金融结构为银行主导的地区更为显著。这说明资产负债率是影响实体企业金融化的重要因素。因此，本章的回归模型中加入了实体企业的资产负债率，从而可以起到控制不同企业之间不同的资产负债率对企业金融化影响的差异。

借鉴孟庆斌和侯粲然（2020）[157]的研究，本章的回归模型中进一步加入固定资产占比和现金流量占比这两个控制变量，从而可以控制不同企业之间不同的固定资产占比、现金流量占比对企业金融化影响的差异。

4.1.3 模型设计

最小二乘法（OLS）是目前最常用、最稳健的面板数据分析方法。为了验证本章提出的研究假设，结合已有研究，本章构建了如下控制年度和企业固定效应的 OLS 模型：

$$Y_{it} = \alpha_0 + \alpha_1 TGAP_{it} + \alpha_2 SOE_{it} + \alpha_3 Size_{it} + \alpha_4 ROA_{it} + \alpha_5 Lev_{it} + \alpha_6 Growth_{it} + \alpha_7 TobinQ_{it} + \alpha_8 Largest_{it} + \alpha_9 Fata_{it} + \alpha_{10} CF_{it} + \sum Year + \sum Firm + \varepsilon_{it} \quad (4-3)$$

模型（4-3）中，i 和 t 分别代表公司和年份，Y 是被解释变量，分别由企业金融化相对指标（*FinRate*）和企业金融化绝对指标（*LnFin*）来衡量。其中，*FinRate* 由企业金融资产总额与总资产的比值来衡量，*LnFin* 由企业金融资产总额加 1 后取对数来衡量。核心解释变量为经理人市场竞争，分别由经理人更替地区差异（*TGAP_R*）和经理人更替行业差异（*TGAP_I*）来衡量。除此之外，模型中还控制了一系列可能影响企业金融化行为的变量：股权性质（*SOE*）、企业规模（*Size*）、盈利能力（*ROA*）、资产负债率（*Lev*）、企业成长性（*Growth*）、托宾 Q（*TobinQ*）、第一大股东持股比例（*Largest*）、固定资产占比（*Fata*）、现金流量占比（*CF*）。此外，模型还控制了年度固定效应（*Year*）和企业固定效应（*Firm*）。详细的变量定义及计算方法如表 4-1 所示。

表 4-1　变量定义

变量名称	符号	变量的定义
企业金融化	*FinRate*	企业金融资产总额/总资产
企业金融化	*LnFin*	企业金融资产总额取对数
经理人市场竞争	*TGAP_R*	各省经理人市场竞争的差异，具体计算方法详见公式（4-1）
经理人市场竞争	*TGAP_I*	各行业经理人市场竞争的差异，具体计算方法详见公式（4-2）
股权性质	*SOE*	国有企业记为 1，其他为 0
企业规模	*Size*	企业总资产取对数
资产收益率	*ROA*	营业利润/总资产
资产负债率	*Lev*	总负债/总资产
企业成长性	*Growth*	本年与上一年主营业务收入之差/上一年主营业务收入
托宾 Q	*TobinQ*	市值/总资产
第一大股东持股比例	*Largest*	第一大股东持股数占总股数的比例
固定资产占比	*Fata*	固定资产净额/总资产
现金流量占比	*CF*	经营活动现金流量净额/总资产

4.2 实证分析

4.2.1 描述性统计

表4-2报告了本章实证分析的主要变量描述性统计。结果显示，企业金融化（*FinRate*）的平均值为0.0325，最小值为0，最大值达到0.3722，说明不同企业之间的企业金融化程度存在较大差异，但*FinRate*的中位数仅有0.005，远远低于平均值，这表明大多数企业的金融化程度都处于较低水平。企业金融化的另一个指标*LnFin*的平均值为12.6576，最小值为0，最大值达到22.2744，表明不同的企业之间持有金融资产总量同样存在较大差异。经理人市场竞争（*TGAP_R*）的均值为0.2138，最小值为0.0333，最大值为1。

表4-2　　描述性统计

变量	观测值	平均值	标准差	最小值	中位数	最大值
FinRate	26329	0.0325	0.0657	0.0000	0.0050	0.3722
LnFin	26329	12.6576	8.2817	0.0000	16.7832	22.2744
TGAP_R	26329	0.2138	0.0617	0.0333	0.2045	1.0000
TGAP_I	26329	0.2177	0.0926	0.0278	0.2037	1.0000
SOE	26329	0.4176	0.4932	0.0000	0.0000	1.0000
Size	26329	22.0005	1.2873	18.9952	21.8535	25.8104
ROA	26329	0.0327	0.0747	-0.3976	0.0351	0.2093
TobinQ	26329	2.1424	1.4587	0.8948	1.6701	9.4660
Growth	26329	0.1919	0.4943	-0.6775	0.1119	3.4731
Lev	26329	0.4424	0.2177	0.0499	0.4331	1.1913
Largest	26329	34.4926	14.8950	8.7700	32.3300	74.9600
Fata	26329	0.2335	0.1682	0.0029	0.1981	0.7423
CF	26329	0.0456	0.0721	-0.1889	0.0449	0.2563

4.2.2　实证结果和分析

4.2.2.1　经理人市场竞争与企业金融化：基于 OLS 方法的估计

本章首先使用 OLS 方法考察经理人市场竞争对企业金融化的影响。表4-3报告了经理人市场对两种不同企业金融化指标（*FinRate*、*LnFin*）的回归结果。在表4-3中，第（1）列和第（2）列的被解释变量为 *FinRate*，第（3）列和第（4）列的被解释变量为 *LnFin*。实证结果显示，不管解释变量是 *TGAP_R* 还是 *TGAP_I*，经理人市场竞争都与企业金融化负相关。回归结果表明，经理人市场竞争程度越大，企业金融化程度越低，研究结果支持了研究假设1a。这表明声誉激励机制和信息治理机制在经理人市场竞争对企业金融化的影响中占据了主导的位置。声誉激励机制影响下，经理人为了塑造良好的个人声誉而减少了金融投资。信息治理机制的影响下，经理人市场竞争有助于委托人对经理人进行更好的监督，进而削弱了经理人通过企业金融化来谋取私利的动机。

表4-3　OLS 的回归结果

变量	(1)	(2)	(3)	(4)
	FinRate	*FinRate*	*LnFin*	*LnFin*
TGAP_R	-0.0113**		-1.6434**	
	(0.0054)		(0.8103)	
TGAP_I		-0.0110***		-1.1110**
		(0.0040)		(0.4813)
SOE	0.0048	0.0049	0.7887*	0.7949*
	(0.0046)	(0.0046)	(0.4741)	(0.4744)
Size	-0.0045***	-0.0045***	1.8570***	1.8565***
	(0.0016)	(0.0016)	(0.1621)	(0.1621)
ROA	-0.0284***	-0.0286***	-1.4938*	-1.5128*
	(0.0089)	(0.0089)	(0.8774)	(0.8774)

续表

变量	(1)	(2)	(3)	(4)
	FinRate	*FinRate*	*LnFin*	*LnFin*
TobinQ	0.0016** (0.0006)	0.0016** (0.0006)	0.0677 (0.0639)	0.0656 (0.0639)
Growth	-0.0007 (0.0008)	-0.0007 (0.0008)	-0.1849** (0.0842)	-0.1865** (0.0843)
Lev	-0.0235*** (0.0063)	-0.0235*** (0.0063)	1.3074** (0.6028)	1.3082** (0.6025)
Largest	-0.0000 (0.0001)	-0.0000 (0.0001)	-0.0513*** (0.0108)	-0.0510*** (0.0108)
Fata	-0.0514*** (0.0067)	-0.0513*** (0.0067)	-0.8494 (0.7850)	-0.8460 (0.7850)
CF	-0.0046 (0.0064)	-0.0048 (0.0064)	0.9074 (0.7149)	0.8905 (0.7151)
_cons	0.1542*** (0.0359)	0.1542*** (0.0360)	-26.8881*** (3.6069)	-26.9960*** (3.5957)
Year Fe	Yes	Yes	Yes	Yes
Firm Fe	Yes	Yes	Yes	Yes
F	30.2397	97.9443	30.6260	104.6066
adj. R^2	0.1205	0.2115	0.1207	0.2135
n	26329	26329	26329	26329

注：***、**、*分别表示1%、5%、10%的显著性水平；括号内为聚类到公司层面的标准误。

4.2.2.2 经理人市场竞争与企业金融化：基于DID方法的估计[①]

为了缓解内生性问题，本章在OLS模型的基础上进一步利用高铁开通提供的准自然实验条件，并使用双重差分模型检验经理人市场竞争与企业

① 在本章的后续分析中，将统一使用基于高铁开通的准自然实验法下的DID估计方法进行研究。

金融化的因果关系。选取高铁开通作为准自然实验的理由主要有两点。

第一，从理论和实际层面来看，高铁开通对开通城市的经理人竞争产生重要影响。2008 年，我国第一条具有自主产权的京津城际高速铁路开通以来，高速铁路发展迅速，根据中国国家铁路集团有限公司公布的数据，截至 2021 年 12 月，我国高铁运营里程已经超过了 4 万公里，基本覆盖了中西部主要地级市，成为世界上高铁运营里程最长的国家。Yonker（2016）[227]研究发现地理距离是经理人就业选择的重要考虑因素。高铁的开通缩短了时空距离，降低了出行成本，加速了经理人的流动。还有研究表明开通高铁的城市显著增强了对高级人才的吸引力，提高企业聘请博士学位的高级人才的数量（杜兴强和彭妙薇，2017[228]）。另外，陈婧和方军雄（2020）[9]的研究中更是直接使用高铁开通的政策效应来度量经理人市场竞争。因此，高铁开通对当地的经理人市场竞争程度具有显著的影响，可以将高铁开通当作一个外生冲击。

第二，从方法层面来看，双重差分法是政策效果评估的重要计量方法之一，但是，本章研究的问题是经理人市场竞争对实体企业金融化的影响，从方法上来看并不适用于双重差分法。为了能够使用双重差分法来研究该问题，必须要寻找一个外生冲击，并且能够将样本区分为处理组和控制组。Fang 等（2014）[229]和冯根福等（2017）[230]的研究提供了很好的借鉴。Fang 等（2014）[229]考察股票流动性对企业创新的影响，然后以股票交易十进制改革作为政策冲击，根据改革前后一年的股票流动性变化的差值，将样本公司分为三组，并选取差值变化最大的一组和变化最小的一组分别作为处理组和控制组。类似地，冯根福等（2017）[230]使用中国上市公司数据考察股票流动性对企业创新的影响，然后以股权分置改革作为冲击，根据各个公司改革前后一年的股票流动性变化的差值，将样本公司按变化的差值的平均值分为两组，大于平均值的组为处理组，小于平均值的组为控制组。该类方法的核心思想是：即使不是直接研究政策效应，也可以利用政策对连续型核心解释变量的外生冲击来构造双重差分法所需要的研究情景，并根据核心解释变量受到外生冲击的变化程度来划分处理组和控制组。在该方法中，双重差分法的交互项反映的是处理组和控制组在政策前后的政策效果差异。再回到本章的研究中，使用高铁开通作为准自然实验，并通过各个城市高铁开通前后一年经理人市场竞争程度的差值来划分处理组和控制组，能够充分反映处理组（经理人市场竞争受高铁开通影响较大的组）和控制组（经理人市场竞争受高铁开通影响较小的组）在高铁开通前后的企业金融化的差异。由于高铁开通可以看作一个外生冲击，因此，双重差分法的交互项可以准确地反映经理人市场竞争的变动而导致的企业金融化的变动，即可以准确地识别经理人市场竞争对企业金融化的因果关系，从而可以大大缓解内生性问题。

综上，本章以高铁开通提供的准自然实验条件，使用 DID 方法考察经理人市场竞争对企业金融化的影响。高铁开通对当地经理人市场竞争的影响可以看作一个外生冲击，本章利用高铁开通这一项准自然实验来缓解 OLS 模型中可能存在的内生性问题。

1. 模型构造

确定了外生冲击事件后，首先要明确 DID 分析方法中的处理组和控制组。具体做法是，利用手工收集的各个地级市高铁开通的数据，分别计算各个城市在高铁开通前一年和后一年经理人更替地区差异（*TGAP_R*）的平均值，将高铁开通前一年经理人更替地区差异（*TGAP_R*）的平均值记作 *TGAP_R*0，高铁开通后一年经理人更替地区差异（*TGAP_R*）的平均值记作 *TGAP_R*1，然后计算 *TGAP_R*1 减去 *TGAP_R*0 的值，从而得到各个地级市由于高铁开通所导致的经理人市场竞争变动值 *Delta*。接着，计算 *Delta* 的平均值，将大于 *Delta* 平均值的上市公司作为处理组（*Treat* = 1），小于 *Delta* 平均值的上市公司作为控制组（*Treat* = 0）。另外，基于稳健性考虑，本章同时也考虑了另一种构造处理组和控制组的方法。在上述的基础上，计算 *Delta* 的中位数，将大于 *Delta* 中位数的上市公司作为处理组（*Treat*1 = 1），小于 *Delta* 中位数的上市公司作为控制组（*Treat*1 = 0）。具体模型如下：

$$\begin{aligned} Y_{it} = {} & \alpha_0 + \alpha_1 Treat \times Post_{it} + \alpha_2 SOE_{it} + \alpha_3 Size_{it} + \alpha_4 ROA_{it} + \alpha_5 Lev_{it} \\ & + \alpha_6 Growth_{it} + \alpha_7 TobinQ_{it} + \alpha_8 Largest_{it} + \alpha_9 Fata_{it} + \alpha_{10} CF_{it} \\ & + \sum Year + \sum Firm + \varepsilon_{it} \end{aligned} \tag{4-4}$$

公式（4－4）中[①]，*Treat* 为分组变量，上市公司为处理组时 *Treat* = 1，

① 由于控制了年份和公司固定效应，模型中将不再加入主效应项 *Treat* 和 *Post*。

相反，$Treat=0$；$Post$ 为时间维度上的分组变量，高铁开通前样本 $Post=0$，高铁开通后的样本 $Post=1$①；$Treat \times Post$ 的估计系数是本章关注的重点，它将反映高铁开通的政策冲击而导致的经理人市场竞争外生性变动对企业金融化的影响；其他控制变量与 OLS 模型一致，同时也控制了年份和公司固定效应。

另外，在构造处理组和控制组之前，本章还对数据进行了清洗。首先，删除样本期间上市公司办公地点发生改变的样本，共删除了 1117 个观测值。这是因为数据处理中需要识别出各个上市公司办公地址所在城市高铁开通时间，如果一个上市公司在样本期间内办公地址发生了改变，将造成一个公司在样本期间处于两个经理人市场竞争程度不同的城市，这将会影响到该公司的分组，最终将导致估计偏误。其次，删除样本期间上市公司办公地点尚未开通高铁的样本，共删除了 1565 个观测值。这是因为本章 DID 估计中处理组和控制组的分组依据是高铁开通对开通城市经理人市场竞争程度的冲击，那些在样本期间内尚未开通高铁的城市将无法观察到高铁开通导致经理人市场竞争程度的变化，因此，将那些上市公司办公地址所在城市尚未开通高铁的样本进行删除。最后，为了保持政策前后有两年的数据，本章删除了 2009 年以前以及 2017 年以后的上市公司样本，共删除了 532 个观测值。经过数据清洗，总共得到 21794 个“公司—年度”样本。

2. 识别条件

DID 方法的重要前提是需要满足平行趋势检验。本章通过如下模型进行平行趋势检验。

$$
\begin{aligned}
Y_{it} = {} & \theta_0 + \theta_1 Treat \times Post_{it}^{-8} + \theta_2 Treat \times Post_{it}^{-7} + \cdots + \theta_3 Treat \times Post_{it}^{0} \\
& + \theta_4 Treat \times Post_{it}^{1} + \theta_5 Treat \times Post_{it}^{2} + \cdots + \theta_6 Treat \times Post_{it}^{8} \\
& + \theta_7 Controls_{it} + \sum Year + \sum Firm + \varepsilon_{it} \qquad (4-5)
\end{aligned}
$$

公式（4－5）中，$Treat \times Post_{it}^{\pm n}$ 为虚拟变量，如果观测值处于所在城市高铁开通前 n 年，且观测值属于处理组样本，则将 $Treat \times Post_{it}^{-n}$ 记为 1，否则为 0；如果观测值处于所在城市高铁开通后 n 年，且观测值属于处理组样本，则将 $Treat \times Post_{it}^{+n}$ 记为 1，否则为 0。$Controls$ 为控制变量，具体包括公式

① 对于 $Post$ 的定义，本书将高铁开通时间为上半年的，则定义开通时间为当年，高铁开通时间为下半年的，则定义开通时间为下一年。

(4-3) 所控制的所有变量。同时，模型也控制了公司和年份固定效应。另外，在回归中将早于高铁开通前 8 年的观测值归并为 $n=-8$，将晚于高铁开通后 8 年的观测值归并为 $n=8$，并以高铁开通前一年的观测值作为参照组。

图 4-1 估计结果绘制了 *Treat* × *Post* 的估计系数和相应的 90% 置信区间，其中，左图是被解释变量 *FinRate* 的估计结果，右图是被解释变量 *LnFin* 的估计结果。可以看出，高铁开通前 *Treat* × *Post* 的估计系数都不显著异于 0，而高铁开通后 *Treat* × *Post* 的估计系数都基本显著异于 0，特别是高铁开通第三年以后的估计结果，这在很大程度上证明了平行趋势假设的成立。从数值上看，在高铁开通前，交乘项的估计系数总体上呈不断上升的趋势，而在高铁开通后，交乘项的估计系数总体上呈不断下降的趋势，这与高铁的开通以及全国高速铁路网络不断完善有关，高铁开通打破了地理壁垒，降低了出行成本，缩短了出行时间，提高了高铁开通城市的经理人市场竞争，从而减少企业金融化程度。随着全国高铁网络不断完善，从一个城市可以坐高铁直达更多的城市之后，更加方便经理人出差洽谈生意，这进一步增加了经理人到高铁交通便利的城市工作的意愿，进一步提高了当地经理人市场的竞争，致使经理人市场竞争对企业金融化的负向作用进一步增加。

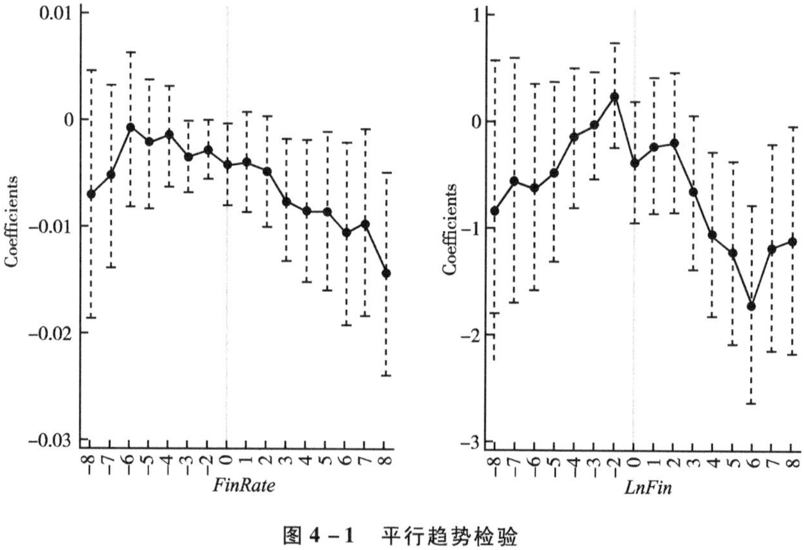

图 4-1 平行趋势检验

注：①横轴为“相对改革年份”，0 代表公司股改当年，负数代表改革前，正数代表改革后。②为解决共线性问题，回归时已经把“-1”期剔除，故横轴上缺少“-1”期。

3. DID 结果与分析

表 4 –4 报告了高铁开通的外生冲击对企业金融化影响的回归结果。第（1）~第（2）列是按平均值构造处理组和控制组的回归结果（*Treat*），相应地，第（1）~第（2）列是按中位数构造处理组和控制组的回归结果（*Treat*1）。回归结果显示，在不同的企业金融化指标下，*Treat* × *Post* 或 *Treat*1 × *Post* 都保持负相关关系，且至少在 10% 水平上显著。这表明经理人市场竞争显著地抑制了企业金融化，验证了研究假设 1a。

表 4 –4　　DID 的回归结果

变量	(1)	(2)	(3)	(4)
	FinRate	*LnFin*	*FinRate*	*LnFin*
Treat × *Post*	–0.0037 *	–0.5579 **		
	(0.0021)	(0.2621)		
*Treat*1 × *Post*			–0.0036 *	–0.4843 *
			(0.0021)	(0.2618)
SOE	0.0047	0.8521	0.0047	0.8546
	(0.0049)	(0.5469)	(0.0049)	(0.5470)
Size	–0.0047 **	1.9408 ***	–0.0047 **	1.9413 ***
	(0.0019)	(0.1913)	(0.0019)	(0.1914)
ROA	–0.0231 **	–1.9848 **	–0.0231 **	–1.9860 **
	(0.0095)	(0.9813)	(0.0095)	(0.9814)
TobinQ	0.0016 **	0.0696	0.0016 **	0.0700
	(0.0006)	(0.0710)	(0.0006)	(0.0710)
Growth	–0.0010	–0.2194 **	–0.0010	–0.2192 **
	(0.0008)	(0.0920)	(0.0008)	(0.0920)
Lev	–0.0214 ***	1.4686 **	–0.0214 ***	1.4738 **
	(0.0071)	(0.6989)	(0.0071)	(0.6988)
Largest	–0.0001	–0.0602 ***	–0.0001	–0.0603 ***
	(0.0001)	(0.0120)	(0.0001)	(0.0120)
Fata	–0.0573 ***	–1.3159	–0.0573 ***	–1.3217
	(0.0080)	(0.9032)	(0.0080)	(0.9031)

续表

变量	(1)	(2)	(3)	(4)
	FinRate	*LnFin*	*FinRate*	*LnFin*
CF	-0.0037 (0.0071)	1.1324 (0.7984)	-0.0038 (0.0071)	1.1241 (0.7984)
_cons	0.1596 *** (0.0417)	-28.3865 *** (4.2675)	0.1597 *** (0.0417)	-28.4142 *** (4.2692)
Year Fe	Yes	Yes	Yes	Yes
Firm Fe	Yes	Yes	Yes	Yes
F	8.9303	20.2371	8.9029	20.0812
adj. R^2	0.5423	0.5469	0.5423	0.5468
n	21794	21794	21794	21794

注：***、**、*分别表示1%、5%、10%的显著性水平；括号内为聚类到公司层面的标准误。

4.3 稳健性检验

虽然DID方法的实证结果表明经理人市场竞争对企业金融化有着显著负向影响，但DID基准回归的结果仍然没有完全排除其他因素的作用。比如，构造处理组和控制组的方法是否准确，如何排除影响高铁开通时间的其他因素，同时期的其他政策是否会影响估计结果，本章基于上市公司数据得出的结论是否具有普遍意义？本部分将对实证结果的稳健性进行检验。

4.3.1 安慰剂检验

模型设计中，本章将改革时间定义为：观测值如果是高铁开通年份及以后年份，则 $Post=1$，其余为0。为了验证高铁开通对当地经理人市场冲击的正常作用，本章进一步使用安慰剂检验法进行稳健性检验。具体做法是，在 *Post* 的基础上，将高铁开通时间提前一年和提前两年，分别构造变量 *Post*1 和 *Post*2，再将 *Treat* 和 *Post*1、*Post*2 的交乘项，以及 *Treat*1 和 *Post*1、*Post*2 的交乘项分别放入 DID 模型中重新回归。如果高铁开通对经理人市场冲击的政策效应真实存在，那么将各个城市的高铁开通时间人为地改变时，上文中构造的交乘项将不会再显著。表 4－5 和表 4－6 分别是将高铁开通时间提前一年和提前两年的回归结果。其中，第（1）列和第（2）列是 *Treat* × *Post*1（2）的回归结果，第（3）列和第（4）列是 *Treat*1 × *Post*1（2）的回归结果。结果显示，将各个城市高铁开通的时间提前后，所有的回归将不再显著，安慰剂检验结果保证了 DID 的有效性。

表 4－5　安慰剂检验结果 1（提前一年）

变量	(1)	(2)	(3)	(4)
	FinRate	*LnFin*	*FinRate*	*LnFin*
Treat × *Post*1	0.0002 (0.0018)	0.0554 (0.2102)		
*Treat*1 × *Post*1			0.0002 (0.0017)	0.0990 (0.2087)
SOE	0.0047 (0.0049)	0.8638 (0.5481)	0.0047 (0.0049)	0.8640 (0.5482)
Size	－0.0046** (0.0019)	1.9478*** (0.1917)	－0.0046** (0.0019)	1.9480*** (0.1917)
ROA	－0.0230** (0.0095)	－1.9791** (0.9819)	－0.0230** (0.0095)	－1.9791** (0.9819)
TobinQ	0.0016** (0.0006)	0.0714 (0.0710)	0.0016** (0.0006)	0.0712 (0.0710)
Growth	－0.0010 (0.0008)	－0.2180** (0.0920)	－0.0010 (0.0008)	－0.2180** (0.0920)
Lev	－0.0212*** (0.0070)	1.5070** (0.6977)	－0.0212*** (0.0070)	1.5079** (0.6977)
Largest	－0.0001 (0.0001)	－0.0607*** (0.0120)	－0.0001 (0.0001)	－0.0607*** (0.0120)

续表

变量	(1)	(2)	(3)	(4)
	FinRate	*LnFin*	*FinRate*	*LnFin*
Fata	-0.0574***	-1.3291	-0.0574***	-1.3300
	(0.0080)	(0.9038)	(0.0080)	(0.9038)
CF	-0.0040	1.0877	-0.0040	1.0873
	(0.0071)	(0.7994)	(0.0071)	(0.7995)
_cons	0.1574***	-28.7276***	0.1574***	-28.7428***
	(0.0418)	(4.2719)	(0.0418)	(4.2725)
Year Fe	Yes	Yes	Yes	Yes
Firm Fe	Yes	Yes	Yes	Yes
F	8.4400	19.4312	8.4341	19.4254
adj. R^2	0.5422	0.5466	0.5422	0.5466
n	21794	21794	21794	21794

注：***、**、* 分别表示 1%、5%、10% 的显著性水平；括号内为聚类到公司层面的标准误。

表 4-6　　　　安慰剂检验结果 2（提前两年）

变量	(1)	(2)	(3)	(4)
	FinRate	*LnFin*	*FinRate*	*LnFin*
Treat × Post2	0.0017	0.0781		
	(0.0016)	(0.2085)		
Treat1 × Post2			0.0020	0.0970
			(0.0017)	(0.2081)
SOE	0.0047	0.8631	0.0047	0.8631
	(0.0049)	(0.5480)	(0.0049)	(0.5480)
Size	-0.0046**	1.9481***	-0.0046**	1.9482***
	(0.0019)	(0.1916)	(0.0019)	(0.1917)
ROA	-0.0229**	-1.9714**	-0.0228**	-1.9688**
	(0.0095)	(0.9821)	(0.0095)	(0.9822)
TobinQ	0.0016**	0.0715	0.0016**	0.0715
	(0.0006)	(0.0710)	(0.0006)	(0.0710)

续表

变量	(1)	(2)	(3)	(4)
	FinRate	*LnFin*	*FinRate*	*LnFin*
Growth	-0.0010 (0.0008)	-0.2173 ** (0.0920)	-0.0010 (0.0008)	-0.2172 ** (0.0920)
Lev	-0.0211 *** (0.0070)	1.5074 ** (0.6978)	-0.0211 *** (0.0070)	1.5084 ** (0.6978)
Largest	-0.0001 (0.0001)	-0.0607 *** (0.0120)	-0.0001 (0.0001)	-0.0607 *** (0.0120)
Fata	-0.0575 *** (0.0081)	-1.3350 (0.9041)	-0.0575 *** (0.0081)	-1.3361 (0.9041)
CF	-0.0042 (0.0071)	1.0821 (0.7990)	-0.0042 (0.0071)	1.0804 (0.7990)
_cons	0.1566 *** (0.0418)	-28.7533 *** (4.2729)	0.1564 *** (0.0418)	-28.7640 *** (4.2728)
Year Fe	Yes	Yes	Yes	Yes
Firm Fe	Yes	Yes	Yes	Yes
F	8.4525	19.4346	8.4764	19.4375
adj. R^2	0.5422	0.5466	0.5422	0.5466
n	21794	21794	21794	21794

注：***、**、*分别表示1%、5%、10%的显著性水平；括号内为聚类到公司层面的标准误。

4.3.2　考虑样本选择对实证结果的影响

国有企业是国民经济发展的中坚力量，在国有企业发展的初期，国有企业的经理人都是主管政府直接委派，缺乏市场化的管理和聘任制度。近十年来，随着国有企业改革的推进，国有企业经理人市场也在不断朝着市场化方向推进。国有企业经理人制度发展主要分为三个阶段：一是探索阶段，《2002—2005年全国人才队伍建设规划纲要》是一份具有重要意义的文件，它标志着探索建立经理人市场的开始，并提出探索与建立职业经理人资质评价体系；二是试点阶段，2013 年党的十八届三中全会通过《中共中央关于全面深化改革若干重大问题的决定》，提出建立职业经理人制度；三是推广阶段，2015 年发布的《中共中央、国务院关于深化国有企业改革的指导意见》提出要在国有企业中推行职业经理人制度，对职业经理人的选聘、薪酬、考核和退出等关键问题都做出了比较明确的指导意见。因此，国有企业发展前期缺乏市场化的经理人制度，直至 2015 年后才逐步推广。本章 DID 方法基准回归中的样本包含了国有企业和民营企业，为了减少样本期间国有企业缺乏市场化的经理人制度对本章实证结果的影响，本章将删除国有企业样本，仅保留民营企业样本。实证结果报告于表 4－7。结果显示，剔除国有企业样本后，*Treat* × *Post* 或 *Treat*1 × *Post* 仍保持负相关关系，且都在 10% 水平上显著。

表 4－7　　　　考虑样本选择对实证结果的影响

变量	(1)	(2)	(3)	(4)
	FinRate	*LnFin*	*FinRate*	*LnFin*
Treat × *Post*	−0.0068** (0.0033)	−0.8977** (0.3792)		
*Treat*1 × *Post*			−0.0067** (0.0033)	−0.7925** (0.3796)
Size	−0.0076*** (0.0027)	1.5827*** (0.2576)	−0.0076*** (0.0027)	1.5819*** (0.2577)
ROA	0.0003 (0.0121)	0.4061 (1.1833)	0.0003 (0.0121)	0.4072 (1.1832)
TobinQ	0.0011 (0.0008)	−0.0764 (0.0788)	0.0011 (0.0008)	−0.0761 (0.0787)
Growth	−0.0009 (0.0011)	−0.2369** (0.1175)	−0.0009 (0.0011)	−0.2375** (0.1174)
Lev	−0.0165* (0.0092)	1.0634 (0.8356)	−0.0165* (0.0092)	1.0795 (0.8351)
Largest	0.0000 (0.0002)	−0.0490*** (0.0161)	0.0000 (0.0002)	−0.0491*** (0.0161)

续表

变量	(1)	(2)	(3)	(4)
	FinRate	*LnFin*	*FinRate*	*LnFin*
Fata	-0.0669 ***	-1.4704	-0.0669 ***	-1.4798
	(0.0123)	(1.2108)	(0.0123)	(1.2101)
CF	-0.0058	1.5600	-0.0058	1.5490
	(0.0100)	(1.0661)	(0.0100)	(1.0659)
_cons	0.2135 ***	-20.4432 ***	0.2136 ***	-20.4542 ***
	(0.0606)	(5.7101)	(0.0607)	(5.7144)
Year Fe	Yes	Yes	Yes	Yes
Firm Fe	Yes	Yes	Yes	Yes
F	5.7391	9.8417	5.7292	9.6485
adj. R^2	0.4698	0.5328	0.4698	0.5327
n	12956	12956	12956	12956

注：***、**、*分别表示1%、5%、10%的显著性水平；括号内为聚类到公司层面的标准误。

4.3.3　使用其他方法构造处理组和控制组

上文将大于高铁开通后一年与前一年各地级市经理人市场竞争差值（*Delta*）平均值（或中位数）的上市公司作为处理组（*Treat* = 1），小于 *Delta* 平均值（或中位数）的上市公司作为控制组（*Treat* = 0）。进一步，本章使用以下两种方法构造处理组和控制组：第一，将高铁开通后一年与前一年各地级市经理人市场竞争差值（*Delta*）按大小进行排序，然后把 *Delta* 分为三等份，并剔除中间三分之一等份，最后将大的三分之一等份作为处理组（*Treat2* = 1），剩下小的三分之一等份作为控制组（*Treat2* = 0）。第二，与第一种方法类似，首先将 *Delta* 按大小进行排序，然后把 *Delta* 分为四等份，并剔除中间四分之二等份，最后将大的四分之一等份作为处理组（*Treat3* = 1），剩下小的四分之一等份作为控制组（*Treat3* = 0）。*Post* 的定义同上文。使用新构造的处理组和控制组的回归结果报告于表 4-8，其中，第（1）列和第（2）列是使用第一种方法构造处理组和控制组的回归结果，相应地，第（3）列和第（4）列是使用第二种方法的回归结果。结果显示，使用新的构造方法后，第（1）~（4）列中的交乘项仍然显著为负，实证结果并没有因为改变处理组和控制组的构造方法而改变，这在一定程度上验证了本章实证结果的稳健性。

表 4-8　　　　使用其他方法构造处理组和控制组

变量	(1)	(2)	(3)	(4)
	FinRate	*LnFin*	*FinRate*	*LnFin*
Treat2 × Post	-0.0028** (0.0014)	-0.4587** (0.2162)		
Treat3 × Post			-0.0027** (0.0013)	-0.4202* (0.2527)
SOE	0.0062 (0.0054)	1.1131* (0.6519)	0.0057 (0.0056)	0.7728 (0.7376)
Size	-0.0043** (0.0021)	1.7998*** (0.2274)	-0.0054** (0.0024)	1.8691*** (0.2577)
ROA	-0.0207** (0.0104)	-1.8162 (1.2022)	-0.0213* (0.0122)	-1.6772 (1.3945)
TobinQ	0.0008 (0.0008)	0.0407 (0.0882)	0.0007 (0.0009)	0.1136 (0.1052)
Growth	-0.0006 (0.0009)	-0.2009* (0.1171)	-0.0004 (0.0009)	-0.1578 (0.1337)
Lev	-0.0116* (0.0070)	1.4064 (0.8566)	-0.0170** (0.0081)	0.9204 (0.9956)
Largest	-0.0002 (0.0001)	-0.0563*** (0.0144)	-0.0003 (0.0002)	-0.0637*** (0.0163)
Fata	-0.0593*** (0.0094)	-2.3067** (1.0953)	-0.0600*** (0.0111)	-2.6943** (1.2019)
CF	-0.0065 (0.0082)	0.7096 (0.9836)	-0.0114 (0.0095)	-0.2859 (1.1017)
_cons	0.1476*** (0.0461)	-25.7563*** (5.0846)	0.1762*** (0.0535)	-26.9107*** (5.7823)

续表

变量	(1)	(2)	(3)	(4)
	FinRate	*LnFin*	*FinRate*	*LnFin*
Year Fe	Yes	Yes	Yes	Yes
Firm Fe	Yes	Yes	Yes	Yes
F	6.6110	13.3671	5.8077	10.2355
adj. R^2	0.5267	0.5412	0.5048	0.5523
n	14489	14489	10964	10964

注：***、**、* 分别表示 1%、5%、10% 的显著性水平；括号内为聚类到公司层面的标准误。

4.3.4　使用其他企业金融化衡量方法

基准回归中，从金融资产数量视角来计算企业金融化，为了对金融化进行更全面的描述，本部分将从金融资产的收益率视角来刻画企业金融化。借鉴张成思和张步昙（2016）[201]的做法，金融投资的收益主要使用非金融企业投资收益、公允价值变动损益以及其他综合收益这三个会计科目来统计，企业金融化可以表示为通过金融投资获得的收益占营业利润的比例，即企业金融化（*FinRate*1）= 金融渠道的利润/营业利润。另外，为了减少负值导致的结果偏差，本部分在计算企业金融化过程中进行了标准化处理，由此形成企业金融化另一个指标 *FinRate*2，具体由金融渠道的利润与营业利润绝对值的比例来衡量。更换企业金融化衡量方法后的回归结果报告于表 4-9。结果显示，无论采用哪种方法来衡量企业金融化，*Treat* × *Post* 或 *Treat*1 × *Post* 的估计系数均在 10% 水平上显著为负，这说明经理人市场竞争能够显著降低企业金融化程度，结论与本章基准回归结论保持一致。

表 4-9　　使用其他企业金融化衡量方法

变量	(1)	(2)	(3)	(4)
	*FinRate*1	*FinRate*2	*FinRate*1	*FinRate*2
Treat × *Post*	-0.0832* (0.0479)	-0.0451* (0.0241)		

续表

变量	(1)	(2)	(3)	(4)
	FinRate1	*FinRate2*	*FinRate1*	*FinRate2*
Treat1 × Post			-0.0837* (0.0478)	-0.0497** (0.0246)
SOE	0.2321** (0.1020)	0.1497 (0.1705)	0.2318** (0.1020)	0.1495 (0.1705)
Size	0.0117 (0.0399)	-0.1231** (0.0523)	0.0116 (0.0399)	-0.1232** (0.0523)
ROA	1.2825*** (0.2202)	-4.0030*** (0.3476)	1.2819*** (0.2202)	-4.0034*** (0.3476)
TobinQ	-0.0113 (0.0159)	-0.0099 (0.0178)	-0.0113 (0.0159)	-0.0099 (0.0178)
Growth	-0.1031*** (0.0221)	-0.2382*** (0.0290)	-0.1032*** (0.0221)	-0.2382*** (0.0290)
Lev	-0.0295 (0.1409)	0.3437* (0.1847)	-0.0305 (0.1410)	0.3432* (0.1848)
Largest	-0.0036 (0.0022)	-0.0100*** (0.0030)	-0.0036 (0.0022)	-0.0100*** (0.0030)
Fata	-0.2031 (0.1511)	-0.0399 (0.2164)	-0.2034 (0.1511)	-0.0401 (0.2164)
CF	-0.4881** (0.2059)	-0.9225*** (0.2633)	-0.4874** (0.2060)	-0.9222*** (0.2634)
_cons	0.1069 (0.8591)	2.8091** (1.1646)	0.1123 (0.8589)	2.8118** (1.1641)
Year Fe	Yes	Yes	Yes	Yes
Firm Fe	Yes	Yes	Yes	Yes
F	7.0654	54.2628	7.1116	54.2837
adj. R^2	0.0631	0.2617	0.0632	0.2618
n	12290	12290	12290	12290

注：***、**、*分别表示1%、5%、10%的显著性水平；括号内为聚类到公司层面的标准误。

4.3.5　控制宏观经济变量

经济发展水平以及客运量是高铁选址的重要因素，因此，在公式（4-4）的基础上，进一步控制经济发展水平（*GDP*）、地方财政收入（*Fiscal*）和公路客运量（*Road*），*GDP* 使用各地级市各年国内生产总值取对数来衡量，*Fiscal* 使用各地级市各年财政收入取对数来衡量，*Road* 使用各地级市各年公路客运量来衡量。实证结果报告于表4-10。结果发现，在控制了相关宏观经济变量后，*Treat* × *Post* 和 *Treat1* × *Post* 的估计系数依然保持着显著负相关。这说明在控制了经济发展水平及客运量等变量后，高铁开通依然能显著降低处理组的企业金融化程度，即经理人市场竞争显著降低了企业金融化，本章的结论稳健。

表4-10　　控制宏观经济变量的检验结果

变量	(1)	(2)	(3)	(4)
	FinRate	*LnFin*	*FinRate*	*LnFin*
Treat × *Post*	-0.0023* (0.0012)	-0.4968* (0.2612)		
Treat1 × *Post*			-0.0022* (0.0012)	-0.5219** (0.2610)
SOE	0.0046 (0.0049)	0.8521 (0.5461)	0.0046 (0.0049)	0.8542 (0.5462)
Size	-0.0049*** (0.0019)	1.9362*** (0.1915)	-0.0049*** (0.0019)	1.9360*** (0.1916)
ROA	-0.0228** (0.0095)	-1.9608** (0.9808)	-0.0228** (0.0095)	-1.9613** (0.9808)
TobinQ	0.0015** (0.0006)	0.0675 (0.0711)	0.0015** (0.0006)	0.0677 (0.0711)
Growth	-0.0009 (0.0008)	-0.2208** (0.0921)	-0.0009 (0.0008)	-0.2204** (0.0921)
Lev	-0.0213*** (0.0070)	1.4407** (0.6958)	-0.0213*** (0.0070)	1.4456** (0.6956)

续表

变量	(1)	(2)	(3)	(4)
	FinRate	*LnFin*	*FinRate*	*LnFin*
Largest	-0.0001 (0.0001)	-0.0600*** (0.0120)	-0.0001 (0.0001)	-0.0601*** (0.0120)
Fata	-0.0576*** (0.0080)	-1.2928 (0.9010)	-0.0576*** (0.0080)	-1.2987 (0.9010)
CF	-0.0035 (0.0071)	1.1026 (0.7980)	-0.0035 (0.0071)	1.0952 (0.7980)
GDP	0.0169*** (0.0060)	-0.3260 (0.8191)	0.0169*** (0.0060)	-0.2891 (0.8189)
Road	-0.0010 (0.0010)	-0.2529* (0.1322)	-0.0010 (0.0010)	-0.2581* (0.1322)
Fiscal	-0.0040** (0.0017)	-0.2094 (0.2241)	-0.0041** (0.0017)	-0.2158 (0.2243)
_cons	-0.0677 (0.1119)	-16.8131 (15.4137)	-0.0676 (0.1120)	-17.3425 (15.4065)
Year Fe	Yes	Yes	Yes	Yes
Firm Fe	Yes	Yes	Yes	Yes
F	7.8778	15.8513	7.8764	15.7634
adj. R^2	0.5429	0.5471	0.5429	0.5471
n	21794	21794	21794	21794

注：***、**、*分别表示1%、5%、10%的显著性水平；括号内为聚类到公司层面的标准误。

4.4 作用机制分析

前文验证了经理人市场竞争与企业金融化呈负相关关系，那么，经理人市场竞争如何影响企业金融化，这两者之间的作用机制是什么？本部分将深入探讨该问题。本章理论分析部分分析经理人市场竞争的外部治理效应，即监督激励以及业绩压力作用。上文的实证结果表明，经理人市场竞争对经理人主要起到监督激励的作用，这说明经理人市场竞争能够减少经理人的自利行为（比如通过配置金融资产提升企业业绩，从而提高自身声誉），从而降低了企业金融化程度。如果上述分析的逻辑正确，那么经理人市场竞争对经理人的影响将表现为降低薪酬业绩敏感性，高铁开通提高了当地经理人市场竞争程度，同时加剧经理人对于代理权的竞争，对薪酬契约起到替代的作用（陈婧和方军雄，2020[9]）；也就是说，在经理人市场竞争会对经理人起到外部监督和激励的作用，降低经理人的机会主义行为，使经理人更加努力工作，履行“委托—代理”契约，从而减少经理人对于薪酬的依赖。综上，本章通过考察经理人市场竞争对变更业绩敏感性、薪酬业绩敏感性的影响，推断经理人市场竞争与企业金融化之间的作用机制。

如何减少经理人的机会主义行为，使经理人朝着股东利益最大化的方向努力工作成为公司治理面临的重要问题。公司的内部治理机制中，除了股权激励外，薪酬是一种重要的监督与激励方式。薪酬是经理人劳动报酬的最直接体现，但是经理人的薪酬一般与业绩挂钩，经理人需要完成相应的业绩，才能拿到相应的薪酬。除此之外，经理人市场竞争也是一种重要的外部监督方式。新经济地理学表明，交通的便利性能够有效提高人力、资本和信息等经济要素的流动，同时也是决定各类经济要素空间分布的重要因素（范欣等，2017[231]）。高铁开通打破了地理壁垒，降低了出行成本，提高了交通的便利性，有效地推动了信息（赵静等，2018[232]）和人才（杜兴强和彭妙薇，2017[228]）的流动。一方面，高铁开通使地理距离成为经理人就业考虑的非重要因素，从而提高了经理人到高铁开通城市就业的意愿，上市公司聘请经理人时有了更多的选择，加剧了经理人对于代理权的竞争。另一方面，高铁开通加速了信息流动，降低了信息获取成本，使得经理人信息更加透明，上市公司聘请经理人时有了更高的标准，同样也加剧了经理人对于代理权的竞争。因此，基于个人职业生涯和声誉的考虑，在经理人市场竞争的影响下，即使内部薪酬激励不高，经理人也同样会努力工作。这也就是说，经理人市场竞争减少了经理人对于薪酬的依赖性，即经理人市场竞争降低了业绩薪酬敏感性。

为了验证上文猜想，本章建立模型（4－6）考察经理人市场竞争如何影响薪酬业绩敏感性。被解释变量分别使用上市公司高管薪酬总额取对数（*PAY*1）和前三名高管薪酬总额取对数（*PAY*2）来衡量，业绩指标使用资产收益率（*ROA*）来衡量，*Treat* 和 *Post* 的定义与上文相同。借鉴已有研究，模型对可能影响薪酬的变量进行控制，包括产权性质（*SOE*）、企业规模（*Size*）、资产负债率（*Lev*）、第一大股东持股比例（*Larget*）、两职合一（*Dual*）、独立董事比例（*Inddir*）、市场化水平（*Market*），其中，*SOE*、*Size*、*Lev*、*ROA*、*Largest* 的定义与上文相同。*Dual* 是虚拟变量，上市公司当年董事长和总经理为同一人时 *Dual* 取 1，其余为 0；*Inddir* = 独立董事数量/董事总数；*Market* 是中国省级市场化指数，取自各年《中国分省份市场化指数报告》。本部分重点关注 $Treat \times Post \times ROA$ 的估计系数，该系数的含义是处理组的上市公司（经理人市场竞争程度受高铁开通影响较大的组）在高铁开通前后薪酬业绩敏感性的变化，相比于控制组的上市公司（经理人市场竞争程度受高铁开通影响较小的组）在高铁开通前后薪酬业绩敏感性变化的差异。预计 $Treat \times Post \times ROA$ 的估计系数为负。

$$
\begin{aligned}
PAY_{it} = {} & \lambda_0 + \lambda_1 Treat \times Post_{it} + \lambda_2 Treat \times Post \times ROA_{it} + \lambda_3 SOE_{it} \\
& + \lambda_4 Size_{it} + \lambda_5 ROA_{it} + \lambda_6 Lev_{it} + \lambda_7 Largest_{it} + \lambda_8 Dual_{it} \\
& + \lambda_9 Inddir_{it} + \lambda_{10} Market_{it} + \sum Year + \sum Firm + \varepsilon_{it}
\end{aligned}
\tag{4－6}
$$

回归结果如表 4－11 所示，其中，第（1）列和第（3）列的被解释变量是 *PAY*1，第（2）列和第（4）列的被解释变量是 *PAY*2。结果显示，$Treat \times Post \times ROA$ 和 $Treat1 \times Post \times ROA$ 的估计系数都显著为负，且都在 1% 的水平上显著，这说明相比于控制组的上市公司在高铁开通前后薪酬业绩敏感性变化程度，处理组的上市公司在高铁开通前后薪酬业绩敏感性的变化程度更小，即经理人市场竞争显著地降低了业绩薪酬敏感性，验证了上文的猜想。这充分表明经理人市场竞争的外部治理作用，特别是对经理人的薪酬契约起到一种代替的作用，减少了经理人的机会主义行为，从而降低了企业金融化程度。另外，本章也使用了 *eps*（每股盈余）来作为业绩指标进行检验，结果报告于表 4－12，可以发现，实证结果与表 4－11 相似，再次验证了本章的作用机制分析结果。

表 4-11　经理人市场竞争与薪酬业绩敏感性（业绩指标：*ROA*）

变量	(1)	(2)	(3)	(4)
	PAY1	*PAY2*	*PAY1*	*PAY2*
Treat × Post	0.0362** (0.0183)	0.0367* (0.0190)		
Treat1 × Post			0.0361** (0.0182)	0.0366* (0.0189)
Treat × Post × ROA	-0.5080*** (0.1426)	-0.4941*** (0.1474)		
Treat1 × Post × ROA			-0.5406*** (0.1401)	-0.5261*** (0.1449)
ROA	0.8126*** (0.0866)	0.8438*** (0.0890)	0.8303*** (0.0881)	0.8612*** (0.0903)
SOE	-0.0387 (0.0409)	-0.0087 (0.0441)	-0.0390 (0.0409)	-0.0090 (0.0441)
Size	0.2096*** (0.0139)	0.2358*** (0.0144)	0.2099*** (0.0139)	0.2362*** (0.0144)
Sales	-0.0000 (0.0000)	-0.0000 (0.0000)	-0.0000 (0.0000)	-0.0000 (0.0000)
Lev	-0.1902*** (0.0516)	-0.1774*** (0.0527)	-0.1913*** (0.0514)	-0.1785*** (0.0525)
Largest	0.0003 (0.0009)	-0.0001 (0.0010)	0.0003 (0.0009)	-0.0001 (0.0010)
Dual	-0.0135 (0.0149)	0.0129 (0.0152)	-0.0136 (0.0149)	0.0128 (0.0152)
Inddir	0.1788*** (0.0578)	0.1287** (0.0574)	0.1788*** (0.0578)	0.1287** (0.0574)
Market	0.0044 (0.0102)	0.0031 (0.0104)	0.0044 (0.0102)	0.0032 (0.0104)
_cons	8.2774*** (0.3184)	7.8998*** (0.3280)	8.2700*** (0.3180)	7.8925*** (0.3276)

续表

变量	(1)	(2)	(3)	(4)
	PAY1	*PAY2*	*PAY1*	*PAY2*
Year Fe	Yes	Yes	Yes	Yes
Firm Fe	Yes	Yes	Yes	Yes
F	31.6674	37.1639	32.1529	37.6875
adj. R^2	0.7841	0.7939	0.7841	0.7940
n	21416	21416	21416	21416

注：***、**、* 分别表示 1%、5%、10% 的显著性水平；括号内为聚类到公司层面的标准误。

表 4-12　经理人市场竞争与薪酬业绩敏感性（业绩指标：*eps*）

变量	(1)	(2)	(3)	(4)
	PAY1	*PAY2*	*PAY1*	*PAY2*
Treat × Post	0.0417 ** (0.0184)	0.0404 ** (0.0192)		
Treat1 × Post			0.0417 ** (0.0183)	0.0404 ** (0.0191)
Treat × Post × eps	-0.0595 *** (0.0150)	-0.0527 *** (0.0154)		
Treat1 × Post × eps			-0.0624 *** (0.0148)	-0.0556 *** (0.0152)
eps	0.0968 *** (0.0109)	0.0964 *** (0.0100)	0.0987 *** (0.0110)	0.0982 *** (0.0102)
SOE	-0.0404 (0.0410)	-0.0106 (0.0443)	-0.0407 (0.0411)	-0.0108 (0.0443)
Size	0.2038 *** (0.0137)	0.2303 *** (0.0144)	0.2040 *** (0.0137)	0.2304 *** (0.0144)
Sales	-0.0000 (0.0000)	-0.0000 (0.0000)	-0.0000 (0.0000)	-0.0000 (0.0000)
Lev	-0.2109 *** (0.0503)	-0.2027 *** (0.0514)	-0.2119 *** (0.0502)	-0.2036 *** (0.0513)

续表

变量	(1)	(2)	(3)	(4)
	PAY1	*PAY2*	*PAY1*	*PAY2*
Largest	0.0003 (0.0009)	-0.0001 (0.0010)	0.0003 (0.0009)	-0.0001 (0.0010)
Dual	-0.0113 (0.0147)	0.0151 (0.0151)	-0.0114 (0.0147)	0.0150 (0.0151)
Inddir	0.1673*** (0.0568)	0.1177** (0.0567)	0.1669*** (0.0568)	0.1173** (0.0567)
Market	0.0034 (0.0102)	0.0021 (0.0103)	0.0034 (0.0102)	0.0021 (0.0103)
_cons	8.4215*** (0.3143)	8.0429*** (0.3269)	8.4187*** (0.3142)	8.0402*** (0.3268)
Year Fe	Yes	Yes	Yes	Yes
Firm Fe	Yes	Yes	Yes	Yes
F	33.0345	39.6169	33.7361	40.3201
adj. R^2	0.7853	0.7949	0.7854	0.7949
n	21416	21416	21416	21416

注：***、**、*分别表示1%、5%、10%的显著性水平；括号内为聚类到公司层面的标准误。

4.5 拓展性分析

上文探讨了经理人市场竞争与企业金融化的因果关系，同时也分析了经理人市场竞争影响企业金融化的作用机制，本部分将进一步探讨经理人市场竞争与企业金融化之间的调节变量。这类探讨不仅可以丰富研究内容和研究深度，更为重要的是，可以从更多层面为经理人市场竞争与企业金融化之间的因果关系提供证据。本部分主要从公司治理水平、制度环境和地理位置等方面进行探讨。

4.5.1 经理人市场竞争、公司内部治理水平与实体企业金融化

在信息不对称情况下，即使存在公司内部治理机制有效的监督和激励，也很难完全杜绝经理人的利己行为，这也就是第一类代理问题。由此可见，第一类代理问题产生的根源在于信息不对称，包括经理人与公司股东之间的信息不对称、公司内部和外部投资者之间的信息不对称，等等。在公司内部治理机制的治理作用不足以充分地监督和激励经理人时，就需要外部治理机制的“加入”，补充公司内部治理机制的不足，两者共同作用，从而达到公司治理的目标。因此，本书推断：相比于公司内部治理水平较好的上市公司，在公司内部治理水平较低的上市公司中经理人市场竞争对企业金融化的负向影响程度更大，即公司内部治理水平起到调节变量的作用。

借鉴周茜等（2020）[233]、顾乃康和周艳利（2017）[234]的研究，本部分使用主成分分析法从监督、激励和决策这三个层面计算公司内部治理水平指标。监督层面的指标包括董事会规模、独立董事比例、机构持股比例和股权制衡度（二至五大股东持股比例之和/控股股东持股比例）；激励层面的指标包括高管持股比例和高管薪酬；决策层面的指标使用两职合一指标，即董事长与总经理是否同一个人。基于上述 7 个指标，运用主成分分析法计算公司内部治理水平（*Gov*）。将从主成分分析法中得到的第一主成分作为反映公司内部治理水平的综合指标。得分越高（*Gov* 的数值越大），表示公司内部治理水平越高。为了检验上述推断，在模型（4－4）的基础上，将公司内部治理水平（*Gov*）与 $Treat \times Post$ 进行交乘，并使用样本数据重新回归。回归结果报告于表 4－13，其中，第（1）列和第（3）列的被解释变量是 *FinRate*，第（2）列和第（4）列的被解释变量是 *LnFin*。回归结果显示，$Treat \times Post \times Gov$ 和 $Treat1 \times Post \times Gov$ 的估计系数都显著为正，这表明当上市公司的治理水平（*Gov*）较低时，经理人市场竞争对企业金融化的负向影响更大。

表 4-13　经理人市场竞争、公司内部治理水平与企业金融化

变量	(1)	(2)	(3)	(4)
	FinRate	LnFin	FinRate	LnFin
Treat × Post	-0.0024 (0.0023)	-0.4883* (0.2794)		
Treat1 × Post			-0.0024 (0.0022)	-0.4186 (0.2790)
Treat × Post × Gov	0.0049*** (0.0018)	0.5381** (0.2270)		
Treat1 × Post × Gov			0.0049*** (0.0018)	0.5313** (0.2258)
Gov	-0.0021 (0.0014)	-0.3964** (0.1635)	-0.0021 (0.0014)	-0.3992** (0.1642)
SOE	0.0025 (0.0055)	0.7502 (0.5537)	0.0025 (0.0055)	0.7526 (0.5538)
Size	-0.0047** (0.0019)	1.9266*** (0.2091)	-0.0047** (0.0019)	1.9264*** (0.2092)
ROA	-0.0349*** (0.0103)	-2.1367* (1.1143)	-0.0350*** (0.0103)	-2.1512* (1.1145)
TobinQ	0.0020*** (0.0007)	0.1099 (0.0718)	0.0020*** (0.0007)	0.1108 (0.0718)
Growth	-0.0005 (0.0009)	-0.2566** (0.1014)	-0.0005 (0.0009)	-0.2565** (0.1014)
Lev	-0.0232*** (0.0077)	1.5546** (0.7221)	-0.0232*** (0.0077)	1.5603** (0.7222)
Largest	-0.0001 (0.0001)	-0.0684*** (0.0124)	-0.0001 (0.0001)	-0.0684*** (0.0124)
Fata	-0.0593*** (0.0080)	-0.7310 (0.9385)	-0.0594*** (0.0080)	-0.7429 (0.9386)
CF	-0.0040 (0.0072)	1.2117 (0.8439)	-0.0040 (0.0072)	1.2003 (0.8439)

续表

变量	(1)	(2)	(3)	(4)
	FinRate	*LnFin*	*FinRate*	*LnFin*
_cons	0.1607*** (0.0439)	-27.9685*** (4.6638)	0.1607*** (0.0439)	-27.9880*** (4.6657)
Year Fe	Yes	Yes	Yes	Yes
Firm Fe	Yes	Yes	Yes	Yes
F	7.6727	17.6608	7.6548	17.5282
adj. R^2	0.5448	0.5524	0.5448	0.5524
n	20085	20085	20085	20085

注：***、**、* 分别表示 1%、5%、10% 的显著性水平；括号内为聚类到公司层面的标准误。

4.5.2 经理人市场竞争、制度环境与实体企业金融化

中国各地区经济社会发展水平差异较大，各地区市场化改革进程也不尽相同，因而造成各地区的制度环境之间存在较大差异。一般来说，处于市场化程度高地区的上市公司通常具有更高的公司内部治理效率，具体表现为市场化程度高地区的上市公司具有更低的决策成本、信息成本和实施成本（陈冬华等，2010[235]）。这表明市场化程度有助于公司内部各项机制的运行，提高公司内部治理效率。相反，在市场化程度较低地区的上市公司则可能具有较差的公司内部治理效率。雷宇（2013）[236]发现，制度环境较差的地区，公司声誉对会计稳健性的负向影响要大于制度环境较好的地区，这表明声誉对正式制度具有一定的替代作用。由此，本章认为，处于市场化程度较低地区的上市公司的内部治理效率较低，经理人市场竞争作为一种外部治理机制可以起到替代公司内部治理的作用。因此，经理人市场竞争对企业金融化的抑制作用在市场化程度较低的地区更为显著。

借鉴大多数文献的做法，本章使用市场化指数来衡量制度环境（*Market*），市场化指数来源于中国分省份市场化指数数据库。为了验证上述假设，在公式（4-4）的基础上，将制度环境（*Market*）与 *Treat* × *Post* 进行交乘，并使用样本数据重新回归。回归结果报告于表 4-14，其中，第（1）

列和第（3）列的被解释变量是 *FinRate*，第（2）列和第（4）列的被解释变量是 *LnFin*。回归结果显示，*Treat* × *Post* × *Market* 和 *Treat*1 × *Post* × *Market* 的估计系数都显著为正，这表明当上市公司所处的制度环境（*Market*）较差时，经理人市场竞争对企业金融化的负向影响更大。

表 4-14　　经理人市场竞争、制度环境与企业金融化

变量	(1)	(2)	(3)	(4)
	FinRate	*LnFin*	*FinRate*	*LnFin*
Treat × *Post*	-0.0133 (0.0092)	0.6956 (1.0559)		
*Treat*1 × *Post*			-0.0128 (0.0092)	0.6032 (1.0560)
Treat × *Post* × *Market*	0.0010*** (0.0003)	0.2405** (0.1152)		
*Treat*1 × *Post* × *Market*			0.0010*** (0.0003)	0.2213* (0.1154)
Market	-0.0025** (0.0012)	-0.0878 (0.1811)	-0.0025** (0.0012)	-0.1014 (0.1811)
SOE	0.0044 (0.0049)	0.8821 (0.5461)	0.0045 (0.0049)	0.8814 (0.5461)
Size	-0.0047** (0.0019)	1.9440*** (0.1911)	-0.0047** (0.0019)	1.9436*** (0.1913)
ROA	-0.0235** (0.0096)	-1.9542** (0.9816)	-0.0235** (0.0096)	-1.9573** (0.9819)
TobinQ	0.0015** (0.0006)	0.0736 (0.0708)	0.0015** (0.0006)	0.0736 (0.0708)
Growth	-0.0010 (0.0008)	-0.2186** (0.0918)	-0.0010 (0.0008)	-0.2187** (0.0918)
Lev	-0.0214*** (0.0071)	1.4764** (0.6968)	-0.0214*** (0.0071)	1.4809** (0.6968)

续表

变量	(1)	(2)	(3)	(4)
	FinRate	*LnFin*	*FinRate*	*LnFin*
Largest	-0.0001 (0.0001)	-0.0605*** (0.0120)	-0.0001 (0.0001)	-0.0606*** (0.0120)
Fata	-0.0572*** (0.0080)	-1.3173 (0.9037)	-0.0572*** (0.0080)	-1.3253 (0.9035)
CF	-0.0036 (0.0071)	1.1289 (0.7983)	-0.0037 (0.0071)	1.1188 (0.7984)
_cons	0.1369*** (0.0442)	-27.6453*** (4.6834)	0.1367*** (0.0441)	-27.5297*** (4.6853)
Year Fe	Yes	Yes	Yes	Yes
Firm Fe	Yes	Yes	Yes	Yes
F	7.5693	17.3587	7.5429	17.1497
adj. R^2	0.5426	0.5470	0.5426	0.5469
n	21794	21794	21794	21794

注：***、**、* 分别表示 1%、5%、10% 的显著性水平；括号内为聚类到公司层面的标准误。

4.5.3 经理人市场竞争、地理位置与实体企业金融化

南开大学公司治理评价课题组历年来发布的中国上市公司治理评价研究报告显示，经济发达地区的上市公司治理状况总体上要好于经济欠发达地区的情况，同时，上市公司治理 100 佳公司也大多分布在东部地区。因此，中国上市公司治理水平具有较大的地区差异。现有研究表明，声誉激励机制对正式制度具有一定的替代效应（雷宇，2013[236]），公司外部治理对公司内部治理起到补充的作用，当公司内部治理效率较低时，外部治理在一定程度上能够起到公司治理的作用。另外，平均来看，东部地区的市场化程度高于西部地区，相比于西部地区，东部地区产品市场和要素市场发育程度更高，同时，拥有更健全的市场中介组织和维护市场的法治环境，这些外部因素都有利于保障公司内部治理机制的运行，提高公司治理效率。

故而本章认为，相比于东部地区的上市公司，经理人市场竞争对企业金融化的抑制作用在西部地区上市公司中更为显著。

为了验证上述假设，本章将样本拆分为东部和中西部两个子样本①，分别考察经理人市场竞争对企业金融化的影响。实证结果报告于表 4－15。结果显示，不管被解释变量是企业金融化相对指标（*FinRate*）还是企业金融化绝对指标（*LnFin*），*Treat* × *Post* 只在中西部子样本中显著，上述假设得以验证。为保证结果的稳健性，借鉴连玉君等（2010）[237]的做法，采用自抽样法（Bootstrap）来检验组间系数差异的统计显著性。结果显示，经验 p 值都为 0，这表明中西部地区上市公司子样本与东部地区上市公司子样本的估计系数具有显著性差异。

表 4－15　　　经理人市场竞争、地理位置与企业金融化

变量	(1)	(2)	(3)	(4)
	东部	中西部	东部	中西部
	FinRate	*FinRate*	*LnFin*	*LnFin*
Treat × *Post*	−0.0031 (0.0028)	−0.0069 ** (0.0033)	−0.4663 (0.3294)	−0.7343 ** (0.3551)
SOE	0.0046 (0.0078)	0.0030 (0.0036)	0.6419 (0.6879)	1.2442 (0.8936)
Size	−0.0055 ** (0.0023)	−0.0029 (0.0031)	2.1235 *** (0.2403)	1.5625 *** (0.3151)
ROA	−0.0235 ** (0.0112)	−0.0216 (0.0182)	−1.8587 (1.1390)	−1.8963 (1.8664)
TobinQ	0.0016 ** (0.0007)	0.0014 (0.0013)	0.0740 (0.0806)	0.0529 (0.1428)
Growth	−0.0009 (0.0011)	−0.0009 (0.0011)	−0.2357 ** (0.1050)	−0.1530 (0.1800)

① 中国东部地区包括北京、天津、河北、辽宁、上海、江苏、浙江、福建、山东、广东、广西、海南 12 个省、自治区、直辖市。

续表

变量	(1)	(2)	(3)	(4)
	东部	中西部	东部	中西部
	FinRate	*FinRate*	*LnFin*	*LnFin*
Lev	-0.0215** (0.0093)	-0.0228** (0.0100)	1.5176* (0.8520)	1.4084 (1.2120)
Largest	-0.0000 (0.0002)	-0.0003 (0.0002)	-0.0671*** (0.0146)	-0.0446** (0.0213)
Fata	-0.0510*** (0.0096)	-0.0680*** (0.0138)	0.2405 (1.1300)	-3.8774*** (1.4306)
CF	-0.0033 (0.0080)	-0.0054 (0.0147)	0.8917 (0.9276)	2.0261 (1.5587)
_cons	0.1761*** (0.0517)	0.1263* (0.0709)	-31.9547*** (5.3976)	-21.3324*** (6.9640)
Year Fe	Yes	Yes	Yes	Yes
Firm Fe	Yes	Yes	Yes	Yes
F	5.1333	4.6441	14.7059	6.4077
adj. R^2	0.5389	0.5455	0.5428	0.5541
系数差异检验（经验 p 值）	0		0	
n	15885	5909	15885	5909

注：***、**、*分别表示1%、5%、10%的显著性水平；括号内为聚类到公司层面的标准误。

4.6 本章小结

经理人市场竞争是一种重要的外部治理机制，在企业金融化程度不断提高的背景下，探讨经理人市场竞争如何影响企业金融化，不仅可以完善有关外部治理的研究，同时还可以从经理人市场竞争角度提出相关政策建议，抑制企业过度金融化。基于此，本章以经理人市场竞争作为市场治理机制的代表，利用 2007—2019 年沪深 A 股上市公司数据，考察了经理人市场竞争对企业金融化的影响及其机理。首先，采用经理人更替地区差异和经理人更替行业差异来衡量经理人市场竞争，在控制了公司规模、资产负债率和资产收益率等其他可能影响企业金融化的因素后，使用 OLS 方法进行回归发现：经理人市场竞争显著地抑制了企业金融化，即在其他条件相同情况下，经理人市场竞争越大，企业金融化程度越低。其次，将高铁开通作为准自然实验，构建双重差分模型，考察了经理人市场竞争对企业金融化的影响，回归结果再次验证了经理人市场竞争显著地抑制了企业金融化的结论。该结论在安慰剂检验、高铁开通时间的内生性检验、考虑样本选择对实证结果的影响、使用其他方法构造处理组和控制组、使用其他企业金融化衡量方法以及排除其他政策的干扰等检验后依然保持稳健。再次，本章分析了经理人市场竞争与企业金融化之间的作用机制。作为一种外部治理机制，经理人市场竞争对经理人起到监督和激励的作用，减少了经理人的机会主义行为，从而降低了企业金融化程度。最后，本章发现经理人市场竞争对企业金融化的影响在公司内部治理水平较低、制度环境较差和中西部地区的情况下更加显著。

第 5 章　违规监管对实体企业金融化的影响研究

本章选择违规监管作为政府治理的代表，考察政府治理机制对企业金融化的影响及作用机理。

随着信息技术和金融科技的发展，越来越多的隐蔽性违规行为逃脱了法律的监管，严重地侵害了投资者的利益。不完备法律理论指出，当法律滞后于市场发展时，仅仅依靠制定更完备的法律制度是不能达到预防违法行为发生的效果，主动引入监管机构执法才能提高法律实施效果（许成钢，2001[62]）。从该理论得到的启示是，除了要不断制定更加完备的法律法规外，更为重要的是要加强对违规行为的打击，从而对潜在的违规行为起到威慑的作用。

违规监管的公司治理效应一直备受争议。部分研究认为违规处罚的效果并不理想，不能起到公司外部治理的作用（陈国进等，2005[238]）。也有研究认为违规处罚是有效的，能够起到较好的公司外部治理效应。顾小龙等（2016）[10]认为违规监管的治理效应主要体现在揭示公司的异质性信息和提高公司透明度这两个方面，为违规监管发挥公司外部治理效应提供了经验证据。由此可见，现有研究对于违规监管的公司治理效应尚未形成统一的共识，需要提供更多的经验证据来检验。因此，本章从资本市场监管视角研究违规监管与企业金融化之间的关系，考察违规监管对资本市场的治理效应。具体来看，监管机构对实体企业的违规处罚具有公司外部治理效应吗？违规处罚对实体企业金融化具有治理效应吗？其中的作用机制是什么？本章将重点探讨上述问题。本章利用 2007—2020 年非金融、非房地产行业的 A 股上市公司数据，使用双重差分法考察了违规监管对企业金融化的影响，然后分别从平行趋势检验、安慰剂检验和倾向得分匹配法（PSM - DID）等方面展开稳健性检验分析。此外，从信息不对称角度考察了违规监管对企业金融化影响的作用机制。最后，从公司内部治理水平、法治环境、监管力度和处罚方式 4 个因素考察了经理人市场竞争对企业金融化影响的调节效应。

本章的结构安排如下：第一部分为研究设计，第二部分为实证结果和分析，第三部分为稳健性检验，第四部分为作用机制分析，第五部分为拓展性分析，第六部分为本章小结。

5.1 研究设计

5.1.1 样本选择与数据来源

本章选用 2007—2020 年 A 股非金融、非房地产行业上市公司数据进行实证研究，并按以下步骤对原始数据进行清洗：第一，剔除了上市状态异常的公司，包括 ST、PT 和退市状态的公司。第二，删除了有数据缺失的样本。第三，为减少异常值对估计的影响，本章对所使用的连续变量进行缩尾处理。最后一共得到 23361 个样本值。本章的数据来源于国泰安（CSMAR）数据库。

5.1.2 主要变量的测度

5.1.2.1 企业金融化

本书借鉴杜勇等（2017）[116] 和杜勇等（2019）[6] 的做法，将交易性金融资产、衍生金融资产、发放贷款及垫款净额、可供出售金融资产净额、持有至到期投资净额、投资性房地产净额这 6 个会计科目纳入金融资产的范畴，并使用两种方法来测度企业金融化：一是企业金融化的相对值，使用金融资产总额占总资产的比值来测度（*FinRate*）。二是企业金融化的绝对值，使用企业持有金融资产总额加 1 后取自然对数来测度（*LnFin*）。

5.1.2.2 违规监管

违规监管是上海证券交易所、深圳证券交易所、中国证监会、财政部和其他相关政府单位对上市公司的违法违规行为做出谴责、批评、警告或者罚款的一种市场行为。违规监管不仅发挥公司外部治理作用，同时也切实地保护了投资者的权益。对于本章的研究来说，政府部门对上市公司的违规监管提供了一个准自然实验的研究情境。具体来看，违规处罚对于被处罚的上市公司起到一种威慑作用，加速上市公司纠正存在的违规行为；同时，违规处罚公告也降低了信息不对称，使更多投资者了解上市公司的内部情况，有利于加强股东治理，减少管理层的违规行为。相对于未受到违规处罚的上市公司而言，受到违规处罚的上市公司信息透明度更高。因此，本章以政府相关部门对上市公司的违规处罚作为一个准自然实验展开研究，即使用双重差分法（DID）考察违规监管对于企业金融化的影响。

对于处理组和控制组的选择，参考顾小龙等（2016）[10]的做法，本章将样本期内受到过违规处罚①的企业作为处理组，样本期间内没受到过任何处罚的企业作为控制组。具体操作上，根据国泰安数据库（CSMAR）上下载的上市公司违规事件，在样本期筛选出有过违规的公司，并将其作为处理组。

对于时间分组变量的确定，本章以样本期间内企业首次受到处罚的处罚公告颁布年份及以后的年份确定为受政策影响年份。这主要是因为，虽然处罚公告具有一定的滞后性，即上市公司具体违规年份要早于处罚公告发布的年份，但是，只有相关政府部门对违规的上市公司做出了处罚并发布了相关公告，外部投资者才能更为全面地了解上市公司的信息，也才能起到外部治理的作用。

---

① 包括来自上海证券交易所、深圳证券交易所、中国证监会、财政部和其他相关政府单位对于上市公司开出的谴责、批评、警告、罚款以及其他处罚方式中的一种或者几种。

5.1.3 模型设计

为了验证本章提出的研究假设，本书构建了如下模型：

$$Y_{it} = \beta_0 + \beta_1 Treat \times Post_{it} + \beta_2 SOE_{it} + \beta_3 Size_{it} + \beta_4 ROA_{it} + \beta_5 Lev_{it} + \beta_6 Growth_{it} + \beta_7 TobinQ_{it} + \beta_8 Largest_{it} + \beta_9 Fata_{it} + \beta_{10} CF_{it} + \sum Year + \sum Firm + \varepsilon_{it} \quad (5-1)$$

公式（5－1）中，i 和 t 分别代表公司和年份，Y 表示企业金融化，具体以企业金融化相对指标（*FinRate*）和企业金融化绝对指标（*LnFin*）来表示，其中，*FinRate* 由企业金融资产总额与总资产的比值来测度，*LnFin* 由企业金融资产总额加 1 后取对数来测度。*Treat* 为企业分组变量，*Treat* 等于 1 代表处理组，*Treat* 等于 0 代表控制组。*Post* 为时间分组变量，*Post* 等于 1 代表企业在样本期间内首次受到违规处罚当年及以后的年份，其余情况时 *Post* 等于 0。除此之外，模型中还控制了一系列可能影响企业金融化行为的变量，包括股权性质（*SOE*）、企业规模（*Size*）、盈利能力（*ROA*）、资产负债率（*Lev*）、企业成长性（*Growth*）、托宾 Q（*TobinQ*）、第一大股东持股比例（*Largest*）、固定资产占比（*Fata*）、现金流量占比（*CF*）。此外，模型还控制了年度固定效应（*Year*）和企业固定效应（*Firm*）。本章重点关注 *Treat* × *Post* 的估计系数，它反映的是违规监管对于企业金融监管的影响。详细的变量定义及计算方法如表 5－1 所示。

表 5－1　变量定义

变量名称	符号	变量的定义及计算方法
企业金融化	*FinRate*	企业金融化的相对值，企业金融资产总额/总资产
企业金融化	*LnFin*	企业金融化的绝对值，企业金融资产总额加 1 后取对数
企业分组变量	*Treat*	企业在样本期间内受到违规监管取 1，否则取 0
时间分组变量	*Post*	企业在样本期间内首次受到违规监管及以后的年度取 1，否则取 0
股权性质	*SOE*	国有企业记为 1，其他为 0
企业规模	*Size*	企业总资产取对数
盈利能力	*ROA*	营业利润/总资产

续表

变量名称	符号	变量的定义及计算方法
资产负债率	*Lev*	总负债/总资产
企业成长性	*Growth*	本年与上一年主营业务收入之差/上一年主营业务收入
托宾 Q	*TobinQ*	市值/总资产
第一大股东持股比例	*Largest*	第一大股东持股数占总股数的比例
固定资产占比	*Fata*	固定资产净额/总资产
现金流量占比	*CF*	经营活动现金流量净额/总资产

5.2 实证分析

5.2.1 描述性统计

表 5 - 2 报告了主要变量的描述性统计。结果显示，企业金融化（*FinRate*）的平均值为 0.0338，最小值为 0，最大值达到 0.3722，说明不同企业之间的企业金融化程度存在较大差异，但 *FinRate* 的中位数仅有 0.0059，远远低于平均值，这表明大多数企业的金融化程度都处于较低水平。企业金融化的另一个指标 *LnFin* 的平均值为 13.1048，最小值为 0，最大值达到 22.2744，从企业金融化的绝对值来看，不同的企业之间持有金融资产总量同样存在较大差异。企业分组变量（*Treat*）的均值为 0.4711，说明样本期间内约有 47.11% 的上市公司受到过违规处罚。其他控制变量也没有出现异常统计的情况，比如 *SOE* 的均值为 0.4490，表明样本中约有 44.90% 的观测值属于国有企业；*Lev* 的均值为 0.4550，表明样本中上市公司的平均资产负债率为 44.90%，符合当前中国上市公司的资产负债结构；*Largest* 的均值为 34.2561，表明样本中上市公司第一大股东的平均持股比例为 34.26%，符合当前中国上市公司股权结构的现实状况。

表 5-2 主要变量描述性统计

变量名	观测值	平均值	标准差	最小值	中位数	最大值
FinRate	23361	0.0338	0.0666	0.0000	0.0059	0.3722
LnFin	23361	13.1048	8.1276	0.0000	17.0072	22.2744
Treat	23361	0.4711	0.4992	0.0000	0.0000	1.0000
Treat × *Post*	23361	0.2654	0.4415	0.0000	0.0000	1.0000
SOE	23361	0.4490	0.4974	0.0000	0.0000	1.0000
Size	23361	22.0844	1.2880	18.9952	21.9463	25.8104
ROA	23361	0.0303	0.0753	-0.3976	0.0328	0.2093
TobinQ	23361	2.1561	1.4743	0.8948	1.6778	9.4660
Growth	23361	0.1836	0.4868	-0.6775	0.1063	3.4731
Lev	23361	0.4550	0.2156	0.0499	0.4479	1.1913
Largest	23361	34.2561	14.8882	8.7700	32.0700	74.9600
Fata	23361	0.2400	0.1702	0.0029	0.2038	0.7423
CF	23361	0.0464	0.0718	-0.1889	0.0453	0.2563

表 5-3 报告了本章主要变量的相关性分析，其中，下半三角为 Pearson 相关性系数，上半三角为 Spearman 相关性系数。交乘项（*Treat* × *Post*）和两个企业金融化指标（*FinRate* 和 *LnFin*）之间的 Pearson 相关性系数分别为 0.030 和 0.059，Spearman 相关性系数分别为 0.061 和 0.060。仅从相关性分析的结果来看，违规监管与两个企业金融化之间呈正相关关系，且都在 1% 水平上显著。这表明违规监管显著地提高了企业金融化程度，与本章预计的结果刚好相反，但更为严格的证据还需要从下文中控制其他因素的多元回归分析得到。

5.2.2 单变量分析

在多元回归之前，本章使用 t 检验比较了是否受到违规处罚对企业金融化的影响。表 5-4 报告了企业金融化在受违规监管和不受违规监管这两个组之间差异的 t 检验结果。结果显示，不受违规监管组中 *FinRate* 的均值为 0.0347，受违规监管组中 *FinRate* 的均值为 0.0329，两者均值的差异为 0.0018，且通过了 1% 水平的统计检验（t 值 = 2.1013）。与 *FinRate* 组间差

表 5－3　　主要变量相关性分析

变量	*FinRate*	*LnFin*	*Treat × Post*	*SOE*	*Size*	*ROA*	*TobinQ*	*Growth*	*Lev*	*Largest*	*Fata*	*CF*
FinRate	1	0.915***	0.061***	0.006	0.124***	0.005	-0.005	-0.054***	-0.038***	-0.073***	-0.232***	-0.025***
LnFin	0.415***	1	0.060***	0.098***	0.431***	0.012*	-0.194***	-0.031***	0.091***	0.011*	-0.188***	0.011
Treat × Post	0.030***	0.059***	1	-0.066***	0.034***	-0.137***	-0.004	-0.056***	0.036***	-0.091***	-0.036***	-0.087***
SOE	-0.014**	0.077***	-0.066***	1	0.266***	-0.106***	-0.214***	-0.070***	0.254***	0.259***	0.211***	0.037***
Size	-0.052***	0.337***	0.016**	0.282***	1	0.025***	-0.559***	0.060***	0.372***	0.209***	0.064***	0.092***
ROA	-0.005	0.020***	-0.126***	-0.027***	0.093***	1	0.223***	0.322***	-0.399***	0.123***	-0.094***	0.407***
TobinQ	0.066***	-0.115***	0.035***	-0.158***	-0.474***	0.037***	1	0.048***	-0.319***	-0.161***	-0.146***	0.052***
Growth	-0.027***	-0.013**	-0.011*	-0.055***	0.034***	0.202***	0.013**	1	-0.016**	0.018***	-0.066***	0.073***
Lev	-0.092***	0.063***	0.042***	0.242***	0.316***	-0.363***	-0.160***	0.008	1	0.048***	0.102***	-0.137***
Largest	-0.053***	-0.006	-0.091***	0.261***	0.256***	0.140***	-0.142***	0.022***	0.036***	1	0.122***	0.117***
Fata	-0.216***	-0.152***	-0.037***	0.243***	0.123***	-0.061***	-0.137***	-0.062***	0.133***	0.132***	1	0.266***
CF	-0.036***	0.005	-0.082***	0.035***	0.098***	0.349***	0.033***	0.019***	-0.155***	0.117***	0.238***	1

注：***、**、*分别表示1%、5%、10%的显著性水平；下半三角为 Pearson 相关性系数，上半三角为 Spearman 相关性系数。

异检验的结果类似，不受违规监管组中 *LnFin* 的均值为 13.3189，受违规监管组中 *LnFin* 的均值为 12.8643，两者均值的差异为 0.4546，且在 1% 的水平上显著（t 值 =4.2688）。以上结果说明，与不受到违规监管的企业相比，受到违规监管的企业的金融化程度更低，但更为严谨的结论需要通过多元回归来检验。

表 5-4　　组间差异检验

变量	不受违规监管		受违规监管		均值差异	t 值
	观测值	均值	观测值	均值		
FinRate	12356	0.0347	11005	0.0329	0.0018 **	2.1013
LnFin	12356	13.3189	11005	12.8643	0.4546 ***	4.2688
SOE	12356	0.4581	11005	0.4388	0.0193 ***	2.9572
Size	12356	22.1632	11005	21.9959	0.1673 ***	9.9288
ROA	12356	0.0396	11005	0.0198	0.0198 ***	20.2308
TobinQ	12356	2.1445	11005	2.1692	-0.0247	-1.2799
Growth	12356	0.1832	11005	0.1840	-0.0008	-0.1216
Lev	12356	0.4357	11005	0.4766	-0.0409 ***	-14.5263
Largest	12356	35.2537	11005	33.1361	2.1176 ***	10.8786
Fata	12356	0.2389	11005	0.2413	-0.0024	-1.0573
CF	12356	0.0532	11005	0.0387	0.0145 ***	15.5068

注：***、**、* 分别表示 1%、5%、10% 的显著性水平。

5.2.3　实证结果和分析

表 5-5 报告了违规监管对企业金融化（企业金融化相对指标 *FinRate*）影响的基准回归结果。在表 5-5 中，第（1）列是 *FinRate* 对交乘项 *Treat* × *Post* 的一元回归，此时交乘项的估计系数为 0.0045，且在 1% 水平上显著，另外注意到，估计的拟合度（调整后的 R^2）为 0.08%。在此基础上，第（2）列中加入了全部的控制变量，此时交乘项的估计系数下降到 0.0032，且在 1% 水平上显著，同时调整后的 R^2 上升至 5.90%。进一步，为了缓解可能存在的遗漏变量（不随企业而改变的时间因素变量）而导致的内生性

问题，第（3）列中控制了年份固定效应，此时交乘项的估计系数下降到0.0023，且在5%水平上显著，同时调整后的 R^2 上升至6.84%。最后，为了缓解可能存在的遗漏变量（不随时间而改变的个体固有因素变量）而导致的内生性问题，前三列的基础上继续控制了公司个体固定效应，此时交乘项的估计系数由正转为负，下降到-0.0023，且在10%水平上显著，同时调整后的 R^2 出现大幅度上升，上升至54.68%，与第（3）列的 R^2 相比上升了47.84%。因此，公司固定效应贡献了估计的大部分解释力度。另外，第（4）列中加入了全部控制变量以及控制了年份、公司固定效应后，交乘项的估计系数是负的，这表明违规监管对企业金融化有显著的负向影响。也就是说，相比于不受到违规监管的上市公司来说，受到违规监管的上市公司在监管前后企业金融化的差异更大。实证结果验证了政府监管的监督效应，支持了本书提出的研究假设2。

控制变量方面，基本与现有研究一致。具体来看：第（4）列中资产收益率（*ROA*）与企业金融化显著负相关，这表明企业的资产收益率越高，其金融化程度越低；企业成长性（*Growth*）与企业金融化显著负相关，这表明主营业务越好的企业，其金融化程度越低；资产负债率（*Lev*）与企业金融化显著负相关，这表明企业的负债率越高，其金融化程度越低；第一大股东持股比例（*Largest*）与企业金融化显著负相关，这表明第一大股东持股比例越高，其金融化程度越低；固定资产占比（*Fata*）与企业金融化显著负相关，这表明企业的固定资产比例越高，其金融化程度越低。

表5-5　违规监管与企业金融化（*FinRate*）

变量	(1)	(2)	(3)	(4)
	FinRate	*FinRate*	*FinRate*	*FinRate*
Treat × Post	0.0045 *** (0.0010)	0.0032 *** (0.0010)	0.0023 ** (0.0010)	-0.0023 * (0.0012)
SOE		0.0094 *** (0.0009)	0.0095 *** (0.0010)	0.0054 ** (0.0022)
Size		0.0005 (0.0004)	-0.0002 (0.0005)	-0.0056 *** (0.0008)

续表

变量	(1)	(2)	(3)	(4)
	FinRate	*FinRate*	*FinRate*	*FinRate*
ROA		-0.0417*** (0.0068)	-0.0335*** (0.0069)	-0.0291*** (0.0056)
TobinQ		0.0015*** (0.0003)	0.0011*** (0.0004)	0.0012*** (0.0004)
Growth		-0.0037*** (0.0009)	-0.0041*** (0.0009)	-0.0014** (0.0007)
Lev		-0.0281*** (0.0023)	-0.0271*** (0.0024)	-0.0260*** (0.0029)
Largest		-0.0001*** (0.0000)	-0.0001*** (0.0000)	-0.0000 (0.0001)
Fata		-0.0869*** (0.0027)	-0.0853*** (0.0027)	-0.0584*** (0.0039)
CF		0.0188*** (0.0066)	0.0111* (0.0067)	-0.0048 (0.0054)
_Cons	0.0326*** (0.0005)	0.0530*** (0.0091)	0.0696*** (0.0099)	0.1825*** (0.0176)
Year Fe	No	No	Yes	Yes
Firm Fe	No	No	No	Yes
adj. R^2	0.0008	0.0590	0.0684	0.5468
F	20.4224	147.5258	138.8644	48.0251
n	23361	23361	23361	23361

注：***、**、* 分别表示 1%、5%、10% 的显著性水平；括号内为聚类到公司层面的标准误。

表 5-6 报告了违规监管对企业金融化（企业金融化绝对指标 *LnFin*）影响的基准回归结果。与表 5-5 报告的结果相似，第（1）列中仅加入了交乘项，第（2）列中加入了交乘项和全部控制变量，第（3）列在上述基础上进一步控制了年份固定效应，第（4）列中继续控制了公司个体固定效应。可以发现，第（1）列至第（3）列的估计系数都是正的，而第（4）

列中加入了全部控制变量以及控制了年份、公司固定效应后，交乘项估计系数转为负数，且在5%的水平上显著。

上述实证结果表明违规能够抑制企业金融化，也就是说，相比于不受到违规监管的上市公司来说，受到违规监管的上市公司在监管前后企业金融化的差异更大。实证结果验证了政府监管的监督效应，再次验证了本书提出的研究假设2。

表5-6　违规监管与企业金融化（*LnFin*）

变量	(1)	(2)	(3)	(4)
	LnFin	*LnFin*	*LnFin*	*LnFin*
Treat × Post	1.0825***	0.7199***	0.0828	-0.3179**
	(0.1204)	(0.1121)	(0.1138)	(0.1514)
SOE		0.8376***	1.2646***	0.8338***
		(0.1081)	(0.1081)	(0.2645)
Size		2.5432***	2.0274***	1.5832***
		(0.0478)	(0.0514)	(0.0959)
ROA		-3.8424***	-1.0905	-1.5261**
		(0.7783)	(0.7712)	(0.6898)
TobinQ		0.1978***	-0.0484	-0.0322
		(0.0380)	(0.0399)	(0.0444)
Growth		-0.4603***	-0.5198***	-0.2191***
		(0.1028)	(0.1011)	(0.0827)
Lev		-1.9425***	-0.4529*	0.9240***
		(0.2674)	(0.2704)	(0.3566)
Largest		-0.0454***	-0.0377***	-0.0500***
		(0.0035)	(0.0034)	(0.0063)
Fata		-9.5639***	-9.0015***	-1.9421***
		(0.3100)	(0.3057)	(0.4773)
CF		3.1883***	3.2192***	1.0615
		(0.7603)	(0.7489)	(0.6590)

续表

变量	(1)	(2)	(3)	(4)
	LnFin	*LnFin*	*LnFin*	*LnFin*
_Cons	12.8191***	−39.2663***	−28.5190***	−20.3326***
	(0.0619)	(1.0401)	(1.1107)	(2.1456)
Year Fe	No	No	Yes	Yes
Firm Fe	No	No	No	Yes
adj. R^2	0.0034	0.1651	0.2074	0.5446
F	80.7825	463.0873	355.7195	50.3606
n	23361	23361	23361	23361

注：***、**、* 分别表示 1%、5%、10% 的显著性水平；括号内为聚类到公司层面的标准误。

5.3 稳健性检验

基准回归结果表明违规监管对企业金融化有着显著负向影响，但以上结果仍然没有完全排除其他因素的作用。比如，研究结论是否是受到违规处罚公司引致的，同时期的其他政策是否会影响估计结果，本书基于上市公司数据得出的结论是否具有普遍意义？本节将对此进行检验。

5.3.1 平行趋势假设检验

DID 方法的重要前提是需要满足平行趋势检验。本章通过如下模型进行平行趋势检验。

$$
\begin{aligned}
Y_{it} = {} & \theta_0 + \theta_1 Treat \times Post_{it}^{-5} + \theta_2 Treat \times Post_{it}^{-4} + \cdots + \theta_3 Treat \times Post_{it}^{0} \\
& + \theta_4 Treat \times Post_{it}^{1} + \theta_5 Treat \times Post_{it}^{2} + \cdots + \theta_6 Treat \times Post_{it}^{5} \\
& + \theta_7 Controls_{it} + \sum Year + \sum Firm + \varepsilon_{it} \qquad (5-2)
\end{aligned}
$$

式（5-2）中，$Treat \times Post_{it}^{\pm n}$ 为虚拟变量，如果观测值处于违规处罚前 n 年，且观测值属于处理组样本，则将 $Treat \times Post_{it}^{-n}$ 记为1，否则为0；如果观测值处于违规处罚后 n 年，且观测值属于处理组样本，则将 $Treat \times Post_{it}^{+n}$ 记为1，否则为0。*Controls* 为控制变量，包括式（5-1）所控制的所有变量。同时，模型也控制了公司和年份固定效应。另外，在回归中将违规处罚前5年的观测值归并为 $n=-5$，将违规处罚后5年的观测值归并为 $n=5$，并以违规处罚前5年的观测值作为参照组。

平行趋势检验的回归结果报告于表5-7。结果发现第（1）列中 $Treat \times Post^{-n}$ 的估计系数都不显著，但从 $Treat \times Post^{0}$ 开始，交乘项的估计系数开始变得显著。第(2) 列中的回归结果与第（1）列相似，不同的是，第（2）列中从 $Treat \times Post^{1}$ 开始，后面的交乘项估计系数开始变得显著。以上回归结果说明，在受到政府监管部门的违规处罚后，处理组的上市公司与控制组的上市公司金融化程度才出现明显的差异，本章的双重差分估计符合平行趋势假设。

表5-7　　平行趋势检验

变量	(1)	(2)
	FinRate	*LnFin*
$Treat \times Post^{-4}$	0.0003 (0.0022)	0.1065 (0.1683)
$Treat \times Post^{-3}$	-0.0028 (0.0021)	-0.0055 (0.1625)
$Treat \times Post^{-2}$	-0.0027 (0.0021)	-0.1435 (0.1593)
$Treat \times Post^{-1}$	-0.0022 (0.0021)	-0.0407 (0.1578)
$Treat \times Post^{0}$	-0.0043** (0.0021)	-0.2423 (0.1607)
$Treat \times Post^{1}$	-0.0046** (0.0022)	-0.3496** (0.1699)

续表

变量	(1)	(2)
	FinRate	*LnFin*
$Treat \times Post^2$	-0.0053 ** (0.0023)	-0.3506 * (0.1835)
$Treat \times Post^3$	-0.0057 ** (0.0024)	-0.4224 ** (0.1896)
$Treat \times Post^4$	-0.0054 ** (0.0026)	-0.4332 *** (0.2207)
$Treat \times Post^5$	-0.0110 *** (0.0025)	-0.5201 * (0.3037)
_Cons	0.1833 *** (0.0176)	-20.4727 *** (2.1483)
Controls	Yes	Yes
Year Fe	Yes	Yes
Firm Fe	Yes	Yes
adj. R^2	0.5472	0.5447
F	26.6932	27.1144
n	23361	23361

注：***、**、* 分别表示 1%、5%、10% 的显著性水平；*Controls* 是控制变量，包括前文所述的一系列控制变量；括号内为聚类到公司层面的标准误。

5.3.2　安慰剂检验

根据现有研究中关于安慰剂检验的做法，本章做了三种安慰剂检验：第一，将处理组的上市公司首次受到违规处罚的时间提前一年，由于此时处理组的上市公司并未受到违规处罚，因此，违规监管的外部治理作用尚未影响到企业金融化。第二，虚构处理组。将样本中的上市公司随机设置为处理组，具体做法是，从样本中生成包含全部上市的截面数据，在截面数据上随机生成 0-1 变量，再将该数据合并到原有面板数据上，即可获得虚构的处理组。由于虚构的处理组中包含了实际中未受到违规处罚的上市公司，这部分公司并未受到违规处罚，违规监管的外部治理作用对这部分公司并未产生影响，因此，预期违规监管对企业金融化没有显著的影响。第三，虚构违规触发时间。将真实的处理组中上市公司首次受到违规监管的时间进行随机调换，由此，每个公司首次受到违规监管的时间将不再是真实的违规监管时间，违规监管的外部治理作用将会受到影响，因此，预期违规监管对企业金融化没有显著的影响。表 5－8 报告了安慰剂检验的实证结果。结果表明，三种检验下所有 *Treat* × *Post* 的估计系数都不显著，这在一定程度上确保了违规监管对企业金融化的影响是由违规监管的“政策效应”造成的，而非其他政策变革或者随机性因素所导致的。

表 5－8　　安慰剂检验

变量	(1)	(2)	(3)	(4)	(5)	(6)
	提前一年		虚构处理组		虚构违规处罚时间	
	FinRate	*LnFin*	*FinRate*	*LnFin*	*FinRate*	*LnFin*
Treat × *Post*	-0.0016 (0.0012)	-0.1861 (0.1430)	-0.0014 (0.0016)	-0.1740 (0.1943)	-0.0019 (0.0014)	-0.1438 (0.1224)
SOE	0.0055** (0.0022)	0.8435*** (0.2644)	0.0055** (0.0022)	0.8430*** (0.2645)	0.0051** (0.0022)	0.8244*** (0.2645)
Size	-0.0056*** (0.0008)	1.5879*** (0.0959)	-0.0056*** (0.0008)	1.5859*** (0.0959)	-0.0056*** (0.0008)	1.5837*** (0.0959)
ROA	-0.0290*** (0.0056)	-1.5215** (0.6898)	-0.0289*** (0.0056)	-1.5151** (0.6900)	-0.0297*** (0.0056)	-1.5536** (0.6899)
TobinQ	0.0012*** (0.0004)	-0.0356 (0.0444)	0.0012*** (0.0004)	-0.0330 (0.0444)	0.0013*** (0.0004)	-0.0305 (0.0444)
Growth	-0.0014** (0.0007)	-0.2193*** (0.0827)	-0.0014** (0.0007)	-0.2199*** (0.0827)	-0.0014** (0.0007)	-0.2182*** (0.0827)
Lev	-0.0260*** (0.0029)	0.9316*** (0.3566)	-0.0259*** (0.0029)	0.9279*** (0.3566)	-0.0264*** (0.0029)	0.9084** (0.3566)
Largest	-0.0000 (0.0001)	-0.0496*** (0.0063)	-0.0000 (0.0001)	-0.0498*** (0.0063)	-0.0000 (0.0001)	-0.0502*** (0.0063)

续表

变量	(1)	(2)	(3)	(4)	(5)	(6)
	提前一年		虚构处理组		虚构违规处罚时间	
	FinRate	*LnFin*	*FinRate*	*LnFin*	*FinRate*	*LnFin*
Fata	-0.0583*** (0.0039)	-1.9384*** (0.4773)	-0.0583*** (0.0039)	-1.9357*** (0.4773)	-0.0587*** (0.0039)	-1.9566*** (0.4773)
CF	-0.0048 (0.0054)	1.0688 (0.6590)	-0.0048 (0.0054)	1.0606 (0.6590)	-0.0047 (0.0054)	1.0648 (0.6589)
_Cons	0.1809*** (0.0175)	-20.5245*** (2.1430)	0.1805*** (0.0175)	-20.4494*** (2.1423)	0.1823*** (0.0175)	-20.3603*** (2.1423)
Year Fe	Yes	Yes	Yes	Yes	Yes	Yes
Firm Fe	Yes	Yes	Yes	Yes	Yes	Yes
adj. R^2	0.5467	0.5446	0.5468	0.5446	0.5473	0.5447
F	47.6952	50.4550	47.7507	50.2963	50.2014	50.6746
n	23361	23361	23361	23361	23361	23361

注：***、**、*分别表示1%、5%、10%的显著性水平；括号内为聚类到公司层面的标准误。

5.3.3　倾向得分匹配法（PSM-DID）

为了减少选择性偏误对估计结果的影响，本章使用倾向得分匹配法进一步检验结果的稳健性。以本章基准回归中的基准变量作为匹配的协变量，并使用最近邻匹配方法（1∶1）进行无放回的匹配，再使用匹配后的样本重新回归。匹配后的回归结果报告于表5-9。结果显示，第（1）列中 *Treat*×*Post* 的估计系数为-0.0018，且在5%的水平上显著；第（2）列中 *Treat*×*Post* 的估计系数为-0.2036，且在1%的水平上显著。以上结果说明，在考虑了选择性偏差问题后，违规监管对企业金融化仍然保持显著的负相关性。另外，可以看出，相比于基准回归，第（1）列和第（2）列中 *Treat*×*Post* 的估计系数在使用匹配后样本回归时都有所提高，这说明选择性偏误问题可能会使估计结果偏高。

表 5-9　　　　匹配后的回归结果

变量	(1)	(2)
	FinRate	*LnFin*
Treat × Post	-0.0018** (0.0009)	-0.2036*** (0.0738)
SOE	0.0083** (0.0040)	1.0479** (0.5198)
Size	-0.0089*** (0.0015)	0.9470*** (0.1956)
ROA	-0.0177 (0.0165)	-1.0417 (2.1228)
TobinQ	0.0012* (0.0007)	-0.2317** (0.0951)
Growth	-0.0012 (0.0013)	-0.3256* (0.1693)
Lev	-0.0045 (0.0060)	2.2568*** (0.7761)
Largest	0.0002* (0.0001)	-0.0509*** (0.0119)
Fata	-0.0712*** (0.0073)	-2.1679** (0.9351)
CF	-0.0097 (0.0106)	0.7597 (1.3656)
_Cons	0.2403*** (0.0337)	-6.4068 (4.3261)
Year Fe	Yes	Yes
Firm Fe	Yes	Yes
adj. R^2	0.6037	0.5689
F	15.7832	10.5231
n	7662	7662

注：***、**、* 分别表示 1%、5%、10% 的显著性水平；括号内为聚类到公司层面的标准误。

5.3.4　使用其他方法构造处理组和控制组

基准回归中，本章将样本期间被违规处罚过的上市公司设置为处理组，违规的类型包括虚构利润、虚列资产、欺诈上市、操纵股价、虚假记载、推迟披露和披露不实等行为。虽然政府监管部门对于类似虚构利润、欺诈上市和操纵股价等违规行为的处罚并不是针对企业配置金融资产方面的违规，但是，无论是什么类型的违规处罚都能起到“信息揭示”的作用，缓解了信息不对称问题，加强了外部监督，从而有助于降低企业金融化。进一步，本章通过识别违规行为的具体内容，识别出包括“不符合《企业会计准则第22号——金融工具确认和计量》的相关规定”“利用募集资金购买理财产品未及时披露”和“虚假披露金融资产相关信息”等有关金融资产违规行为，并将受到有关配置金融资产的违规处罚的上市公司设置为处理组（*Treat*1）。*Treat*1等于1时代表上市公司在样本期间受到过有关金融资产违规处罚，*Treat*1等于0则表示上市公司在样本期间没有违规行为或者违规类型与配置非金融资产违规无关。使用新构造的处理组和控制组后的回归结果报告于表5-10。结果显示，交乘项的估计系数依然保持为负数，且都在5%的水平上显著。另外，相比较于基准回归，使用其他方法构造处理组和控制组后交乘项的估计系数变得更小了（绝对值角度来看，则是变大了），这说明针对配置金融资产的相关违规处罚对于企业金融化的治理作用显著。

表5-10　　　　使用其他方法构造处理组和控制组

变量	(1)	(2)
	FinRate	*LnFin*
*Treat*1 × *Post*	-0.0027**	-0.4420**
	(0.0013)	(0.2083)
SOE	0.0055**	0.8352***
	(0.0022)	(0.2644)
Size	-0.0056***	1.5861***
	(0.0008)	(0.0959)

续表

变量	(1)	(2)
	FinRate	LnFin
ROA	-0.0289*** (0.0056)	-1.5329** (0.6899)
TobinQ	0.0012*** (0.0004)	-0.0318 (0.0444)
Growth	-0.0014** (0.0007)	-0.2196*** (0.0827)
Lev	-0.0260*** (0.0029)	0.9221*** (0.3566)
Largest	-0.0000 (0.0001)	-0.0498*** (0.0063)
Fata	-0.0583*** (0.0039)	-1.9454*** (0.4773)
CF	-0.0048 (0.0054)	1.0577 (0.6590)
_Cons	0.1806*** (0.0175)	-20.4305*** (2.1421)
Year Fe	Yes	Yes
Firm Fe	Yes	Yes
adj. R^2	0.5467	0.5446
F	47.7144	50.3589
n	23361	23361

注：***、**、*分别表示1%、5%、10%的显著性水平；括号内为聚类到公司层面的标准误。

5.3.5 使用其他企业金融化衡量方法

本章的基准回归中，使用了金融资产的绝对指标和相对指标来衡量企业金融化，为了对金融化进行更全面的描述，下文将从金融资产的收益率视角来刻画企业金融化。借鉴张成思和张步昙（2016）[201]的做法，金融投资的收益主要使用非金融企业投资收益、公允价值变动损益以及其他综合收益这几个会计科目来统计，企业金融化可以表示为通过金融投资获得的收益占营业利润的比例，即企业金融化（*FinRate*1）＝金融渠道的利润/营业利润。另外，为了减少负值导致的结果偏差，笔者在计算企业金融化过程中进行标准化处理，由此形成企业金融化另一个指标 *FinRate*2，具体由金融渠道的利润与营业利润绝对值的比例来衡量。更换企业金融化衡量方法后的回归结果报告于表 5－11。结果显示，无论采用哪种方法来衡量企业金融化，*Treat* × *Post* 的估计系数均在 1% 水平上显著为负。这说明违规监管能够显著降低企业金融化程度，结论与本章基准回归结论保持一致。

表 5－11　　使用其他企业金融化衡量方法

变量	(1)	(2)
	*FinRate*1	*FinRate*2
Treat × *Post*	－0.1143***	－0.0762***
	(0.0441)	(0.021)
SOE	0.1264	0.0937
	(0.0838)	(0.0989)
Size	0.0032	－0.1212***
	(0.0308)	(0.0363)
ROA	1.1893***	－3.3624***
	(0.2212)	(0.2608)
TobinQ	－0.0103	－0.0161
	(0.0126)	(0.0149)
Growth	－0.0956***	－0.2390***
	(0.0237)	(0.0279)
Lev	0.0516	0.5050***
	(0.1132)	(0.1335)
Largest	－0.0033*	－0.0078***
	(0.0019)	(0.0023)

续表

变量	(1)	(2)
	FinRate1	*FinRate2*
Fata	-0.2814*	-0.1171
	(0.1529)	(0.1803)
CF	-0.4641**	-1.0961***
	(0.1903)	(0.2244)
_Cons	0.2772	2.6696***
	(0.6922)	(0.8162)
Year Fe	Yes	Yes
Firm Fe	Yes	Yes
adj. R^2	0.0719	0.2701
F	6.0580	52.3519
n	13428	13428

注：***、**、*分别表示1%、5%、10%的显著性水平；括号内为聚类到公司层面的标准误。

5.4 作用机制分析

前文证明了违规监管与企业金融化呈负相关关系。那么，是什么原因导致了这一现象的发生？也就是说，违规监管是通过什么机制来影响企业金融化的？本节将从信息不对称角度探讨违规监管影响企业金融化的作用机制。

基于个人的财富、声誉和职业生涯的考虑，当经理人面临业绩压力的时候很有可能会牺牲公司的长期价值，重点关注公司短期业绩的提升，而企业金融化可以帮助经理人快速地提升公司业绩（杜勇和邓旭，2020[159]）。信息不对称程度越高，经理人就越有可能通过企业金融化来谋取私利。而违规监管的外部治理作用主要体现在缓解信息不对称，提高公司透明度，减少经理人的机会主义行为。具体来看，政府有关监管部门发布的违规处罚公告向外部投资者提供了大量信息，这些信息帮助外部投资者了解公司的真实情况，并判定经理人是否努力工作。外部投资者一旦发现不利于自身利益的公司决策，就会通过各种途径向经理人"施压"。因此，违规监管有助于加强外部投资者对经理人的监督，减少经理人的机会主义行为，特别是经理人通过企业金融化来谋取私利的机会主义行为。另外，违规监管还起到了外部监管者的作用，监督公司的市场行为，对违规行为进行批评、谴责、警告、罚款或者整改等处罚，这对经理人起到了一种威慑的作用，使其减少有关企业金融化方面的违规行为，进而降低了企业金融化程度。综上所述，违规监管降低了投资者与公司之间的信息不对称程度，进而抑制了企业金融化。

借鉴已有文献的做法，本章从审计质量、交易量依存和财务指标三个方面来衡量信息不对称。第一，审计质量。当企业由行业内知名的会计师事务所审计时，其审计质量和会计信息质量往往更高，因此，更多高质量的财务会计信息可以传递给投资者，有效地降低了投资者与上市公司之间的信息不对称性。本章依据上市公司是否由四大会计师事务所审计来构造虚拟变量 $Big4$，当上市公司由四大会计师事务所审计时，$Big4=1$，反之为 0。

第二，交易量依存。参考 Kim 和 Verrecchia（2001）[239] 的做法构造 KV 指数。具体计算过程如式（5-3）所示，式中 P_t 为上市公司第 t 日的收盘价，Vol_t 为上市公司第 t 日的股票交易量，Vol_0 是研究期间所有交易日的平均交易量。KV 指数就是采用式（5-3）估算出来的 λ，参考大多数文献的做法，最终定义 $KV=\lambda\times10^6$。KV 的数值越高代表信息披露质量越低，信息不对称程度越高。

$$\ln\left|\frac{P_t-P_{t-1}}{P_{t-1}}\right|=\lambda_0+\lambda\left(\frac{Vol_t}{Vol_0}-1\right)+\varepsilon \tag{5-3}$$

第三，财务指标。外部投资者能否从上市公司及时获取有关信息以及获取信息的数量是衡量信息透明度（信息不对称程度）的重要标准，其中，财务盈余信息是相关信息中最重要的一个。参考大多数文献的做法，笔者使用应计盈余管理的大小来衡量上市公司信息透明度，应计盈余管理越大，代表上市公司利润被粉饰得越严重，外界获取的企业信息越不纯净，因此，应计盈余管理越大，信息不对称程度越高。借鉴 Dechow 等（2012）[240] 提出的修正后的 Jones 模型，笔者通过式（5－4）、式（5－5）和式（5－6）来计算应计盈余管理 *DA*。式中，*TA* 为总应计利润，等于营业利润减去经营活动现金流净额，*NDA* 为非操控性应计利润，*DA* 为操控应计利润，ΔREV 为营业收入变动额，ΔREC 为应收账款变动额，*PPE* 为固定资产净额，*A* 为总资产。具体计算步骤为：公式（5－4）进行分行业分年度回归，回归系数代入公式（5－5），计算出不可操控应计利润 *NDA*，然后再代入公式（5－6），得到修正的可操控应计利润 *DA*。

$$\frac{TA_{i,t}}{A_{i,t-1}} = \beta_0 \frac{1}{A_{i,t-1}} + \beta_1 \frac{\Delta REV_{i,t}}{A_{i,t-1}} + \beta_2 \left(\frac{PPE_{i,t}}{A_{i,t-1}} \right) + \varepsilon_{i,t} \tag{5-4}$$

$$NDA_{i,t} = \hat{\beta}_0 \frac{1}{A_{i,t-1}} + \hat{\beta}_1 \frac{\Delta REV_{i,t} - \Delta REC_{i,t}}{A_{i,t-1}} + \hat{\beta}_2 \left(\frac{PPE_{i,t}}{A_{i,t-1}} \right) \tag{5-5}$$

$$DA_{i,t} = \frac{TA_{i,t}}{A_{i,t-1}} - NDA_{i,t} \tag{5-6}$$

为了探究违规监管影响企业金融化的作用机制，在基准回归的基础上，笔者将上文中衡量信息不对称的三个变量分别与交乘项（$Treat \times Post$）进行交乘，重新进行回归分析，重点关注交乘项的估计系数。表 5－12 报告了作用机制分析的回归结果。其中，第（1）列和第（2）列中信息不对称程度指标使用是否由四大会计师事务所审计（*Big*4），$Treat \times Post \times Big4$ 的估计分别为 0.0016 和 0.1296，且至少在 10% 水平上显著。这说明违规监管对企业金融化的抑制作用在非四大会计师事务所审计的上市公司中更为显著。第（3）列和第（4）列中信息不对称程度指标使用 KV 指数（*KV*），$Treat \times Post \times KV$ 的估计系数分别为 －0.0025 和 －0.2403，且都在 5% 水平上显著。这表明违规监管对企业金融化的抑制作用在 KV 指数更高（信息不对称程度更高）的上市公司中更为显著。第（5）列和第（6）列中信息不对程度指标使用应计盈余管理（*DA*），$Treat \times Post \times DA$ 的估计系数分别为 －0.0029 和 －0.3572，且至少在 5% 水平上显著。这表明违规监管对企业金融化的抑制作用在应计盈余管理更高（信息披露质量更差）的上市公司中更为显著。以上结果表明，违规监管对企业金融化的抑制作用在信息不对称性程度更高的环境下更为显著，也就是说，对于那些信息不对称程度较高的上市公司而言，违规监管显著地降低了投资者与上市公司之间的信息不对称，为投资者提供了一个良好的监督渠道，有效地提高了投资者的监督效率，减少了经理人利用企业金融化来牟利的机会主义行为，从而降低了企业金融化程度。

表 5－12　　作用机制分析——信息不对称

变量	(1)	(2)	(3)	(4)	(5)	(6)
	FinRate	*LnFin*	*FinRate*	*LnFin*	*FinRate*	*LnFin*
Treat × *Post*	-0.0022* (0.0013)	-0.2525* (0.1529)	-0.0014 (0.0013)	-0.2987* (0.1810)	-0.0021 (0.0013)	-0.2245 (0.1616)
*Big*4	-0.0055 (0.0034)	-0.4728 (0.4165)				
KV			0.0026 (0.0024)	0.3709 (0.2924)		
DA					0.0031 (0.0031)	0.5226 (0.3924)
Treat × *Post* × *Big*4	0.0016** (0.0007)	0.1296* (0.0687)				
Treat × *Post* × *KV*			-0.0025** (0.0011)	-0.2403** (0.0977)		
Treat × *Post* × *DA*					-0.0029*** (0.0009)	-0.3572** (0.1693)
SOE	0.0053** (0.0022)	0.8396*** (0.2645)	0.0056** (0.0022)	0.8874*** (0.2650)	0.0030 (0.0024)	0.4507 (0.3047)
Size	-0.0055*** (0.0008)	1.5952*** (0.0962)	-0.0054*** (0.0008)	1.5805*** (0.0969)	-0.0046*** (0.0009)	1.6450*** (0.1108)
ROA	-0.0292*** (0.0056)	-1.5194** (0.6899)	-0.0281*** (0.0057)	-1.4344** (0.6961)	-0.0319*** (0.0075)	-1.6024* (0.9469)
TobinQ	0.0012*** (0.0004)	-0.0321 (0.0444)	0.0013*** (0.0004)	-0.0314 (0.0448)	0.0019*** (0.0004)	0.0624 (0.0507)

续表

变量	(1)	(2)	(3)	(4)	(5)	(6)
	FinRate	*LnFin*	*FinRate*	*LnFin*	*FinRate*	*LnFin*
Growth	-0.0014 **	-0.2203 ***	-0.0013 **	-0.2033 **	-0.0011	-0.2185 **
	(0.0007)	(0.0827)	(0.0007)	(0.0832)	(0.0008)	(0.0964)
Lev	-0.0260 ***	0.9218 ***	-0.0270 ***	0.8838 **	-0.0213 ***	1.5365 ***
	(0.0029)	(0.3566)	(0.0029)	(0.3598)	(0.0035)	(0.4407)
Largest	-0.0000	-0.0496 ***	-0.0000	-0.0496 ***	-0.0000	-0.0605 ***
	(0.0001)	(0.0063)	(0.0001)	(0.0063)	(0.0001)	(0.0068)
Fata	-0.0585 ***	-1.9458 ***	-0.0584 ***	-1.9483 ***	-0.0599 ***	-1.5936 ***
	(0.0039)	(0.4774)	(0.0039)	(0.4788)	(0.0043)	(0.5393)
CF	-0.0048	1.0653	-0.0058	0.8961	-0.0162 **	0.3583
	(0.0054)	(0.6590)	(0.0054)	(0.6614)	(0.0066)	(0.8267)
_Cons	0.1800 ***	-20.6371 ***	0.1783 ***	-20.1668 ***	0.1572 ***	-21.6098 ***
	(0.0176)	(2.1491)	(0.0177)	(2.1617)	(0.0195)	(2.4591)
Year Fe	Yes	Yes	Yes	Yes	Yes	Yes
Firm Fe	Yes	Yes	Yes	Yes	Yes	Yes
adj. R^2	0.5469	0.5446	0.5472	0.5447	0.5716	0.5549
F	40.3441	42.0246	40.4790	41.7734	30.0638	35.6284
n	23361	23361	23292	23292	20463	20463

注：***、**、* 分别表示 1%、5%、10% 的显著性水平；括号内为聚类到公司层面的标准误。

5.5 拓展性分析

上文以违规监管为代表检验了政府治理如何影响企业金融化，以及政府治理影响企业金融化的机制。本节将进一步从公司内部治理水平和法治环境这两个方面对违规监管与企业金融化的异质性进行分析，同时，考虑到违规处罚的不同，从违规处罚力度和违规处罚方式两个方面考察违规监管的不同特征对企业金融化的影响。

5.5.1 违规监管、公司内部治理水平与实体企业金融化

信息不对称为经理人的机会主义行为创造了有利的条件，信息不对称程度越高，经理人越有可能做出不利于公司股东利益的决策。在公司内部治理不足以解决此类问题的情况下，就需要外部治理的介入。违规监管是一种重要的政府治理机制，具有较好的治理效应，主要表现在两个方面：一是信息揭示的作用，有助于提高公司的透明度（顾小龙等，2016[10]）。政府监管部门的违规处罚公告公布于网络上，有助于降低外部投资者和公司之间的信息不对称，帮助外部投资者了解公司的真实情况，减少经理人的机会主义行为。二是威慑的作用，上市公司一旦被政府监管部门处罚，轻则有损于公司的声誉，重则还需要支付一定的罚款，造成公司额外的经济损失。因此，违规监管对于尚未有违规行为的公司起到一种威慑的作用，同时对于被处罚过的公司来说，也会尽力避免再次违规。对于上市公司来说，如果其内部具有良好的治理机制，在很大程度上可以减少违规行为的发生。例如，针对上市公司使用违规资金购买产品的行为，如果公司具有良好的外部董事治理机制，那么外部独立董事就有可能对于该项投资提出反对意见，阻止违规行为的发生。如果上市公司的内部治理机制不够完善，那么违规行为就有可能增加。因此，本章认为，相比于内部治理水平较高的公司而言，违规监管的治理效应在内部治理水平较低的公司更显著。

为了检验上述假设，本章将交乘项（*Treat* × *Post*）与上市公司内部治理水平（*Gov*）进行交乘，并使用本章的样本重新回归。借鉴周茜等（2020）[233]、顾乃康和周艳利（2017）[234]的研究，从监督、激励和决策这三个层面选定相关指标，并使用主成分分析法计算公司内部治理水平（*Gov*）①。回归结果报告于表5-13。表中第（1）列中被解释变量为 *FinRate*，*Treat* × *Post* × *Gov* 的估计系数为0.0067，且在1%水平上显著。第（2）列中被解释变量为

① 相关指标的选取以及计算过程详见上文4.5.1部分。

LnFin，*Treat* × *Post* × *Gov* 的估计系数为 0.5566，且同样在 1% 水平上显著。上述实证结果表明，相比于内部治理水平较高的公司而言，违规监管的治理效应在内部治理水平较低的公司中更为显著。

表 5 - 13　　违规监管、公司内部治理水平与企业金融化

变量	(1)	(2)
	FinRate	*LnFin*
Treat × *Post*	-0.0019*	-0.2480**
	(0.0011)	(0.1229)
Treat × *Post* × *Gov*	0.0067***	0.5566***
	(0.0011)	(0.1385)
Gov	-0.0016*	-0.3593***
	(0.0009)	(0.1063)
SOE	0.0033	0.9268***
	(0.0024)	(0.2980)
Size	-0.0049***	1.5974***
	(0.0009)	(0.1096)
ROA	-0.0339***	-1.5460*
	(0.0065)	(0.8128)
TobinQ	0.0017***	0.0061
	(0.0004)	(0.0494)
Growth	-0.0013*	-0.2301**
	(0.0007)	(0.0934)
Lev	-0.0257***	0.8985**
	(0.0034)	(0.4238)
Largest	-0.0000	-0.0607***
	(0.0001)	(0.0069)
Fata	-0.0585***	-1.3714***
	(0.0042)	(0.5253)
CF	-0.0097*	1.2590*
	(0.0057)	(0.7150)

续表

变量	(1)	(2)
	FinRate	*LnFin*
_Cons	0.1639*** (0.0195)	−20.5809*** (2.4404)
Year Fe	Yes	Yes
Firm Fe	Yes	Yes
adj. R^2	0.5616	0.5513
F	36.6082	37.8561
n	21195	21195

注：***、**、*分别表示1%、5%、10%的显著性水平；括号内为聚类到公司层面的标准误。

5.5.2　违规监管、法治环境与实体企业金融化

制度环境是影响公司治理效率的重要因素（刘汉民，2002[241]），本部分重点研究不同法治环境下违规监管对企业金融化影响的差异。吴晓晖等(2019)[242]发现地区法治水平（投资者保护水平）对机构投资者抱团与股价崩盘风险具有正向调节的作用，这表明法治水平对于外部治理机制发挥治理效应具有促进的作用。一些研究认为违规监管并未达到预期的目的，违规处罚没有起到减少违规行为的作用（宋云玲等，2011[83]；高利芳和盛明泉，2012[84]）。结合上述研究，本书认为好的法治环境有助于违规监管发挥公司外部治理效应，提高违规监管的治理作用。这是因为：第一，在治理环境较好的地区，违规的执法更加有效率，也会更加到位。第二，好的法治环境“培养”了人们对于法律的敬畏之心，人们的法律意识更强，从而会更主动地服从违规处罚。因此，相比于法治环境较差的地区，法治环境较好的地区中违规监管对于企业金融化的影响更为显著。

为了检验上述假设，本章将交乘项（*Treat* × *Post*）与法治水平（*Law*）进行交乘，并使用本章的样本重新回归。法治水平（*Law*）由“维护市场的法治环境”来衡量。该数据来源于中国分省份市场化指数数据库中“市场中介组织的发育和法律制度环境”下面的二级指标——“维护市场的法治

环境”。该指数越高，公检法机关执法的公正性和效率越高。回归结果报告于表 5 - 14。表中第（1）列中被解释变量为 *FinRate*，*Treat* × *Post* × *Law* 的估计系数为 0.0022，且在 1% 水平上显著。第（2）列中被解释变量为 *LnFin*，*Treat* × *Post* × *Law* 的估计系数为 0.07，且同样在 1% 水平上显著。上述实证结果表明，相比于法治水平较低地区的上市公司而言，违规监管的治理效应在法治水平较高的地区的上市公司中更为显著。

表 5 - 14　　违规监管、法治环境与企业金融化

变量	(1)	(2)
	FinRate	*LnFin*
Treat × *Post*	-0.0021*	-0.2721
	(0.0011)	(0.1824)
Treat × *Post* × *Law*	0.0022***	0.0700***
	(0.0006)	(0.0240)
Law	0.0005	-0.1172
	(0.0008)	(0.0955)
SOE	0.0053**	0.8326***
	(0.0022)	(0.2645)
Size	-0.0057***	1.5824***
	(0.0008)	(0.0959)
ROA	-0.0288***	-1.4950**
	(0.0056)	(0.6901)
TobinQ	0.0012***	-0.0334
	(0.0004)	(0.0444)
Growth	-0.0013**	-0.2218***
	(0.0007)	(0.0827)
Lev	-0.0260***	0.9341***
	(0.0029)	(0.3566)
Largest	-0.0000	-0.0496***
	(0.0001)	(0.0063)
Fata	-0.0581***	-1.9504***
	(0.0039)	(0.4775)

续表

变量	(1)	(2)
	FinRate	*LnFin*
CF	-0.0051 (0.0054)	1.0515 (0.6591)
_Cons	0.1793*** (0.0190)	-19.3291*** (2.3284)
Year Fe	Yes	Yes
Firm Fe	Yes	Yes
adj. R^2	0.5471	0.5446
F	41.3530	42.0762
n	23361	23361

注：***、**、* 分别表示 1%、5%、10% 的显著性水平；括号内为聚类到公司层面的标准误。

5.5.3　违规监管、监管力度与实体企业金融化

在受到过违规处罚的子样本中，不同公司受到过违规处罚的次数不尽相同。经笔者统计，受到处罚次数最少为 1 次，而最多达到 21 次。那么，受到违规处罚次数越多，违规监管对于企业金融化的治理作用就越好吗？本部分将致力于回答这个问题。与本章研究思路类似，窦炜和张书敏(2022)[243]研究了政府审计对国有企业金融化的影响，并使用审计介入的次数来衡量审计力度，探讨政府审计的持续性，结果发现审计力度越大，国有企业隐形金融资产下降规模越明显。基于此，本章认为，与政府审计的监管效果类似，上市公司受到违规处罚次数越多，违规监管对于企业金融化的治理作用越明显，即上市公司在样本期间受到违规处罚越大，企业金融化程度越低。

为了检验上述假设，本章构建了两个衡量违规监管力度的指标：一是上市公司在样本期间受到违规处罚的次数（*Number*）。二是虚拟变量(*DumNumber*)，当上市公司在样本期间受到违规处罚的次数大于 *Number* 的中位数时，*DumNumber* 取 1；当上市公司在样本期间受到违规处罚的次数小

于 *Number* 的中位数时，*DumNumber* 取 0。由于上述两个变量是不随时间而改变的个体特征变量，控制个体固定效应将会产生共线问题，本部分控制了行业和年份固定效应。考虑到上市公司所在城市随时间变化的不可观测因素可能会对企业金融化造成影响，本部分还加入了城市个体时间趋势（*City - Year Fe*）以控制城市层面随时间变化的不可观测因素。表 5 - 15 对受到过违规处罚的子样本估计结果表明①，受到违规处罚次数越多，企业金融化程度越小。具体来看，第（1）列的回归结果显示，违规处罚次数增加一次，*FinRate* 平均地下降 0.0007（相当于样本均值的 2.07%），第（2）列的回归结果显示违规处罚次数增加一次，*LnFin* 平均下降 0.045（相当于样本均值的 0.34%），结果不仅统计上显著，而且具有较为显著的经济意义。第（3）列和第（4）列的实证结果类似，*DumNumber* 的估计系数都为负，且都在 5% 的水平上显著。这说明，相比于受到违规处罚次数较少的上市公司而言，受到违规处罚次数较多的上市公司的企业金融化程度更低。上述实证结果表明，违规监管力度对企业金融化有着显著的负向影响，且违规监管力度越大，违规监管对于企业金融化的治理效果越好。

表 5 - 15　　违规监管、监管力度与企业金融化

变量	(1)	(2)	(3)	(4)
	FinRate	*LnFin*	*FinRate*	*LnFin*
Number	-0.0007**	-0.0450***		
	(0.0003)	(0.0102)		
DumNumber			-0.0034**	-0.0150**
			(0.0014)	(0.0071)
SOE	0.0098***	1.8759***	0.0098***	1.8356***
	(0.0017)	(0.1810)	(0.0017)	(0.1810)
Size	-0.0012	1.8153***	-0.0012	1.8052***
	(0.0008)	(0.0887)	(0.0008)	(0.0887)

① 之前主要分析的是违规监管的问题，包含有不受到违规处罚和受到违规处罚两种状态，侧重于考察两种状态下企业金融化的差异。而违规处罚的力度可能会对企业金融化产生影响，因此，本章选取受到违规处罚的子样本考察违规监管力度对企业金融化的影响。

续表

变量	(1)	(2)	(3)	(4)
	FinRate	*LnFin*	*FinRate*	*LnFin*
ROA	-0.0283*** (0.0104)	-1.0600 (1.1312)	-0.0273*** (0.0103)	-1.2481 (1.1275)
TobinQ	-0.0004 (0.0006)	-0.1819*** (0.0661)	-0.0004 (0.0006)	-0.1784*** (0.0661)
Growth	-0.0062*** (0.0014)	-0.4713*** (0.1513)	-0.0062*** (0.0014)	-0.4622*** (0.1513)
Lev	-0.0347*** (0.0040)	-1.0217** (0.4394)	-0.0348*** (0.0040)	-0.9510** (0.4391)
Largest	-0.0002*** (0.0001)	-0.0299*** (0.0056)	-0.0002*** (0.0001)	-0.0305*** (0.0056)
Fata	-0.0742*** (0.0051)	-7.4456*** (0.5565)	-0.0743*** (0.0051)	-7.4667*** (0.5568)
CF	0.0166 (0.0106)	2.1714* (1.1601)	0.0165 (0.0106)	2.0737* (1.1607)
_Cons	0.1024*** (0.0178)	-24.2001*** (1.9453)	0.1018*** (0.0178)	-23.8232*** (1.9433)
Year Fe	Yes	Yes	Yes	Yes
Ind Fe	Yes	Yes	Yes	Yes
City - Year Fe	Yes	Yes	Yes	Yes
adj. R^2	0.1387	0.2749	0.1387	0.2747
F	41.5423	111.4466	41.5000	111.1965
n	10112	10112	10112	10112

注：***、**、* 分别表示 1%、5%、10% 的显著性水平；括号内为聚类到公司层面的标准误。

5.5.4 违规监管、处罚方式与实体企业金融化

违规监管的治理效应一直存在着争议，一些文献认为违规监管对上市公司具有较好的外部治理效应（顾小龙等，2016[10]；杨玉凤等，2008[80]），

另一些文献认为违规监管没有发挥其应有的作用，对上市公司无法起到真正的威慑作用（宋云玲等，2011[83]；高利芳和盛明泉，2012[84]）。究其原因，有可能是违规监管的处罚力度并不够，从而无法形成威慑的作用，也有可能是没有区分不同的处罚方式来探讨。现有违规监管的处罚方式主要有公开批评、警告、公开谴责、罚款以及其他（包括责令整改、出具监管警示函等）这几种。陈工孟和高宁（2005）[244]发现公开谴责、警告和罚款的处罚方式具有较好的公司治理效果，而公开批评这一处罚方式并没有产生实质性的治理效果。沿袭上述研究思路，本部分将探讨不同违规处罚方式如何影响企业金融化。本章认为，批评和谴责这两种处罚方式的惩罚程度是较轻的，受到批评的上市公司很有可能未能从这两种处罚当中吸取教训，而警告则表明上市公司的违规行为较为严重，如果上市公司不积极改正，将面临更为严重的处罚。罚款以及整改等处罚方式的惩罚程度是最重的，表明上市公司已经明确地触犯了相关法律法规，且情节较为严重。因此，批评和谴责这两种处罚方式起到的外部治理作用较弱，而警告、罚款、整改等处罚方式起到的外部治理作用较强。

为了检验上述假设，本部分剔除样本期中未受到过违规处罚的公司①，并构造虚拟变量 *Punish*，*Punish* 等于 1 表示上市公司受到警告、罚款、整改等处罚方式，*Punish* 等于 0 表示上市公司受到批评和谴责这两种处罚方式。由于 *Punish* 是不随时间而改变的个体特征变量，控制个体固定效应将会产生共线问题，本部分控制了行业和年份固定效应。考虑到上市公司所在城市随时间变化的不可观测因素可能会对企业金融化造成影响，本部分还加入了城市个体时间趋势（*City - Year Fe*）以控制城市层面随时间变化的不可观测因素。表 5 - 16 报告了不同处罚方式对企业金融化影响的结果。结果显示，第（1）列中 *Punish* 的估计系数为 -0.0054，且在 1% 的水平上显著，说明相比于仅受到批评或谴责的上市公司而言，受到警告、罚款或整改等处罚方式的上市公司的金融化程度要低 0.0054，这相当于 *FinRate* 样本均值的 15.98%，具

---

① 只保留受到过违规处罚的公司的原因与章节 5.6.3 类似，即违规监管包含有不受到违规处罚和受到违规处罚两种状态，侧重于考察两种状态下企业金融化的差异。而违规处罚的方式可能会对企业金融化产生影响，因此，本部分选取受到违规处罚的子样本考察违规处罚的方式对企业金融化的影响。

有较为显著的经济意义。第（2）列中 *Punish* 的估计系数为 -0.4381，且在 5% 的水平上显著，说明相比于仅受到批评或谴责的上市公司而言，受到警告、罚款或整改等处罚方式的上市公司的金融化程度要低 0.4381，这相当于 *LnFin* 样本均值的 3.34%，具有较为显著的经济意义。

表 5-16　　违规监管、处罚方式与企业金融化

变量	(1)	(2)
	FinRate	*LnFin*
Punish	-0.0054*** (0.0016)	-0.4381** (0.1843)
SOE	0.0087*** (0.0014)	1.4029*** (0.1569)
Size	-0.0017** (0.0007)	1.7162*** (0.0816)
ROA	-0.0281*** (0.0092)	-1.0969 (1.0467)
TobinQ	0.0001 (0.0005)	-0.2156*** (0.0584)
Growth	-0.0061*** (0.0012)	-0.5743*** (0.1368)
Lev	-0.0360*** (0.0035)	-1.4729*** (0.3966)
Largest	-0.0002*** (0.0000)	-0.0371*** (0.0051)
Fata	-0.0767*** (0.0043)	-7.8820*** (0.4884)
CF	0.0103 (0.0093)	1.0872 (1.0629)
_Cons	0.1128*** (0.0156)	-21.0725*** (1.7808)
Year Fe	Yes	Yes

续表

变量	(1)	(2)
	FinRate	*LnFin*
Firm Fe	Yes	Yes
City - Year	Yes	Yes
adj. R^2	0.1356	0.2216
F	63.3776	123.1234
n	10948	10948

注：***、**、* 分别表示 1%、5%、10% 的显著性水平；括号内为聚类到公司层面的标准误。

5.6 本章小结

相对于市场治理机制和社会治理机制，违规监管是一种较强的外部治理机制。一方面，政府监管部门会直接介入公司，并对公司的市场行为进行审查；另一方面，对于有相关违规行为的公司，政府监管部门有权力对相关违规行为进行处罚。目前，上市公司配置金融资产的违规行为屡见不鲜，主要包括违规使用资金购买金融资产、披露金融资产的不实信息以及延迟披露相关信息等，这些行为损害了投资者的利益，同时也不利于实体企业长久发展。那么，违规监管如何影响企业金融化？违规处罚对于上市公司是否具有威慑的效力，进而减少其违规配置金融资产的行为？基于此，本章以违规监管作为政府治理机制的代表，利用 2007—2020 年沪深 A 股上市公司数据，将违规处罚作为准自然实验，构造双重差分模型，探究违规监管对企业金融化的影响。主要的研究结论有：

整体上，违规监管对企业金融化具有显著的负向影响，即在其他条件相同情况下，相比于没有受到过违规处罚的上市公司，受到过违规处罚的上市公司的金融化程度更低。这表明违规监管能够发挥较好的外部治理作用，威慑到有关金融资产的违规行为，进而抑制企业金融化。稳健性检验部分发现，本章的研究样本顺利通过了平行趋势检验。在虚构处理组和违规监管的事件后，违规监管对企业金融化没有显著的影响。另外，使用重新构造处理组和控制组、PSM - DID 和替换企业金融化指标等方法检验后，违规监管对企业金融化依然保持着显著的负向影响。以上稳健性检验说明本章的结论是稳健的。进一步，作用机制检验表明，信息不对称是重要的中介变量，违规监管能够起到“信息揭示”的作用，降低了投资者和公司内部信息不对称程度，减少了经理人的机会主义行为，进而抑制企业金融化。最后，本章还发现，相比于内部治理水平较高的公司，违规监管对企业金融化的治理效应在内部治理水平较低的公司中更为显著；相比于处于法治水平较低的公司，违规监管对企业金融化的治理效应在处于法治水平较高的公司中更为显著。此外，不同类型的违规监管对企业金融化的影响存在较大差异。一是违规处罚次数对企业金融化具有显著的负向影响，样本期间受到违规处罚次数越多，企业金融化程度越低。二是相比于批评或谴责这两类类型处罚方式，受到警告、罚款或整改等处罚的上市公司的金融化程度更低。

第6章　分析师关注对实体企业金融化的影响研究

本章选择分析师关注作为社会治理机制的代表，考察社会治理机制对企业金融化的影响及作用机理。

证券分析师是资本市场上重要的信息中介，在公司治理中扮演着重要的角色。现有文献表明分析师关注的公司治理效应主要表现在三个方面：信息揭示效应、监督效应和业绩压力效应。分析师关注的治理效应在不同类型的资本市场上存在一定的差异。在发达国家资本市场上，已有的研究发现分析师关注的治理效应以业绩压力效应为主导（He and Tian，2013[11]）。在新兴国家资本市场上，已有的研究发现分析师关注的治理效应以信息揭示效应和监督效应为主导（陈钦源等，2017[12]）。由此可见，以成熟资本市场为样本的研究结果不一定适用于新兴资本市场，因此，探讨分析师在新兴国家资本市场的治理效应具有重要的理论和现实意义。本章利用2007—2020年非金融、非房地产行业的A股上市公司数据，使用固定效应模型考察了分析师关注对企业金融化的影响，然后分别从内生性问题、替换变量和改变计量方法等方面展开稳健性检验分析。此外，从信息不对称角度考察了分析师关注对企业金融化影响的作用机制。最后，从公司内部治理水平、产权性质、明星分析师、分析师预测准确度和分析师相对工作经验5个因素考察了分析师关注对企业金融化影响的调节效应。

本章的结构安排如下：第一部分为研究设计，第二部分为实证结果和分析，第三部分为稳健性检验，第四部分为作用机制分析，第五部分为拓展性分析，考察了分析师关注对企业金融化影响的调节效应，同时还考虑了分析师自身特征对企业金融化的影响；第六部分为本章小结。

6.1 研究设计

6.1.1 样本选择与数据来源

本章研究的样本区间为 2007—2020 年。之所以选择从 2007 年开始，一方面，2005 年之前分析师关注的数据缺失较为严重，另一方面，2007 年我国开始实行新的会计准则，为了避免新旧会计准则对金融资产的定义和计算造成的偏差，因此，本章以 2007 年为样本区间的起始年份。为了提高数据的有效性，本章按以下步骤对样本数据进行了处理：①剔除金融、保险和房地产行业的上市公司；②剔除处于特殊状态（ST、* ST、暂停上市、退市）的样本；③剔除相关变量有缺失的样本；④为了减少极端值的影响，本章对所有连续变量进行了 1% 和 99% 分位的缩尾（Winsorize）处理。经过以上处理，最终得到 28381 个“公司—年度”观测值。研究样本所使用的财务数据、分析师关注数据和公司治理相关数据来源于 CSMAR 数据库。

6.1.2 主要变量的测度

6.1.2.1 企业金融化

本书借鉴杜勇等（2017）[116]和杜勇等（2019）[6]的做法，将交易性金融资产、衍生金融资产、发放贷款及垫款净额、可供出售金融资产净额、持有至到期投资净额、投资性房地产净额这 6 个会计科目纳入金融资产的范畴，并使用两种方法来测度企业金融化：一是企业金融化的相对值，使用金融资产总额占总资产的比值来测度（*FinRate*）。二是企业金融化的绝对值，使用企业持有金融资产总额加 1 后取自然对数来测度（*LnFin*）。

6.1.2.2 分析师关注

现有研究中分析师关注的测度方法主要有三种。第一，每个年度内对目标企业进行跟踪分析的分析师总数（He and Tian，2013[11]；陈钦源等，2017[12]）。第二，每个年度内对目标企业进行跟踪分析的研报总数。第三，基于文本分析和机器学习法，使用分析师报告中的特质信息含量来测度分析师关注程度（伊志宏等，2019[245]）。相比于第三种测度方法，前两种测度方法更为准确，且能够准确反映公司之间分析师关注的差异。借鉴已有文献的普遍做法，本章在基准回归中使用每个年度内对目标企业进行跟踪分析的分析师总数加 1 后取自然对数来测度分析师关注（*LnCoverage*）。值得指出的是，当目标企业被分析师团队跟踪分析时，分析师人数视为 1，即不以分析师团队总人数来计算目标企业被分析师关注的人数。另外，在稳健性检验部分，本章还使用每个年度内对目标企业进行跟踪分析的研报总数加 1 后取自然对数来测度分析师关注。

6.1.3 模型设计

为了验证分析师关注与企业金融化的关系，与第 4 章模型设计类似，本书构建了如下模型。

$$\begin{aligned} Y_{it} = {} & \gamma_0 + \gamma_1 LnCoverage_{it} + \gamma_2 SOE_{it} + \gamma_3 Size_{it} + \gamma_4 ROA_{it} + \gamma_5 Lev_{it} \\ & + \gamma_6 Growth_{it} + \gamma_7 TobinQ_{it} + \gamma_8 Largest_{it} + \gamma_9 Fata_{it} + \gamma_{10} CF_{it} + \\ & \sum Year + \sum Industry + \varepsilon_{it} \end{aligned} \tag{6-1}$$

模型（6-1）中，i 和 t 分别代表公司和年份。Y 是被解释变量，具体由企业金融化相对指标（*FinRate*）和企业金融化绝对指标（*LnFin*）。其中，*FinRate* 由企业金融资产总额与总资产的比值来测度，*LnFin* 由企业金融资产总额加 1 后取对数来测度。核心解释变量为分析师关注（*LnCoverage*），以每年对目标企业发布过盈余预测报告的人数加上 1 后取自然对数来测度。除此之外，模型中还控制了一系列可能影响企业金融化行为的变量：股权性质（*SOE*）、企业规模（*Size*）、盈利能力（*ROA*）、资产负债率（*Lev*）、企业成长性（*Growth*）、托宾 Q（*TobinQ*）、第一大股东持股比例（*Largest*）、固定资产占比（*Fata*）、现金流量占比（*CF*）。此外，模型还控制了年度固定效应（*Year*）和行业固定效应（*Industry*）。详细的变量定义及计算方法如表 6－1 所示。

表 6－1　　　　变量定义

变量名称	符号	变量的定义
企业金融化	*FinRate*	企业金融资产总额/总资产
企业金融化	*LnFin*	ln（1＋企业金融资产总额）
分析师关注	*LnCoverage*	ln（1＋每个年度内对目标企业进行跟踪分析的分析师总数）
股权性质	*SOE*	国有企业记为 1，其他为 0
企业规模	*Size*	ln（企业总资产）
盈利能力	*ROA*	净利润/总资产
资产负债率	*Lev*	总负债/总资产
企业成长性	*Growth*	本年与上一年主营业务收入之差/上一年主营业务收入
托宾 Q	*TobinQ*	市值/总资产
第一大股东持股比例	*Largest*	第一大股东持股数占总股数的比值
固定资产占比	*Fata*	固定资产净额/总资产
现金流量占比	*CF*	经营活动现金流量净额/总资产

6.2　实证分析

6.2.1　描述性统计

表 6－2 报告了本章主要变量的描述性统计。企业金融化相对值（*FinRate*）的平均值为 0.0359，仅占总资产的 3.59%，这表明总体上我国上市

公司的金融化程度较低。企业金融化相对值（*FinRate*）的最小值、中位数和最大值分别为0、0.0063和0.3732，这表明样本中部分上市公司的金融化程度远远高于大部分上市公司。企业金融化绝对值（*LnFin*）的平均值为13.219，标准差为8.0937，最小值为0，中位数为17.0816，最大值为21.7993。样本企业每年平均地受到约7个分析师关注，*Coverage*的最小值为0，最大值却达到75，且中位数为3，这表明不同的上市公司受到分析师关注程度存在较大差异。控制变量方面，42.34%的样本为国有上市公司，平均每一家公司的企业规模（*Size*）为22.099，盈利能力（*ROA*）为0.0292，托宾Q（*TobinQ*）为2.1356，企业成长性（*Growth*）为0.1666，资产负债率（*Lev*）为0.4528，第一大股东持股比例（*Largest*）为33.9937%，固定资产占比（*Fata*）为0.2379，现金流量占比（*CF*）为0.0478，从控制变量的均值统计来看，无异常统计，处于合理范围之内。

表6-2　　描述性统计

变量	观测值	平均值	标准差	最小值	中位数	最大值
FinRate	28381	0.0359	0.0694	0.0000	0.0063	0.3732
LnFin	28381	13.2190	8.0937	0.0000	17.0816	21.7993
Coverage	28381	7.0422	9.7874	0.0000	3.0000	75.0000
LnCoverage	28381	1.3952	1.1920	0.0000	1.3863	3.7377
SOE	28381	0.4234	0.4941	0.0000	0.0000	1.0000
Size	28381	22.0990	1.2763	18.9755	21.9617	25.6797
ROA	28381	0.0292	0.0778	-0.4012	0.0329	0.2063
TobinQ	28381	2.1356	1.4379	0.8889	1.6662	8.8705
Growth	28381	0.1666	0.4586	-0.6718	0.0984	3.0508
Lev	28381	0.4528	0.2143	0.0523	0.4458	1.1710
Largest	28381	33.9937	14.8003	8.8000	31.8200	75.0000
Fata	28381	0.2379	0.1684	0.0022	0.2032	0.7407
CF	28381	0.0478	0.0716	-0.1879	0.0467	0.2594

表6-3报告了主要变量的相关系数矩阵，其中，左下三角部分为Pearson 相关系数的结果，右上三角部分为 Spearman 相关系数的结果。分析师关注（*LnCoverage*）与企业金融化的相对值（*FinRate*）之间的 Pearson 相关系数和 Spearman 相关系数都显著为负。相关性的结果与本书的研究假设 3a 相一致，表明在不考虑其他因素的情况下，分析师关注越高，企业金融化程度越低。分析师关注（*LnCoverage*）与企业金融化的绝对值（*LnFin*）之间的 Pearson 相关系数和 Spearman 相关系数都显著为正。这与本书的研究假设 3b 相一致，表明在不考虑其他因素的情况下，分析师关注越高，企业金融化程度越高。分析师关注与企业金融化的两个变量之间的相关关系呈现出截然不同的结果，更为稳健的结果需要设置正确的模型，并通过多元回归分析得出。另外，自变量之间的 Pearson 相关系数和 Spearman 相关系数都相对比较小，不存在严重的多重共线性问题。

6.2.2　单变量分析

回归分析之前，本章首先检验了分析师关注之间的差异。以 *Coverage* 的大小为标准，将样本分为无分析师关注组（*Coverage* = 0）和有分析师关注组（*Coverage* > 0），并计算两组之间的均值及组间均值差异，同时计算了组间均值差异的 t 值。组间差异检验的结果报告于表 6 - 4。结果显示，无分析师关注组共有 8615 个观测值，有分析师关注组共有 19766 个观测值。无分析师组 *FinRate* 的均值为 0.0473，有分析师组 *FinRate* 的均值为 0.0309，两者均值差异为 0.0165，且在 1% 水平上显著（t 值 = 18.4809），这说明相比于无分析师关注的企业，有分析师关注的企业的金融化程度更低。而企业金融化的另一个指标 *LnFin* 却出现相反的结果，无分析师组 *LnFin* 的均值为 12.7291，有分析师组 *LnFin* 的均值为 13.4325，两者均值差异为 -0.7034，且在 1% 水平上显著（t 值 = -6.7369），这说明相比于有分析师关注的企业，无分析师关注的企业的金融化程度更低。*FinRate* 和 *LnFin* 的组间差异检验出现相反的结果，这表明分析师关注与企业金融化之间的因果关系需要进一步使用多元回归来分析。

表 6-3 相关性统计

变量	*FinRate*	*LnFin*	*LnCoverage*	*SOE*	*Size*	*ROA*	*TobinQ*	*Growth*	*Lev*	*Largest*	*Fata*	*CF*
FinRate	1	0.915***	-0.054***	-0.013**	0.106***	0.030***	-0.000	-0.053***	-0.067***	-0.060***	-0.230***	-0.002
LnFin	0.418***	1	0.097***	0.082***	0.416***	0.034***	-0.186***	-0.030***	0.064***	0.015***	-0.190***	0.029***
LnCoverage	-0.113***	0.064***	1	-0.001	0.415***	0.451***	0.032***	0.256***	-0.054***	0.134***	-0.003	0.228***
SOE	-0.037***	0.066***	-0.002	1	0.265***	-0.108***	-0.208***	-0.056***	0.247***	0.249***	0.200***	0.019***
Size	-0.060***	0.322***	0.428***	0.282***	1	0.021***	-0.551***	0.053***	0.367***	0.189***	0.060***	0.088***
ROA	0.018***	0.037***	0.372***	-0.024***	0.091***	1	0.233***	0.334***	-0.403***	0.129***	-0.092***	0.419***
TobinQ	0.064***	-0.107***	0.013**	-0.150***	-0.456***	0.059***	1	0.066***	-0.314***	-0.146***	-0.136***	0.063***
Growth	-0.035***	-0.016***	0.125***	-0.045***	0.035***	0.225***	0.023***	1	-0.011*	0.024***	-0.051***	0.078***
Lev	-0.124***	0.041***	-0.077***	0.234***	0.314***	-0.369***	-0.170***	0.006	1	0.032***	0.101***	-0.151***
Largest	-0.037***	-0.002	0.136***	0.253***	0.235***	0.147***	-0.127***	0.025***	0.023***	1	0.111***	0.118***
Fata	-0.218***	-0.151***	-0.003	0.235***	0.116***	-0.055***	-0.132***	-0.052***	0.131***	0.119***	1	0.245***
CF	-0.011*	0.021***	0.231***	0.019***	0.096***	0.352***	0.050***	0.028***	-0.165***	0.116***	0.220***	1

注：左下三角部分为 Pearson 相关系数的结果，右上三角部分为 Spearman 相关系数；***、**、* 分别表示 1%、5%、10% 的显著性水平。

表6-4 组间差异检验

变量	无分析师关注		有分析师关注		均值差异	t值
	观测值	均值	观测值	均值		
FinRate	8615	0.0473	19766	0.0309	0.0165***	18.4809
LnFin	8615	12.7291	19766	13.4325	-0.7034***	-6.7369
SOE	8615	0.4158	19766	0.4267	-0.0110*	-1.7177
Size	8615	21.4693	19766	22.3735	-0.9042	-58.0401
ROA	8615	-0.0045	19766	0.0439	-0.0484	-50.3252
TobinQ	8615	2.2441	19766	2.0883	0.1558***	8.4040
Growth	8615	0.0892	19766	0.2004	-0.1111***	-18.8854
Lev	8615	0.4771	19766	0.4423	0.0348***	12.6201
Largest	8615	31.1656	19766	35.2263	-4.0607***	-21.4229
Fata	8615	0.2343	19766	0.2395	-0.0053**	-2.4158
CF	8615	0.0311	19766	0.0551	-0.0241***	-26.3490

注：***、**、*分别表示1%、5%、10%的显著性水平。

6.2.3 实证结果和分析

表6-5报告了分析师关注与企业金融化的基准回归结果。其中，前两列的被解释变量为企业金融化相对值（*FinRate*），后两列的被解释变量为企业金融化的绝对值（*LnFin*），第（2）列是在第（1）列的基础上进一步控制了行业和年度固定效应，相应地，第（4）列是在第（3）列的基础上进一步控制了行业和年度固定效应。结果显示，分析师关注与企业金融化显著负相关，且都在1%水平上显著。具体来看，第（1）列中分析师关注（*LnCoverage*）的估计系数为-0.0101，进一步控制了行业和年度固定效应后，第（2）列中分析师关注（*LnCoverage*）的估计系数上升至-0.0080，且在1%水平上显著。第（3）列中分析师关注（*LnCoverage*）的估计系数为-0.9510，进一步控制了行业和年度固定效应后，第（4）列中分析师关注（*LnCoverage*）的估计系数上升至-0.6472，且在1%水平上显著。上述结果表明，行业和年度固定效应能够缓解一部分遗漏变量而导致的内生性问题，使估计结果更加稳健。经济意义方面，平均而言，分析师关注

(*LnCoverage*) 每增加一个标准差 (1.192), *FinRate* 的下降幅度相当于样本标准差的 13.74% (=0.0080 ×1.1920/0.0694), *LnFin* 的下降幅度相当于样本标准差的 9.53% (=0.6472 ×1.1920/8.0937)。基准回归的结果支持了研究假设 3a, 即分析师关注越高, 企业金融化程度越低。

表 6 -5　　分析师关注与企业金融化

变量	(1)	(2)	(3)	(4)
	FinRate	*FinRate*	*LnFin*	*LnFin*
LnCoverage	-0.0101***	-0.0080***	-0.9510***	-0.6472***
	(0.0008)	(0.0008)	(0.0756)	(0.0789)
SOE	0.0037	0.0010	0.3905*	0.5797***
	(0.0023)	(0.0022)	(0.2076)	(0.2132)
Size	0.0054***	0.0043***	2.9240***	2.3996***
	(0.0008)	(0.0010)	(0.0869)	(0.0992)
ROA	0.0037	0.0035	0.6955	1.9139**
	(0.0091)	(0.0094)	(0.9015)	(0.8924)
TobinQ	0.0030***	0.0025***	0.3367***	0.0961
	(0.0006)	(0.0007)	(0.0596)	(0.0649)
Growth	-0.0045***	-0.0047***	-0.4478***	-0.5462***
	(0.0012)	(0.0011)	(0.1050)	(0.1024)
Lev	-0.0406***	-0.0473***	-2.7834***	-2.1325***
	(0.0052)	(0.0057)	(0.4716)	(0.4903)
Largest	-0.0001	-0.0000	-0.0385***	-0.0296***
	(0.0001)	(0.0001)	(0.0064)	(0.0062)
Fata	-0.0913***	-0.0772***	-9.3595***	-8.0708***
	(0.0057)	(0.0054)	(0.5547)	(0.6052)
CF	0.0431***	0.0281***	4.8787***	4.6323***
	(0.0086)	(0.0081)	(0.8900)	(0.8614)
_Cons	-0.0358**	-0.0155	-46.3402***	-35.6526***
	(0.0174)	(0.0208)	(1.8762)	(2.1000)

续表

变量	(1)	(2)	(3)	(4)
	FinRate	*FinRate*	*LnFin*	*LnFin*
Year Fe	No	Yes	No	Yes
Industry Fe	No	Yes	No	Yes
F	48.9150	34.7325	186.2839	116.3556
adj. R^2	0.0811	0.1334	0.1626	0.2125
n	28381	28381	28381	28381

注：***、**、*分别表示1%、5%、10%的显著性水平；括号内为聚类到公司层面的标准误。

基准回归结果说明分析师关注的信息揭示效应和监督效应占据主导地位，而业绩压力效应的作用相对较弱，这与余明桂等（2017）[246]的发现相似，即业绩压力假说在中国资本市场上的适用性并不高①。这主要是因为：不同于美国上市公司的股权结构，中国上市公司中一股独大现象比较普遍，股权集中度较高。一方面，大股东更加看重企业的长期价值，可以接受短期内企业利润的不稳定性，大大降低了经理人的短期业绩压力；另一方面，相比于中小股东，大股东对于失败的容忍度更高，更高的失败容忍度有利于企业创新（Tian and Wang，2014[247]），也就是说，大股东的存在可以减小经理人的短期业绩压力，让经理人专注于企业长期价值的增长。因此，中国资本市场上分析师的业绩压力效应并不明显。相反，由于中国上市公司治理结构不完善以及信息透明度普遍较低等因素，分析师关注作为社会治理中的一个重要机制，可以起到弥补公司内部治理缺失的作用。一方面，分析师可以减少经理人的机会主义行为，可以对经理人通过金融投资来谋取个人利益的行为进行监督，从而抑制了企业金融化；另一方面，分析师可以减少经理人的短视行为，让经理人更加专注于企业长期价值，而非企业短期业绩，从而减少金融投资。

控制变量方面，股权性质（*SOE*）的估计系数为正，相较于非国有企业，国有企业的金融化程度更高；企业规模（*Size*）的估计系数显著为正，

① 与此相反的是，He 和 Tian（2013）发现，在美国资本市场上分析师的业绩压力效应占据主导地位。

这表明规模越大的企业越倾向于金融投资；托宾 Q（*TobinQ*）的估计系数显著为正，这说明企业的市场价值越高，其金融化程度越高；企业成长性（*Growth*）的估计系数显著为负，这表明企业营业收入增长率越高，其金融化程度越低；资产负债率（*Lev*）的估计系数显著为负，这说明企业负债率越高，其金融化程度越低；第一大股东持股比例（*Largest*）的估计系数为负，这表明第一大股东持股比例越高，企业金融化程度越低，同时也验证了“大股东的存在能够减少经理人在市场压力下的短视行为（Aghion et al.，2013[248]）”的结论；固定资产占比（*Fata*）的估计系数显著为负，这说明企业的固定资产占比越高，其金融化程度越低；现金流量占比（*CF*）的估计系数显著为正，这表明企业的现金流量越充足，其金融化程度越高。

6.3 稳健性检验

基准回归的结果表明，分析师关注越高，企业金融化程度越低。由于内生性问题的存在，目前尚不可将此结论归结为因果关系。一方面，现有研究表明，分析师会花费更大的精力关注拥有更多无形资产的公司（Barth et al.，2001[185]），而金融资产属于无形资产的一种，实体企业配置金融资产会受到分析师的格外关注，这就导致了反向因果问题；另一方面，基准回归模型也可能存在遗漏变量问题，比如企业面临的融资约束存在差异，融资约束较低的企业可能拥有更充裕的资金，并利用这些资金进行金融投资。为了缓解潜在的内生性问题，本章将从以下几个方面对分析师关注与企业金融化的关系进行检验。

6.3.1 内生性问题

6.3.1.1 滞后变量

现有研究表明，分析师会格外关注拥有更多无形资产的实体企业（Barth et al. , 2001[185]）。实体行业利润率较低，金融化已成为实体企业发展的一大趋势，企业金融化可以快速提高利润率。在这种背景下，越来越多的实体企业选择持有交易性金融资产、衍生性金融资产以及短期贷款等无形资产，这类投资行为不仅会吸引更多分析师关注，同时分析师也会投入更多精力进行跟踪。也就是说，企业金融化行为会吸引分析师关注，这就造成了反向因果问题。本章使用滞后一期解释变量来缓解反向因果问题，表 6－6 报告了滞后一期核心解释变量的回归结果，具体做法是将 *LnCoverage* 滞后一期，生成滞后一期变量 *LLnCoverage*，再将该变量代替原有变量重新进行回归。回归结果显示，第（1）列中 *LLnCoverage* 的估计系数为 －0.0083，且在 1% 水平上显著，第（2）列中 *LLnCoverage* 的估计系数为 －0.7159，且在 1% 水平上显著。可以看出，核心解释变量的估计系数与基准回归相差不大，且都在 1% 水平上显著，这表明在缓解了部分反向因果问题后本章的结果是稳健的。

表 6－6　　滞后核心解释变量的检验结果

变量	(1)	(2)
	FinRate	*LnFin*
LLnCoverage	－0.0083*** (0.0008)	－0.7159*** (0.0765)
SOE	0.0008 (0.0022)	0.5456** (0.2124)
Size	0.0045*** (0.0010)	2.4398*** (0.0980)
ROA	－0.0045 (0.0093)	1.3686 (0.8858)
TobinQ	0.0022*** (0.0007)	0.0807 (0.0635)
Growth	－0.0063*** (0.0011)	－0.6752*** (0.1035)
Lev	－0.0488*** (0.0058)	－2.2917*** (0.4917)

续表

变量	(1)	(2)
	FinRate	*LnFin*
Largest	-0.0000 (0.0001)	-0.0296*** (0.0062)
Fata	-0.0775*** (0.0054)	-8.0989*** (0.6040)
CF	0.0273*** (0.0081)	4.6262*** (0.8595)
_Cons	-0.0163 (0.0207)	-36.2510*** (2.0638)
Year Fe	Yes	Yes
Industry Fe	Yes	Yes
F	35.4994	119.8778
adj. R^2	0.1343	0.2137
n	28381	28381

注：***、**、*分别表示1%、5%、10%的显著性水平；括号内为聚类到公司层面的标准误。

考虑到企业金融化可能也会影响到其他解释变量，比如，企业为了提高金融化程度，选择从银行商业银行借更多的钱[①]，从而提高了企业的资产负债率。为了尽可能缓解反向因果问题，在上文滞后一期核心解释变量的基础上，本章尝试将所有的解释变量都滞后一期，再将滞后一期的解释变量代替原有变量进行回归。回归结果报告于表6-7。结果显示，第（1）列中*LLnCoverage*的估计系数为-0.0060，且在1%水平上显著，第（2）列中*LLnCoverage*的估计系数为-0.4727，且在1%水平上显著。可以看出，相比较于基准回归，滞后一期所有解释变量后分析师关注的估计系数有所下降，但都在1%水平上显著，再次验证了本章结果的稳健性。

① 一个典型的例子是影子银行，融资约束较低的企业能够更容易从商业银行获得贷款，该类企业从商业银行获得贷款后，再将钱借给融资约束高的企业。

表 6－7　　滞后全部解释变量的检验结果

变量	(1)	(2)
	FinRate	*LnFin*
LLnCoverage	－0.0060***	－0.4727***
	(0.0008)	(0.0756)
LSOE	0.0001	0.5233**
	(0.0022)	(0.2145)
LSize	－0.0001	2.0733***
	(0.0009)	(0.0809)
LROA	0.0013	0.2307**
	(0.0012)	(0.0901)
LTobinQ	0.0002	0.0023
	(0.0002)	(0.0159)
LGrowth	－0.0000*	－0.0001***
	(0.0000)	(0.0000)
LLev	－0.0023	－0.0188
	(0.0015)	(0.0718)
LLargest	－0.0000	－0.0265***
	(0.0001)	(0.0061)
LFata	－0.0687***	－7.4987***
	(0.0054)	(0.5880)
LCF	0.0320***	3.6543***
	(0.0104)	(0.7452)
_Cons	0.0619***	－29.3563***
	(0.0185)	(1.7092)
Year Fe	Yes	Yes
Industry Fe	Yes	Yes
F	21.8659	115.7010
adj. R^2	0.1079	0.2037
n	28381	28381

注：***、**、*分别表示 1%、5%、10% 的显著性水平；括号内为聚类到公司层面的标准误。

6.3.1.2 可能的遗漏变量

遗漏变量是导致内生性问题的重要原因之一，为了缓解可能存在的遗漏变量导致的内生性问题，本部分在基准回归的基础上加入以下控制变量：第一，胡奕明等（2017）[115]发现，GDP 周期与企业金融化显著负相关。另外，彭俞超等（2018）[118]发现企业会根据外部经济政策不确定性的变动来制定金融资产的配置策略，而 GDP 增长率可以较好地反映宏观经济的环境。因此，本章在回归模型中进一步控制了 GDP 增长率（*GDP*），以各地级市每年 GDP 增长率来衡量。第二，李青原等（2013）[249]发现金融发展促进了中国地区实体经济资本配置效率的提高。金融机构存款余额在一定程度上能代表金融发展水平。因此，本章进一步控制了金融机构存款余额（*Saving*），以各地级市每年金融机构存款余额取对数来衡量。第三，融资约束差异是造成企业金融化的原因之一，经营风险低的企业面临更低的融资约束，其融资需求很容易得到满足，而经营风险高的企业面临更高的融资约束，其融资需求很难得到满足，因此两类企业就形成了潜在的借贷关系，导致经营风险低的企业持有更多的金融资产，从而提高了企业金融化程度（彭俞超和黄志刚，2018[156]）。因此，本章继续控制了企业融资约束（*KZ*）。

借鉴 Kaplan 和 Luigi（1997）[250]的研究，本章通过以下步骤构建融资约束指标（*KZ*）：①首先选取构建指标的变量，分别是经营现金流占比（*CF/Asset*）、资产负债率（*Lev*）、现金股利占比（*Div/Asset*）、现金持有率（*Cash/Asset*）和托宾 Q（*TobinQ*），并按年度对上述变量分别取中位数。其次，将低于各年度经营现金流占比中位数的样本取 1，其他为 0，记为 *KZ*1；将高于各年度资产负债率中位数的样本取 1，其他为 0，记为 *KZ*2；将低于各年度现金股利占比中位数的样本取 1，其他为 0，记为 *KZ*3；将低于各年度现金持有率中位数的样本取 1，其他为 0，记为 *KZ*4；将高于各年度托宾 Q 中位数的样本取 1，其他为 0，记为 *KZ*5。②计算 *KZ*，$KZ = KZ1 + KZ2 + KZ3 + KZ4 + KZ5$。③采用排序逻辑回归（Ordered Logistic Regression），将 KZ 指数作为因变量进行回归，估计出各变量的回归系数，估计模型如公式（6－2）所示。④运用上述回归模型的估计结果，计算出每一家上市公司每年的融资约束程度（*KZ*）。

$$KZ_{it} = a_1 \frac{CF_{it}}{Asset_{it}} + a_2 Lev_{it} + a_3 \frac{Div_{it}}{Asset_{it}} + a_4 \frac{Cash_{it}}{Asset_{it}} + a_5 TobinQ_{it} \quad (6-2)$$

表 6-8 和表 6-9 分别报告了被解释变量为 *FinRate* 和 *LnFin* 的回归结果。其中，第（1）列至第（3）列是在基准回归的基础上依次加入 *GDP*、*Saving* 和 *KZ* 后的回归结果，第（4）列是将上述三个变量全部加进来后的回归结果。结果发现无论是依次加入控制变量，还是三个控制变量一起加进去，*LnCoverage* 的估计系数依然保持在 1% 水平上显著。这说明控制了可能存在的遗漏变量后，本章的研究结论并未受到影响，这在一定程度上缓解了遗漏变量问题的干扰。

表 6-8　　加入其他控制变量（被解释变量：*FinRate*）

变量	(1)	(2)	(3)	(4)
	FinRate	*FinRate*	*FinRate*	*FinRate*
LnCoverage	-0.0087***	-0.0089***	-0.0083***	-0.0084***
	(0.0009)	(0.0009)	(0.0008)	(0.0009)
GDP	-0.0005*			-0.0001
	(0.0003)			(0.0003)
Saving		0.0019***		0.0015**
		(0.0007)		(0.0007)
KZ			0.0010	0.0015**
			(0.0007)	(0.0007)
SOE	0.0040*	0.0040*	0.0028	0.0034
	(0.0022)	(0.0022)	(0.0022)	(0.0023)
Size	0.0060***	0.0062***	0.0068***	0.0068***
	(0.0011)	(0.0011)	(0.0010)	(0.0011)
ROA	-0.0037	-0.0088	-0.0061	0.0010
	(0.0104)	(0.0103)	(0.0106)	(0.0112)
TobinQ	0.0034***	0.0034***	0.0023***	0.0024***
	(0.0007)	(0.0007)	(0.0008)	(0.0009)

续表

变量	(1)	(2)	(3)	(4)
	FinRate	*FinRate*	*FinRate*	*FinRate*
Growth	-0.0042*** (0.0012)	-0.0032*** (0.0011)	-0.0041*** (0.0012)	-0.0045*** (0.0013)
Lev	-0.0373*** (0.0062)	-0.0375*** (0.0060)	-0.0499*** (0.0076)	-0.0520*** (0.0083)
Largest	-0.0001 (0.0001)	-0.0001* (0.0001)	-0.0001 (0.0001)	-0.0001 (0.0001)
Fata	-0.0700*** (0.0054)	-0.0684*** (0.0054)	-0.0731*** (0.0059)	-0.0695*** (0.0061)
CF	0.0216*** (0.0079)	0.0254*** (0.0079)	0.0406*** (0.0119)	0.0424*** (0.0122)
_Cons	-0.0548** (0.0216)	-0.0969*** (0.0243)	-0.0719*** (0.0203)	-0.0974*** (0.0250)
Year Fe	Yes	Yes	Yes	Yes
Industry Fe	Yes	Yes	Yes	Yes
F	22.8686	22.8595	25.3390	19.8614
adj. R^2	0.1394	0.1413	0.1414	0.1484
n	23082	25735	26322	21613

注：***、**、*分别表示1%、5%、10%的显著性水平；括号内为聚类到公司层面的标准误。

表6-9　　　加入其他控制变量（被解释变量：*LnFin*）

变量	(1)	(2)	(3)	(4)
	LnFin	*LnFin*	*LnFin*	*LnFin*
LnCoverage	-0.9013*** (0.0866)	-0.8641*** (0.0822)	-0.7596*** (0.0816)	-0.8518*** (0.0888)
GDP	-0.0349 (0.0396)			0.0279 (0.0400)
Saving		0.3863*** (0.0767)		0.4107*** (0.0823)

续表

变量	(1)	(2)	(3)	(4)
	LnFin	*LnFin*	*LnFin*	*LnFin*
KZ			0.3369*** (0.0621)	0.3523*** (0.0684)
SOE	0.9179*** (0.2365)	0.8547*** (0.2259)	0.8490*** (0.2223)	0.8383*** (0.2394)
Size	2.6972*** (0.1093)	2.6831*** (0.1038)	2.6653*** (0.1019)	2.6712*** (0.1126)
ROA	0.9281 (1.0131)	0.5797 (0.9774)	2.3816** (1.0597)	2.6776** (1.1494)
TobinQ	0.2387*** (0.0713)	0.2239*** (0.0693)	0.0939 (0.0783)	0.0718 (0.0842)
Growth	−0.5530*** (0.1146)	−0.4611*** (0.1048)	−0.4244*** (0.1153)	−0.4320*** (0.1307)
Lev	−1.2175** (0.5344)	−1.1688** (0.5199)	−3.2286*** (0.6378)	−3.3595*** (0.7030)
Largest	−0.0365*** (0.0068)	−0.0395*** (0.0064)	−0.0357*** (0.0064)	−0.0385*** (0.0069)
Fata	−7.7055*** (0.6489)	−7.0503*** (0.6339)	−7.9835*** (0.6493)	−7.5956*** (0.6997)
CF	4.8637*** (0.9446)	4.5974*** (0.8897)	9.0956*** (1.1810)	9.4288*** (1.2844)
_Cons	−42.6881*** (2.3376)	−49.5765*** (2.5379)	−41.6112*** (2.1453)	−49.4600*** (2.7857)
Year Fe	Yes	Yes	Yes	Yes
Industry Fe	Yes	Yes	Yes	Yes
F	107.2455	122.3923	122.0328	92.8799
adj. R^2	0.2414	0.2514	0.2407	0.2456
n	23081	25733	26320	21612

注：***、**、*分别表示1%、5%、10%的显著性水平；括号内为聚类到公司层面的标准误。

6.3.1.3 倾向得分匹配法

匹配方法一般应用于截面数据，其做法是根据匹配变量寻找与处理组最相近的个体（控制组），再计算处理组与控制组之间的差异。通过匹配方法处理的数据，在很大程度上缓解了样本选择偏误造成的内生性问题。随着匹配方法的发展以及研究的需要，越来越多的文献将匹配方法应用于面板数据中，现有文献对于面板数据匹配问题主要有两种解决方法：一是将面板数据直接转化为截面数据进行处理；二是在面板数据的每期截面上进行逐期匹配。然而，如果将面板数据直接转化为截面数据处理的话，使用匹配方法可能会遇到“自匹配”问题，这使得最终的识别结果中掺杂大量时间趋势信息，最终导致估计偏差。因此，本章选择逐期进行匹配。首先，需要确定匹配变量，参照大多数研究的做法，本章选择基准回归中的控制变量作为匹配变量。其次，在 STATA 中使用 psmatch2 命令，匹配类型选择最近邻匹配（1∶1），卡尺值设定为 0.01，进行无放回逐年匹配。最后，将各年匹配好的数据进行纵向合并，并剔除未能匹配成功的观测值。经过上述步骤，共得到 5869 个处理组观测值和 5869 个控制组观测值。

匹配的前提是需要满足共同支撑假设与平衡假设。图 6-1 报告了匹配前后处理组和控制组的核密度方程，其中，左图是匹配前处理组和控制组

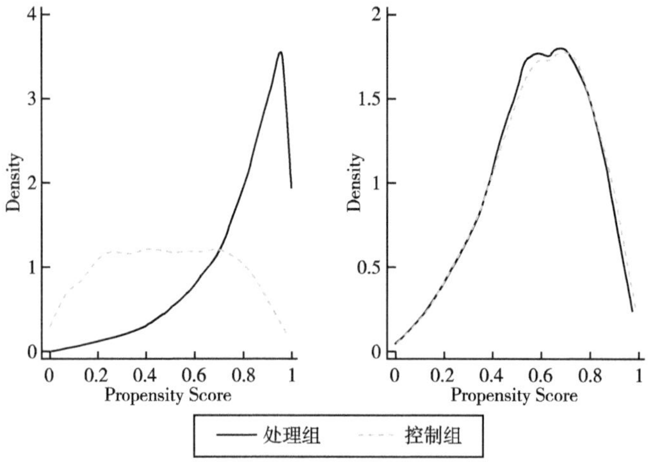

图 6-1 匹配前后处理组和控制组核密度

的核密度方程，右图是匹配后处理组和控制组的核密度方程。从图 6－1 中可以清楚地看出匹配前处理组和控制组的核密度方程存在较大差别（左图），而匹配后处理组与控制组的核密度方程几乎已经没有差异。这表明两个组在匹配后有分析师关注样本和无分析师关注样本之间尽可能地相似，能够较好地满足共同支撑假设。

匹配平衡假设检验的结果报告于表 6－10，分别报告了处理组和控制组在匹配前后均值差异情况以及标准化偏差。由于本章使用的是逐年匹配方法，正文中仅报告 2007 年匹配平衡性假设检验的结果。结果显示，匹配后各个变量的组间均值差异标准化偏差的绝对值大多都小于 5%，且均不显著（p 值大于 0.1）。这说明大部分变量匹配后处理组和控制组之间均不存在显著性差异，说明匹配效果较好，匹配后的数据较好地满足了平衡假设。2008—2020 年的匹配平衡性假设检验结果与 2007 年匹配平衡性假设检验结果类似，即匹配后各个变量的组间均值差异标准化偏差的绝对值大多都小于 5%，且均不显著。这表明各年截面数据的匹配都能较好地满足平衡假设。具体检验结果详见附录中表 1 至表 13。另外，为了更为直观地观测匹配平衡假设检验的效果，本章同时还附上了 2007 年截面数据的平衡假设检验结果图。在图 6－2 中，“·”表示匹配前处理组与控制组均值差异的标准化偏差，“×”表示匹配后处理组与控制组均值差异的标准化偏差。可以明显地观测到匹配后处理组与控制组均值差异的标准化偏差都更为靠近 $X=0$ 这条直线，这同样也表明匹配后的平衡假设得到了较好的满足。

表 6－10　　匹配平衡假设检验（2007 年）

变量	匹配	均值		标准化偏差	t 值	p 值
		处理组	控制组			
SOE	匹配前	0.7218	0.5972	26.5	4.40	0.000
	匹配后	0.6523	0.6738	－4.6	－0.54	0.592
Size	匹配前	21.9750	20.972	100.7	16.47	0.000
	匹配后	21.3130	21.3710	－5.7	－0.85	0.393
ROA	匹配前	0.0572	0.0149	59.1	9.94	0.000
	匹配后	0.0388	0.0317	9.9	1.36	0.174

续表

变量	匹配	均值		标准化偏差	t 值	p 值
		处理组	控制组			
TobinQ	匹配前	2.3626	2.4317	-5.3	-0.89	0.374
	匹配后	2.2838	2.2579	2.0	0.27	0.786
Growth	匹配前	0.3655	0.2124	28.0	4.67	0.000
	匹配后	0.3057	0.2695	6.6	0.76	0.445
Lev	匹配前	0.4965	0.5434	-23.2	-3.89	0.000
	匹配后	0.4995	0.5064	-3.5	-0.44	0.658
Largest	匹配前	37.8240	31.9420	41.0	6.75	0.000
	匹配后	32.9600	34.0820	-7.8	-0.95	0.345
Fata	匹配前	0.3147	0.2912	12.9	2.13	0.033
	匹配后	0.2945	0.2887	3.2	0.39	0.696
CF	匹配前	0.0652	0.0372	36.7	6.08	0.000
	匹配后	0.0495	0.0505	-1.5	-0.19	0.848

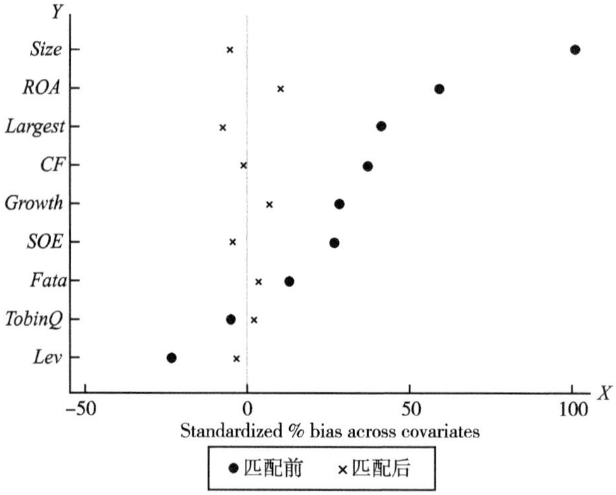

图 6-2　匹配平衡假设检验（2007 年）

表 6-11 报告了使用匹配后样本的回归结果。其中，第（1）列中衡量企业金融化的指标为 *FinRate*，分析师关注（*LnCoverage*）的估计系数为 -0.0083，且在 1% 水平上显著负相关，第（2）列中衡量企业金融化的指标为 *LnFin*，分析师关注（*LnCoverage*）的估计系数为 -0.5878，同样也在

1% 水平上显著负相关。同时注意到，*LnCoverage* 的估计系数与基准回归中该变量的估计系数的大小差异并不大，这表明本章基准回归的结果是稳健的，再次强化了分析师关注与企业金融化的因果关系。

表 6-11　　　　匹配后的回归结果

变量	(1)	(2)
	FinRate	*LnFin*
LnCoverage	-0.0083*** (0.0010)	-0.5878*** (0.0984)
SOE	0.0049* (0.0027)	0.7943*** (0.2654)
Size	0.0043*** (0.0016)	2.3273*** (0.1536)
ROA	0.0007 (0.0130)	1.0158 (1.1952)
TobinQ	0.0018 (0.0011)	0.0225 (0.0956)
Growth	-0.0058*** (0.0017)	-0.6288*** (0.1605)
Lev	-0.0619*** (0.0074)	-2.7310*** (0.6062)
Largest	-0.0000 (0.0001)	-0.0346*** (0.0083)
Fata	-0.0848*** (0.0072)	-7.7447*** (0.7588)
CF	0.0323*** (0.0114)	4.9586*** (1.1523)
_Cons	-0.0058 (0.0327)	-34.6737*** (3.2993)

续表

变量	(1)	(2)
	FinRate	*LnFin*
Year Fe	Yes	Yes
Industry Fe	Yes	Yes
adj. R^2	0. 1417	0. 1795
n	11738	11738

注：***、**、*分别表示 1%、5%、10%的显著性水平；括号内为聚类到公司层面的标准误。

6. 3. 1. 4 工具变量

本章还使用工具变量法来缓解内生性问题，并选取上市公司是否进入每年沪深 300 成分股名单（*Hs*300）作为解释变量（*LnCoverage*）的工具变量（李春涛等，2014[251]；Yu，2008[252]）。选取该工具变量的理由是：第一，沪深 300 指数由沪深市场中规模大、流动性好的最具代表性的 300 只股票组成，这 300 家上市公司一般来说是当年 A 股中表现较好的公司，更容易吸引分析师的关注。也就是说在其他条件相同的情况下，相比于没有进入沪深 300 成分股名单的上市公司，进入该名单的上市公司更容易吸引分析师关注。因此，分析师关注与是否进入每年沪深 300 成分股具有较强的相关性，*Hs*300 满足工具变量的相关性要求。第二，上市公司是否进入沪深 300 成分股名单与其金融投资决策并没有直接的关系。因此，*Hs*300 满足工具变量的外生性要求。使用工具变量后的回归结果报告于表 6 - 12 中，其中，*Hs*300 是虚拟变量，如果上市公司进入沪深 300 成分股名单取 1，否则为 0。第（1）列是第一阶段的回归结果，*Hs*300 的估计系数为 0. 2115，且在 1% 的水平上显著。这说明相比于没有进入沪深 300 成分股名单的上市公司，进入该名单的上市公司被更多的分析师关注。第（2）列和第（3）列是第二阶段的回归结果，*LnCoverage* 的估计系数仍然保持为负数，且至少在 5% 的水平上显著。另外，本章也检验了工具变量的有效性，Anderson 检验（*p* 值）和 Cragg - Donald Wald 检验（*F* 值）均表明本章选取的工具变量是有效的。综上所述，在考虑内生性问题后，本章的实证结果仍然保持稳健。

表 6 - 12　　　　工具变量回归结果

变量	(1)	(2)	(3)
	First - stage	Second - stage	Second - stage
	LnCoverage	*FinRate*	*LnFin*
*Hs*300	0.2115 *** (0.0217)		
LnCoverage		-0.0322 *** (0.0075)	-1.7055 ** (0.8364)
SOE	-0.3403 *** (0.0124)	0.0030 (0.0027)	0.2159 (0.3047)
Size	0.5736 *** (0.0070)	0.0008 (0.0046)	3.0452 *** (0.5150)
ROA	3.0499 *** (0.0843)	-0.0142 (0.0236)	5.1367 * (2.6346)
TobinQ	0.1847 *** (0.0048)	0.0014 (0.0015)	0.3062 * (0.1706)
Growth	0.0686 *** (0.0121)	-0.0051 *** (0.0010)	-0.4787 *** (0.1117)
Lev	-0.6168 *** (0.0315)	-0.0434 *** (0.0054)	-2.8275 *** (0.6071)
Largest	-0.0002 (0.0004)	-0.0000 (0.0000)	-0.0297 *** (0.0031)
Fata	-0.1374 *** (0.0380)	-0.0764 *** (0.0030)	-8.2236 *** (0.3331)
CF	1.3198 *** (0.0839)	0.0204 * (0.0117)	6.0410 *** (1.3059)
_Cons	-11.4135 *** (0.1535)	0.0558 (0.0919)	-49.3329 *** (10.2794)

续表

变量	(1)	(2)	(3)
	First - stage	Second - stage	Second - stage
	LnCoverage	*FinRate*	*LnFin*
Year Fe	Yes	Yes	Yes
Industry Fe	Yes	Yes	Yes
Anderson 检验		0.000	0.000
Cragg - Donald Wald 检验		94.630	94.630
R^2	0.444	0.129	0.200
n	28381	28381	28381

注：***、**、*分别表示1%、5%、10%的显著性水平；括号内为聚类到公司层面的标准误。

6.3.2 替换变量

本章的基准回归中使用对目标企业发布盈利预测报告的分析师人数来测度分析师关注，为了对分析师关注进行更为全面的刻画，本章继续引入企业是否被分析师关注（*DumCoverage*）这个哑变量，同时借鉴已有研究的做法，以各年中分析师对企业发布盈余预测报告的数量（*LnReport*）来衡量分析师关注，具体由各年中分析师对企业发布盈余预测报告的数量加1取对数来计算。替换了核心解释变量的回归结果报告于表6-13。其中，第（1）列中*LnReport*的估计系数为-0.0063，且在1%水平上显著，表明*LnReport*每增加一个单位，*FinRate*将下降0.63%。第（3）列中*DumCoverage*的估计系数为-0.0146，且在1%水平上显著，表明有分析师关注的企业相比于无分析师关注的企业的金融化程度低1.46%。第（2）列和第（4）列的结果类似，不再赘述。总体来看，无论被解释变量是企业金融化的相对指标（*FinRate*）还是企业金融化的绝对指标（*LnFin*），*DumCoverage*或*LnReport*的估计系数均在1%水平上显著负相关，这说明分析师关注显著地降低了企业金融化，再次验证了本章的结论。

表 6－13　　　　　　　替换核心解释变量的检验结果

变量	(1)	(2)	(3)	(4)
	FinRate	*LnFin*	*FinRate*	*LnFin*
LnReport	－0.0063*** (0.0007)	－0.4916*** (0.0630)		
DumCoverage			－0.0146*** (0.0017)	－1.0712*** (0.1595)
SOE	0.0009 (0.0022)	0.5816*** (0.2137)	0.0023 (0.0022)	0.6950*** (0.2103)
Size	0.0041*** (0.0010)	2.3713*** (0.0990)	0.0019** (0.0009)	2.1807*** (0.0909)
ROA	0.0031 (0.0094)	1.8143** (0.8919)	－0.0082 (0.0094)	0.8726 (0.8937)
TobinQ	0.0025*** (0.0007)	0.0866 (0.0649)	0.0013* (0.0007)	－0.0050 (0.0629)
Growth	－0.0047*** (0.0011)	－0.5414*** (0.1024)	－0.0048*** (0.0011)	－0.5514*** (0.1026)
Lev	－0.0468*** (0.0057)	－2.0844*** (0.4904)	－0.0457*** (0.0057)	－1.9776*** (0.4910)
Largest	－0.0000 (0.0001)	－0.0295*** (0.0062)	0.0000 (0.0001)	－0.0290*** (0.0062)
Fata	－0.0773*** (0.0054)	－8.0744*** (0.6057)	－0.0765*** (0.0054)	－8.0086*** (0.6051)
CF	0.0282*** (0.0082)	4.6095*** (0.8618)	0.0217*** (0.0082)	4.0834*** (0.8649)
_Cons	－0.0115 (0.0207)	－35.0796*** (2.0955)	0.0401** (0.0181)	－30.8511*** (1.9330)
Year Fe	Yes	Yes	Yes	Yes
Industry Fe	Yes	Yes	Yes	Yes
F	34.3988	114.8375	34.5457	110.7885
adj. R^2	0.1327	0.2119	0.1296	0.2102
n	28381	28381	28381	28381

注：***、**、* 分别表示 1%、5%、10% 的显著性水平；括号内为聚类到公司层面的标准误。

本章的基准回归中使用配置金融资产的相对指标（*FinRate*）和绝对指标（*LnFin*）来衡量企业金融化，为了对企业金融化进行更为全面的刻画，现使用企业是否配置金融资产（*DumFin*）这个哑变量作为企业金融化的替代变量，同时借鉴张成思和张步昙（2016）[201]的做法，从金融资产收益率角度对企业金融化进行衡量。一是设置指标 *FinRate*1，按照现有会计准则，金融渠道收益主要反映在非金融企业投资收益、公允价值变动损益以及其他综合收益这几个会计科目中，因此，*FinRate*1 由金融渠道的利润总额占营业利润的比例来衡量；二是设置指标 *FinRate*2，与 *FinRate*1 的计算类似，不同的地方在于计算过程中进行了标准化处理，即使用金融渠道的利润总额减去营业利润再除以营业利润的绝对值来衡量。结果报告于表 6－14。结果显示无论采用哪种方式来衡量企业金融化，分析师关注（*LnCoverage*）的估计系数均在 1% 水平上显著负相关，这与基准回归的结果保持一致。

表 6－14　　替换被解释变量的检验结果

变量	(1)	(2)	(3)
	DumFin	*FinRate*1	*FinRate*2
LnCoverage	-0.0294***	-0.1266***	-0.2579***
	(0.0043)	(0.0113)	(0.0150)
SOE	0.0373***	0.0606**	0.1237***
	(0.0116)	(0.0264)	(0.0363)
Size	0.0953***	0.1024***	0.1278***
	(0.0053)	(0.0131)	(0.0188)
ROA	0.1246**	1.0906***	-4.1820***
	(0.0502)	(0.1213)	(0.2113)
TobinQ	0.0017	0.0199*	0.0970***
	(0.0037)	(0.0104)	(0.0124)
Growth	-0.0237***	-0.1053***	-0.2694***
	(0.0058)	(0.0178)	(0.0253)
Lev	-0.0702***	-0.1939***	0.2821***
	(0.0267)	(0.0691)	(0.1000)

续表

变量	(1)	(2)	(3)
	DumFin	*FinRate1*	*FinRate2*
Largest	-0.0016*** (0.0003)	-0.0036*** (0.0007)	-0.0066*** (0.0010)
Fata	-0.3679*** (0.0331)	-0.3231*** (0.0798)	0.0769 (0.1096)
CF	0.2261*** (0.0481)	-1.0022*** (0.1561)	-1.8087*** (0.2095)
_Cons	-1.1833*** (0.1118)	-1.5838*** (0.2632)	-2.6408*** (0.3842)
Year Fe	Yes	Yes	Yes
Industry Fe	Yes	Yes	Yes
F	71.0959	23.2484	261.3048
adj. R^2	0.1444	0.0323	0.1701
n	28381	15862	15862

注：***、**、* 分别表示 1%、5%、10% 的显著性水平；括号内为聚类到公司层面的标准误。

6.3.3 改变计量方法

本章的样本中部分企业并未配置金融资产，也有部分企业某些年度有配置的记录，而有些年度却没有配置，这就导致本章实证分析使用到的被解释变量（*FinRate* 和 *LnFin*）有部分的观测值的数据为 0①。企业金融化样本观测值的数据分布特点符合截尾数据特征，适用于 Tobit 回归。因此，本部分将基准回归中的 OLS 回归换为 Tobit 回归，重新检验本章的结论。回归结果报告于表 6-15。结果显示，当被解释变量为 *FinRate* 时，*LnCoverage* 的估计系数为 -0.008，且在 1% 水平上显著；当被解释变量为 *LnFin* 时，*LnCoverage* 的估计系数为 -0.6472，同样也在 1% 水平上显著。以上结果说明

① 经笔者统计，本章样本中企业金融化为 0 的观测值个数达到 7418 个。

在使用可能更符合本章样本数据特点的估计方法后，本章的研究结论依然保持稳健。

表 6 – 15　　　　改变计量方法的检验结果

变量	(1)	(2)
	Tobit	Tobit
	FinRate	*LnFin*
LnCoverage	-0.0080*** (0.0004)	-0.6472*** (0.0478)
SOE	0.0010 (0.0009)	0.5797*** (0.1011)
Size	0.0043*** (0.0005)	2.3996*** (0.0549)
ROA	0.0035 (0.0063)	1.9139*** (0.6958)
TobinQ	0.0025*** (0.0003)	0.0961** (0.0377)
Growth	-0.0047*** (0.0009)	-0.5462*** (0.0976)
Lev	-0.0473*** (0.0023)	-2.1325*** (0.2539)
Largest	-0.0000 (0.0000)	-0.0296*** (0.0031)
Fata	-0.0772*** (0.0028)	-8.0708*** (0.3066)
CF	0.0281*** (0.0061)	4.6323*** (0.6800)
_Cons	-0.0153 (0.0107)	-36.4172*** (1.1922)

续表

变量	(1)	(2)
	Tobit	Tobit
	FinRate	*LnFin*
Year Fe	Yes	Yes
Industry Fe	Yes	Yes
Pseudo R^2	-0.0579	0.0342
n	28381	28381

注：***、**、* 分别表示 1%、5%、10% 的显著性水平；括号内为聚类到公司层面的标准误。

6.3.4　其他稳健性检验

上文中使用了滞后解释变量、倾向得分匹配、工具变量等方法缓解了可能存在的内生性，同时也使用了变换解释变量和被解释变量，以及变换估计模型等方法进行了稳健性检验，本部分继续从其他角度对本章结果的稳健性进行检验，结果报告于表 6-16。在基准回归的基础上，第（1）列和第（2）列控制了公司和年度固定效应，进一步缓解了遗漏变量（不随时间而改变的个体因素）可能导致的内生性问题；第（3）列和第（4）列使用了聚类到年份和公司两个层面上的聚类稳健标准误，可以进一步缓解异方差所导致的估计偏差问题；此外，由于年份固定效应仅仅考虑到了时间维度上的同质性经济冲击，但现实中的经济冲击将对不同类型企业产生异质性影响，因此，第（5）列和第（6）列加入了年份和行业交叉固定效应。结果显示三种不同的其他稳健性检验结果下 *LnCoverage* 的估计系数均在 1% 水平上显著为负，再次验证了本章的结论。

表 6-16　　其他稳健性检验结果

变量	(1)	(2)	(3)	(4)	(5)	(6)
	FinRate	*LnFin*	*FinRate*	*LnFin*	*FinRate*	*LnFin*
LnCoverage	-0.0043***	-0.4664***	-0.0080***	-0.6469***	-0.0080***	-0.6565***
	(0.0008)	(0.1069)	(0.0011)	(0.1847)	(0.0008)	(0.0790)

续表

变量	(1)	(2)	(3)	(4)	(5)	(6)
	FinRate	*LnFin*	*FinRate*	*LnFin*	*FinRate*	*LnFin*
SOE	0.0045	0.8238 *	0.0010	0.5799 *	0.0009	0.5727 ***
	(0.0040)	(0.4231)	(0.0028)	(0.3273)	(0.0022)	(0.2144)
Size	-0.0016	2.0196 ***	0.0043 ***	2.3973 ***	0.0043 ***	2.4161 ***
	(0.0021)	(0.1786)	(0.0012)	(0.1474)	(0.0011)	(0.0990)
ROA	-0.0214	-0.6081	0.0035	1.9159	0.0047	1.7132 *
	(0.0121)	(1.0088)	(0.0183)	(1.2791)	(0.0094)	(0.8966)
TobinQ	0.0022 **	0.1381 *	0.0025 ***	0.0956	0.0026 ***	0.0993
	(0.0009)	(0.0756)	(0.0007)	(0.0805)	(0.0007)	(0.0662)
Growth	-0.0009	-0.2067 *	-0.0047 ***	-0.5459 ***	-0.0049 ***	-0.5609 ***
	(0.0013)	(0.1124)	(0.0016)	(0.1334)	(0.0011)	(0.1035)
Lev	-0.0307 ***	0.2051	-0.0473 ***	-2.1307 **	-0.0477 ***	-2.1794 ***
	(0.0078)	(0.6749)	(0.0105)	(0.8502)	(0.0058)	(0.4900)
Largest	-0.0000	-0.0477 ***	-0.0000	-0.0296 ***	0.0000	-0.0288 ***
	(0.0001)	(0.0099)	(0.0001)	(0.0082)	(0.0001)	(0.0062)
Fata	-0.0560 ***	-1.9851 **	-0.0772 ***	-8.0682 ***	-0.0769 ***	-8.1582 ***
	(0.0087)	(0.8245)	(0.0066)	(0.7360)	(0.0055)	(0.6049)
CF	-0.0031	1.6935 **	0.0281 **	4.6321 ***	0.0262 ***	4.2924 ***
	(0.0061)	(0.7209)	(0.0136)	(1.3161)	(0.0082)	(0.8668)
_Cons	0.0996 **	-29.435 ***	-0.0155	-35.604 ***	0.0149	-36.271 ***
	(0.0450)	(4.0346)	(0.0252)	(3.2772)	(0.0280)	(2.3691)
Firm Fe	Yes	Yes	No	No	No	No
Year Fe	Yes	Yes	Yes	Yes	Yes	Yes
Industry Fe	No	No	Yes	Yes	Yes	Yes
Industry × Year	No	No	No	No	Yes	Yes
adj. R^2	0.5408	0.5176	0.1334	0.2124	0.1390	0.2170
n	28381	28381	28381	28381	28381	28381

注：***、**、*分别表示1%、5%、10%的显著性水平；括号内为聚类到公司层面的标准误。

6.4 作用机制分析

根据上文的理论推导，分析师关注有可能通过两个渠道影响企业金融化：一是分析师关注有助于降低企业信息不对称程度，提高企业信息透明度，从而抑制企业金融化；二是分析师关注有助于加强外部监督，降低企业管理层或者大股东为了追求个人利益最大化而配置金融资产的动机，从而抑制了企业金融化。本节将重点对“信息不对称”影响机制进行检验。

在信息不对称情况下，由于无法实现完全的监督，这给经理人创造了损害公司股东利益来谋取自身利益最大化的条件，这种情况在本章的研究情境下表现为经理人通过企业金融化来实现个人财富最大化，提高个人声誉和延长职业生涯的目的。而且，信息不对称程度越高，经理人隐藏坏消息的能力和动机越强（Kim et al.，2016[253]；Kim and Zhang，2014[254]），有可能进一步增加经理人的机会主义行为。分析师作为资本市场重要的信息中介，可以将上市公司的相关信息传递给外部投资者，有效地降低了外部投资者获取信息的成本，同时也提高了外部投资者获取到的信息量，因而降低了外部投资者与企业之间的信息不对称程度，提高上市公司的信息透明度。在上市公司的信息透明度较高的情况下，经理人通过企业金融化来谋取个人利益的隐性成本将提高，比如遭到公司股东的罢免导致个人失业，个人的声誉受到负面影响不利于再次就业。综上，本章认为分析师关注会降低信息不对称程度，进而影响企业金融化。

借鉴已有文献的做法，本节从审计质量、交易量依存和财务指标三个方面来衡量信息不对称①。第一，审计质量。依据上市公司是否由四大会计师事务所审计来构造虚拟变量 $Big4$，当上市公司由四大会计师事务所审计时，$Big4=1$，反之为 0。第二，交易量依存。通过反映市场对交易量信息

① 具体的变量构造依据及具体计算方法详见第 5 章“5.4 作用机制分析”，本章不再赘述。

的依赖继而反映公司信息披露程度，KV 指数越高表明上市公司信息披露质量越低。第三，财务指标。参考大多数文献的做法，本节使用应计盈余管理（*DA*）的大小来衡量上市公司信息透明度，应计盈余管理越大，代表上市公司利润被粉饰得越严重，外界获取的企业信息越不纯净，因此，应计盈余管理越大，信息不对称程度越高。

为了探究分析师关注影响企业金融化的作用机制，在基准回归的基础上，本章将上述衡量信息不对称的三个变量分别与分析师关注（*LnCoverage*）进行交乘，重新进行回归分析，本章重点关注交乘项的估计系数。表 6－17 报告了作用机制分析的回归结果。其中，第（1）列和第（2）列中信息不对称程度指标使用是否由四大会计师事务所审计（*Big*4），*LnCoverage* × *Big*4 的估计分别为 0.006 和 0.2873，且都在 1% 水平上显著。这说明分析师关注对企业金融化的抑制作用在非四大会计师事务所审计的上市公司中更为显著。第（3）列和第（4）列中信息不对称程度指标使用 KV 指数（*KV*），*LnCoverage* × *KV* 的估计系数分别为 －0.0072 和 －0.9522，且都在 1% 水平上显著。这表明分析师关注对企业金融化的抑制作用在 KV 指数更高（信息不对称程度更高）的上市公司中更为显著。第（5）列和第（6）列中信息不对程度指标使用应计盈余管理（*DA*），*LnCoverage* × *DA* 的估计系数分别为 －0.005 和 －0.6215，且至少在 10% 水平上显著。这表明分析师关注对企业金融化的抑制作用在应计盈余管理更高（信息披露质量更差）的上市公司中更为显著。以上结果表明，分析师关注对企业金融化的抑制作用在信息不对称性程度更高的环境下更为显著，也就是说，对于那些信息不对称程度较高的上市公司而言，分析师关注显著地降低了投资者与上市公司之间的信息不对称程度，为投资者提供了一个良好的监督渠道，有效地提高了投资者的监督效率，减少了经理人利用企业金融化来牟利的机会主义行为，从而降低了企业金融化程度。

表 6－17　　作用机制检验——信息不对称

变量	(1)	(2)	(3)	(4)	(5)	(6)
	FinRate	*LnFin*	*FinRate*	*LnFin*	*FinRate*	*LnFin*
LnCoverage	－0.0083***	－0.6595***	－0.0117***	－1.1337***	－0.0086***	－0.7631***
	(0.0008)	(0.0799)	(0.0013)	(0.1490)	(0.0009)	(0.0875)

续表

变量	(1)	(2)	(3)	(4)	(5)	(6)
	FinRate	*LnFin*	*FinRate*	*LnFin*	*FinRate*	*LnFin*
Big4	-0.0189***	-0.7502***				
	(0.0058)	(0.1953)				
KV			0.0074	0.8723*		
			(0.0051)	(0.5001)		
DA					0.0073	0.9330*
					(0.0054)	(0.5600)
LnCoverage × *Big4*	0.0060***	0.2837***				
	(0.0022)	(0.0647)				
LnCoverage × *KV*			-0.0072***	-0.9522***		
			(0.0022)	(0.2400)		
LnCoverage × *DA*					-0.0050*	-0.6215**
					(0.0026)	(0.3080)
SOE	0.0011	0.5823***	0.0010	0.5774***	0.0018	0.6060**
	(0.0022)	(0.2131)	(0.0022)	(0.2129)	(0.0024)	(0.2371)
Size	0.0046***	2.3992***	0.0041***	2.3646***	0.0060***	2.5844***
	(0.0011)	(0.1045)	(0.0010)	(0.0998)	(0.0011)	(0.1107)
ROA	0.0036	1.9329**	0.0031	1.7607**	0.0112	2.4858**
	(0.0094)	(0.8932)	(0.0094)	(0.8935)	(0.0113)	(1.2651)
TobinQ	0.0026***	0.0944	0.0023***	0.0570	0.0020**	0.2229***
	(0.0007)	(0.0654)	(0.0007)	(0.0656)	(0.0008)	(0.0819)
Growth	-0.0048***	-0.5462***	-0.0046***	-0.5301***	-0.0062***	-0.6669***
	(0.0011)	(0.1023)	(0.0011)	(0.1028)	(0.0012)	(0.1202)
Lev	-0.0476***	-2.1379***	-0.0478***	-2.1928***	-0.0482***	-1.8592***
	(0.0058)	(0.4913)	(0.0057)	(0.4906)	(0.0063)	(0.5931)
Largest	0.0000	-0.0295***	0.0000	-0.0291***	-0.0000	-0.0347***
	(0.0001)	(0.0062)	(0.0001)	(0.0062)	(0.0001)	(0.0068)
Fata	-0.0774***	-8.0733***	-0.0770***	-8.0320***	-0.0743***	-8.1015***
	(0.0054)	(0.6049)	(0.0054)	(0.6049)	(0.0060)	(0.6877)

续表

变量	(1)	(2)	(3)	(4)	(5)	(6)
	FinRate	*LnFin*	*FinRate*	*LnFin*	*FinRate*	*LnFin*
CF	0.0284*** (0.0082)	4.6287*** (0.8625)	0.0267*** (0.0082)	4.4503*** (0.8624)	0.0213** (0.0096)	3.5281*** (1.1086)
_Cons	-0.0214 (0.0224)	-35.622*** (2.2223)	-0.0069 (0.0210)	-34.384*** (2.1343)	-0.0504** (0.0213)	-39.706*** (2.3311)
Year Fe	Yes	Yes	Yes	Yes	Yes	Yes
Industry Fe	Yes	Yes	Yes	Yes	Yes	Yes
F	29.0572	97.3370	29.8010	98.9614	21.7671	85.4851
adj. R^2	0.1341	0.2123	0.1345	0.2132	0.1520	0.2293
n	28381	28381	28311	28311	22064	22064

注：***、**、*分别表示1%、5%、10%的显著性水平；括号内为聚类到公司层面的标准误。

6.5 拓展性分析

6.5.1 分析师关注、公司内部治理水平与实体企业金融化

在公司治理体系中，公司外部治理是不可或缺的一部分，同时，公司外部治理也是内部治理的补充，两者共同构筑公司的治理体系。本书理论分析部分表明，作为资本市场上重要的信息中介，分析师能够起到缓解外部投资者与企业内部信息不对称和加强外部监督的作用。由此，经理人将会减少机会主义行为，更加努力地工作。本书认为，企业金融化在一定程度上是经理人追求个人利益的投资决策，经理人为了追求企业短期业绩，将有动机使用更多资金来配置金融资产，进而达到谋取私利的目的。在内部治理机制不能够很好地约束经理人的“金融化”行为时，分析师的外部

治理对内部治理起到替代的作用，揭示经理人通过企业金融化来谋取私利的行为，进而抑制经理人的机会主义行为。综上，对内部治理水平较低的上市公司，分析师关注对企业金融化的抑制作用将更为显著。

为了检验上述假设，本章将分析师关注（*LnCoverage*）与上市公司内部治理水平（*Gov*）进行交乘，并使用本章的样本重新回归。借鉴周茜等（2020）[233]、顾乃康和周艳利（2017）[234]的研究，从监督、激励和决策这三个层面选定相关指标，并使用主成分分析法计算公司内部治理水平（*Gov*）①。回归结果报告于表 6－18。其中，第（1）列中被解释变量为 *FinRate*，*LnCoverage* × *Gov* 的估计系数为 0.0031，且在 1% 水平上显著。第（2）列中被解释变量为 *LnFin*，*LnCoverage* × *Gov* 的估计系数为 0.2744，且同样在 1% 水平上显著。上述实证结果表明，相比于内部治理水平较高的公司而言，分析师关注对企业金融化的治理效应在内部治理水平较低的公司中更为显著。

表 6－18　分析师关注、公司内部治理水平与企业金融化的回归结果

变量	(1)	(2)
	FinRate	*LnFin*
LnCoverage	−0.0080*** (0.0009)	−0.6376*** (0.0818)
LnCoverage × *Gov*	0.0031*** (0.0011)	0.2744*** (0.0930)
Gov	−0.0002 (0.0014)	−0.2525* (0.1388)
SOE	0.0019 (0.0024)	0.6363*** (0.2290)
Size	0.0055*** (0.0011)	2.3879*** (0.1087)
ROA	0.0092 (0.0110)	2.3776** (1.0401)

① 相关指标的选取以及计算过程详见本书 4.5.1 章节。

续表

变量	(1)	(2)
	FinRate	*LnFin*
TobinQ	0.0022***	0.0906
	(0.0007)	(0.0712)
Growth	-0.0061***	-0.6291***
	(0.0011)	(0.1158)
Lev	-0.0545***	-2.2261***
	(0.0060)	(0.5476)
Largest	-0.0000	-0.0330***
	(0.0001)	(0.0064)
Fata	-0.0766***	-8.0154***
	(0.0056)	(0.6514)
CF	0.0316***	4.9434***
	(0.0085)	(0.9272)
_Cons	-0.0389*	-35.2659***
	(0.0216)	(2.3125)
Year fe	Yes	Yes
Firm fe	Yes	Yes
adj. R^2	0.1399	0.2118
F	28.3555	88.4365
n	28381	28381

注：***、**、*分别表示1%、5%、10%的显著性水平；括号内为聚类到公司层面的标准误。

6.5.2 分析师关注、产权性质与实体企业金融化

现有研究表明，相较于非国有企业，国有企业面临更为严重的代理冲突。目前，我国的国有企业经理人大多属于政府直接委派，市场化程度有待提高。陈冬华等（2010）[235]指出，国有企业经理人的薪酬机制起到的显

性激励明显不足。另外，相比于非国有企业，国有企业面临的融资约束更低，国有企业能够从商业银行中获得更多的贷款，国有企业经理人有动机将这些贷款投入金融市场中，并从金融化过程中谋取私利，弥补薪酬激励的不足。本书认为，分析师的作用在于揭示国有企业经理人的机会主义行为，可抑制国有企业经理人配置金融资产的行为，降低国有企业金融化程度。

为了检验上述假设，本章将分析师关注（*LnCoverage*）与产权性质（*SOE*）进行交乘，并使用本章的样本重新回归。回归结果报告于表 6 - 19。其中，第（1）列中被解释变量为 *FinRate*，*LnCoverage* × *SOE* 的估计系数为 - 0.0023，且在 10% 水平上显著。第（2）列中被解释变量为 *LnFin*，*LnCoverage* × *SOE* 的估计系数为 - 0.1341，且在 5% 水平上显著。上述实证结果表明，相比于非国有企业，分析师关注对企业金融化的治理效应在国有企业中更为显著。

表 6 - 19　　分析师关注、产权性质与企业金融化的回归结果

变量	(1)	(2)
	FinRate	*LnFin*
LnCoverage	- 0.0071***	- 0.5944***
	(0.0009)	(0.0897)
LnCoverage × *SOE*	- 0.0023*	- 0.1341**
	(0.0013)	(0.0633)
SOE	0.0040	0.7557***
	(0.0031)	(0.2778)
Size	0.0045***	2.4067***
	(0.0011)	(0.0996)
ROA	0.0022	1.8404**
	(0.0094)	(0.8952)
TobinQ	0.0026***	0.0982
	(0.0007)	(0.0647)
Growth	- 0.0048***	- 0.5486***
	(0.0011)	(0.1023)

续表

变量	(1)	(2)
	FinRate	*LnFin*
Lev	-0.0476*** (0.0058)	-2.1500*** (0.4913)
Largest	0.0000 (0.0001)	-0.0294*** (0.0062)
Fata	-0.0770*** (0.0054)	-8.0518*** (0.6055)
CF	0.0283*** (0.0081)	4.6443*** (0.8612)
_Cons	-0.0208 (0.0211)	-35.8850*** (2.1143)
Year Fe	Yes	Yes
Firm Fe	Yes	Yes
adj. R^2	0.1337	0.2123
F	31.7635	106.1828
n	28381	28381

注：***、**、*分别表示1%、5%、10%的显著性水平；括号内为聚类到公司层面的标准误。

6.5.3 分析师关注、明星分析师与实体企业金融化

上文考察了产权性质、公司内部治理水平等因素分析师关注与企业金融化的调节效应，本部分继续考察分析师的个体特征差异对企业金融化的影响。按照分析师个人在行业内声誉的大小，可将分析师分为明星分析师和一般普通分析师。明星分析师一般具备更强的专业能力，其发表的盈余预测报告拥有更高的可信度，同时也具有更高的关注度。大量研究表明，明星分析师比非明星分析师具有更好的外部监督效果。例如，Xu 等(2013)[255]发现明星分析师的盈利预测比非明星分析师更准确，Loh 和 Stulz

(2011)[256]的研究表明，只有 12% 的分析师做的盈余预测比较准确，而其中大部分是明星分析师。另外，也有研究表明明星分析师的盈余预测报告更具公信力。翟胜宝等（2016）[257]发现跟踪的分析师中存在明星分析师时，公司的审计意见购买倾向会更加明显。由此可见，相比于一般分析师，明星分析师不仅具有更强的专业能力，同时也能带来更好的监督效应。具体来看，明星分析师通过搜集和挖掘上市公司的信息，并利用其专业能力完成高质量的盈余预测报告，减小投资者与公司的信息不对称性，这对经理人起到了外部监督的作用，有效减少经理人通过企业金融化来提高财富和声誉的机会主义行为。

为了考察明星分析师对企业金融化的影响，本部分使用明星分析师代替原有核心解释变量（*LnCoverage*），并使用基准模型重新回归。新财富网站每年会组织评选明星分析师，参选人员覆盖了全国大部分券商机构及能力出色的分析师，且评选投票人员来源于上千家机构和几千个投资者，因此，评选结果具有一定的公信力。明星分析师变量构造的具体方法如下：首先，从新财富网站上整理 2007—2020 年各年度明星分析师数据，再将明星分析师数据与分析师预测数据匹配，最后将上述匹配好的数据与本书数据匹配。其次，根据上述步骤匹配好的数据，计算出每个上市公司各个年度被分析师关注的数量①，得到明星分析师变量 *Star*。最后，根据每个上市公司各个年度是否有明星分析师关注生成虚拟变量 *Dum_Star*。当上市公司某个年度有明星分析师关注时，该变量取 1，否则为 0。回归之前，本章剔除了没有分析师关注的样本②，仅仅使用有分析师关注的样本进行回归。回归结果报告于表 6－20。结果显示，无论采用哪种方式衡量企业金融化，*Star* 和 *Dum_Star* 都与企业金融化在 1% 水平上显著负相关。实证的结果验证了上文的猜想，即明星分析师具有更好的外部监督效应，其对企业金融化具有更强的负向效应。

① 与构造分析师关注变量类似，当企业被一个分析师团队关注且团队中包含有一个或多个明星分析师时，明星分析师的数量都计为 1。

② 之前主要分析的是分析师关注的问题，包含有分析师关注和无分析师关注两种状态，侧重于考察两种状态下企业金融化的差异。而分析师的自身特征可能会对被分析师关注的企业金融化产生影响，因此，这里选取有分析师关注的子样本考察明星分析师对企业金融化的影响。

表 6-20　　明星分析师与企业金融化的回归结果

变量	(1)	(2)	(3)	(4)
	FinRate	*LnFin*	*FinRate*	*LnFin*
Star	-0.0010***	-0.0828***		
	(0.0002)	(0.0203)		
Dum_Star			-0.0092***	-1.0424***
			(0.0015)	(0.1863)
SOE	0.0014	0.8582***	0.0014	0.8417***
	(0.0022)	(0.2455)	(0.0022)	(0.2449)
Size	0.0034***	2.3200***	0.0034***	2.3432***
	(0.0009)	(0.1069)	(0.0009)	(0.1062)
ROA	-0.0194	-0.7065	-0.0213*	-0.6552
	(0.0127)	(1.3639)	(0.0127)	(1.3713)
TobinQ	0.0011	0.1179	0.0008	0.1034
	(0.0008)	(0.0798)	(0.0008)	(0.0800)
Growth	-0.0056***	-0.6448***	-0.0055***	-0.6311***
	(0.0012)	(0.1316)	(0.0012)	(0.1313)
Lev	-0.0363***	-1.5063**	-0.0368***	-1.5742**
	(0.0054)	(0.6238)	(0.0054)	(0.6231)
Largest	-0.0000	-0.0324***	-0.0000	-0.0317***
	(0.0001)	(0.0070)	(0.0001)	(0.0070)
Fata	-0.0653***	-7.6129***	-0.0651***	-7.6073***
	(0.0055)	(0.7171)	(0.0055)	(0.7155)
CF	0.0260***	4.3586***	0.0250***	4.3019***
	(0.0090)	(1.0941)	(0.0091)	(1.0963)
_Cons	-0.0144	-35.3746***	-0.0104	-35.4932***
	(0.0191)	(2.2870)	(0.0184)	(2.2670)
Year Fe	Yes	Yes	Yes	Yes

续表

变量	(1)	(2)	(3)	(4)
	FinRate	*LnFin*	*FinRate*	*LnFin*
Industry Fe	Yes	Yes	Yes	Yes
F	20.9053	93.0869	20.5885	97.5143
adj. R^2	0.1354	0.2479	0.1360	0.2491
n	17999	17999	17999	17999

注：***、**、*分别表示 1%、5%、10% 的显著性水平；括号内为聚类到公司层面的标准误。

6.5.4 分析师关注、分析师预测准确度与实体企业金融化

分析预测准确度不仅与分析师个人能力有关，而且还与分析师能够挖掘到的信息有着较大的关系。朱红军等（2007）[258]认为分析师的信息主要来源于两个渠道：一是公开信息，包括公司、媒体和政府部门在网络上公开的信息；二是私人信息，主要通过分析师实地调研来获取。分析师预测的准确度越高，说明分析师收集的私人信息越多，并把这些信息反映到盈余预测上面。换言之，分析师预测准确度越高，向外界传递的信息越多。因此，随着分析师预测准确度的提高，外部投资者与公司之间的信息不对称问题可以得到缓解，外部投资者可以更好地监督公司经理人，减少经理人通过企业金融化来谋取私利的行为，因而有助于降低企业金融化程度。

借鉴王玉涛和王彦超（2012）[259]的做法，利用国泰安数据库中分析师预测情况的数据，本章通过公式（6－3）来计算分析师预测准确度。

$$FAC_{it} = Mean\left(\sum_{j=1}^{n} \frac{|FEPS_{ijt} - EPS_{it}|}{|EPS_{it}|}\right) \tag{6-3}$$

具中，i、j 和 t 分别代表公司、分析师和年份，*Mean* 为取均值，*EPS* 为公司 i 在 t 年的实际盈余，*FEPS* 为分析师 j 在 t 年对公司 i 预测的盈余，*FAC* 为公司 i 在 t 年的分析师预测准确度。*FAC* 测度了分析师预测的 *FEPS* 与实际的 *EPS* 之间误差的大小，因此，*FAC* 越大，预测准确度越低。需要指出

的是，具体计算过程中删除了分析师预测日期超过年报发布日的样本以及删除每股收益预测值缺失的样本。同时，每个公司每年有多个不同的分析师跟踪，且同一个分析师在同一年对同一个公司还可能多次发布盈利预测报告，只保留了每个分析师当年度最后一个预测值。表 6 - 21 报告了分析师预测准确度与企业金融化的回归结果①。结果显示，第（1）列中 *FAC* 的估计系数为 0.0002，且在 5% 的水平上显著，表明分析师预测准确度越高，企业金融化程度越小。第（2）列以 *LnFin* 为被解释变量时也有相似的结果。以上实证结果说明分析师预测准确度对企业金融化具有显著的负向影响。

表 6 - 21　分析师关注、分析师预测准确度与企业金融化的回归结果

变量	(1)	(2)
	FinRate	*LnFin*
FAC	0.0002**	0.0490***
	(0.0001)	(0.0135)
SOE	0.0009	0.7150***
	(0.0022)	(0.2384)
Size	0.0020**	2.1807***
	(0.0008)	(0.1015)
ROA	-0.0170	-1.0294
	(0.0120)	(1.3140)
TobinQ	0.0007	0.0408
	(0.0007)	(0.0726)
Growth	-0.0061***	-0.6632***
	(0.0011)	(0.1291)
Lev	-0.0399***	-1.7620***
	(0.0052)	(0.6140)
Largest	0.0000	-0.0293***
	(0.0001)	(0.0067)

① 与章节 6.5.3 类似，同样仅使用有分析师关注的样本进行回归。

续表

变量	(1)	(2)
	FinRate	*LnFin*
Fata	-0.0658*** (0.0054)	-7.4570*** (0.7001)
CF	0.0321*** (0.0090)	4.6596*** (1.0697)
_Cons	0.0170 (0.0179)	-32.1346*** (2.1734)
Year Fe	Yes	Yes
Industry Fe	Yes	Yes
F	25.1073	91.3634
adj. R^2	0.1318	0.2371
n	19651	19651

注：***、**、*分别表示 1%、5%、10% 的显著性水平；括号内为聚类到公司层面的标准误。

6.5.5　分析师关注、分析师相对工作经验与实体企业金融化

除了处理信息的能力外，分析师的差距主要体现在获取信息的能力（杨青等，2019[94]）。分析师主要通过公司公告、实地调研、参加策略会等多种渠道收集上市公司信息（Bowen et al.，2002[260]）。分析师工作经验越丰富，收集到上市公司的信息就会越多，特别是通过实地调研和参加策略会获得的私人信息。这是因为工作经验丰富的分析师拥有好的人脉，分析师可以利用这些人脉关系去争取到更多的实地调研机会，同时也更有机会被同行推荐去参加公司的策略会。因此，如果一家上市公司被更多工作经验丰富的分析师关注的话，那么就会有更多关于公司的私人信息被分析师挖掘，并将相关信息传递给外部投资者，进而缓解信息不对称问题。具体来看，如果这些工作经验丰富的分析师通过实地调研或者参加公司策略会发现公司存在违规配置金融资产问题的话，就会通过发布研报的方式将信息传递给外部投资者。这样就加强了外部投资者的监督，减少了经理人通

过企业金融化谋取私利的行为，从而降低企业金融化程度。本章使用分析师相对工作经验来衡量关注上市公司的分析师工作经验，具体计算方法如公式（6－4）所示。

$$REXP_{it} = Mean(\sum_{j=1}^{n}(EXP_{ijt} - \overline{EXP_{it}})) \quad (6-4)$$

其中，i、j 和 t 分别代表公司、分析师和年份，*Mean* 为取均值，$\overline{EXP}$ 为公司 i 在 t 年所有分析师的平均工作经验，*EXP* 为在 t 年对公司 i 做盈余预测的分析师 j 的工作经验，*REXP* 为公司 i 在 t 年的分析师相对工作经验。*REXP* 测度了对各个公司进行预测的分析师平均工作经验，因此，*REXP* 越大，表示有更多经验丰富的分析师关注上市公司。表 6－22 报告了分析师相对工作经验与企业金融化的回归结果[①]。结果显示，第（1）列中 *REXP* 的估计系数为－0.0012，且在 1% 的水平上显著，这表明分析师相对工作经验越丰富，企业金融化程度越小。第（2）列以 *LnFin* 为被解释变量时也有相似的结果。以上实证结果说明，分析师相对工作经验对企业金融化具有显著的负向影响。

表 6－22　分析师关注、分析师相对工作经验与企业金融化的回归结果

变量	(1)	(2)
	FinRate	*LnFin*
REXP	－0.0012***	－0.0175***
	(0.0002)	(0.0052)
SOE	－0.0008	0.7004***
	(0.0022)	(0.2664)
Size	0.0021**	2.2053***
	(0.0009)	(0.1125)
ROA	－0.0034	－0.5041
	(0.0144)	(1.6011)
TobinQ	0.0010	0.0970
	(0.0008)	(0.0791)

① 与章节 6.5.3 类似，同样仅使用有分析师关注的样本进行回归。

续表

变量	(1)	(2)
	FinRate	*LnFin*
Growth	−0.0058*** (0.0012)	−0.6371*** (0.1438)
Lev	−0.0334*** (0.0053)	−1.2586* (0.6905)
Largest	0.0000 (0.0001)	−0.0314*** (0.0072)
Fata	−0.0602*** (0.0054)	−7.3498*** (0.7861)
CF	0.0311*** (0.0097)	5.9471*** (1.1749)
_Cons	0.0083 (0.0198)	−33.2970*** (2.4016)
Year Fe	Yes	Yes
Industry Fe	Yes	Yes
F	20.3029	75.8729
adj. R^2	0.1268	0.2477
n	15640	15640

注：***、**、*分别表示1%、5%、10%的显著性水平；括号内为聚类到公司层面的标准误。

6.6 本章小结

本章以分析师关注为代表考察了社会治理与企业金融化的关系及其机理，揭示了分析师关注作为社会治理的重要构成部分影响企业金融化的深层次动因，丰富了外部治理的相关研究，同时也为完善社会治理机制提供了经验证据。本章利用中国 A 股上市公司数据进行实证分析后发现：整体上，分析师关注显著地降低了企业金融化程度，即企业受到分析师关注的程度越高，其持有的金融资产越少。本章的研究结论不仅统计上具有显著的意义，同时还具有显著的经济意义。平均而言，分析师关注（*LnCoverage*）每增加一个标准差，*FinRate* 的下降幅度相当于样本标准差的 13.74%，*LnFin* 的下降幅度相当于样本标准差的 9.53%。上述研究结论在使用滞后解释变量、匹配方法以及工具变量法等内生性检验后依然保持稳健。进一步的作用机制分析表明，分析师关注主要是通过降低企业信息不对称程度和加强外部监督进而抑制企业金融化。本章的拓展性分析部分的结果表明，分析师关注对企业金融化的影响在国有企业和公司内部治理水平较低的上市公司中更为显著。另外，本章还特别关注了分析师自身特征对企业金融化的影响，并利用有分析师关注的样本进行回归分析。结果发现，相比于非明星分析师，明星分析师对企业金融化具有显著的负向影响；分析师预测准确度越高，企业金融化程度越低；分析师相对工作经验越丰富，企业金融化程度越低。

本章的研究结论揭示了分析师关注影响企业金融化的深层次原因，即分析师关注可以有效降低投资者与企业内部之间的信息不对称，加强对企业管理层的监督，减少管理层通过企业金融化谋取私利的行为，从而降低企业金融化程度。本章的研究结论也验证了信息揭示假说和监督假说在中国资本市场上的适用性，同时也说明业绩压力假说并不占据主导位置。本章的启示：一是要重视分析师的信息中介作用，加强分析师队伍的建设。二是要利用分析师的外部治理作用制定相关政策，完善社会治理机制，加强对上市公司的监督，同时需要注意，相关政策制定要以分析师的“信息揭示”和“外部监督”作用为基础，而非“业绩压力”作用。

第7章　结论与政策建议

7.1 研究结论

本书从外部治理视角考察了企业金融化行为，首先，梳理了现有研究和本书研究的理论基础；其次，使用理论模型分析了外部治理如何影响企业金融化；再次，分别选取经理人市场竞争（市场治理机制）、违规监管（政府治理机制）和分析师关注（社会治理机制）三个外部治理机制，并实证分析它们对企业金融化的影响及其作用机理；最后，提出相关政策建议和研究展望。本书的主要研究结论如下。

第一，本书选取经理人市场竞争来代表市场治理机制，并实证分析了经理人市场竞争对企业金融化的影响及其作用机理。研究发现，经理人市场竞争显著地降低了企业金融化，即在其他条件不变的情况下，经理人市场竞争程度越高，企业金融化越低。作用机制分析发现，经理人市场竞争显著地降低了外部投资者与企业的信息不对称，进而降低了企业金融化程度。拓展性分析发现，经理人市场竞争对企业金融化的抑制作用在公司内部治理水平较低、制度环境较差和中西部地区的样本中更为显著。

第二，本书选取违规监管来代表政府治理机制，并实证分析了违规监管对企业金融化的影响及其作用机理。研究发现，违规监管显著地降低了企业金融化，即在其他条件不变的情况下，与没有受到过违规处罚的企业相比，受到过违规处罚的企业的金融化程度更低。作用机制分析发现，违规监管显著地降低了外部投资者与企业的信息不对称，进而降低了企业金融化程度。拓展性分析发现，经理人市场竞争对企业金融化的抑制作用在公司内部治理水平较低和法治水平较差的样本中更为显著。另外，本书还发现，违规处罚的力度越大，企业金融化程度越低。

第三，本书选取分析师关注来代表社会治理机制，并实证分析了分析师关注对企业金融化的影响及其作用机理。研究发现，分析师关注显著地降低了企业金融化，即在其他条件不变的情况下，企业受到分析师关注越高，企业的金融化越低。作用机制分析发现，分析师关注显著地降低了外部投资者与企业的信息不对称，进而降低了企业金融化程度。拓展性分析发现，经理人市场竞争对企业金融化的抑制作用在公司内部治理水平较低和国有企业的样本中更为显著。另外，本书还发现，相比于非明星分析师，明星分析师能够显著地降低企业金融化。分析师预测的准确度越高和相对工作经验越丰富，企业金融化程度越低。

7.2 政策建议

根据本书第 4 章到第 6 章的实证分析结果，笔者针对性地从经理人市场竞争、违规监管和分析师关注三个方面提出优化市场治理、政府治理和社会治理的建议。

7.2.1 经理人市场竞争治理机制的优化

第一，构建隐性与显性激励相结合的整体性激励机制。强调隐性与显性激励相结合的激励机制并不是要否定显性激励，而是要在显性激励的基础上更灵活地利用隐性激励机制。从社会层面看，需要健全经理人社会评价体系，使经理人的价值得到社会的认可。其中，一个可行的思路是完善社会层面的嘉奖体系。目前，国内经理人社会层面的嘉奖还比较少，例如目前的十佳经理人评选大多是区域性评选，影响力比较小，缺乏全国性的优秀经理人评选机制。因此，可以从经理人的个人能力和先进事迹入手，完善社会层面的嘉奖体系，提高优秀经理人的社会认可度。从企业层面看，需要关注经理人的社会地位和声誉，通过提升经理人的社会地位和声誉来实现隐性激励。一方面，企业可以考虑以经理人的名字来命名某项发明，这是对经理人努力工作的一种认可；另一方面，企业可以考虑以经理人的名义进行慈善活动，这有利于提升经理人的社会声誉。

第二，推动国有企业经理人市场发展。国有企业在国民经济发展中扮演着重要的角色，当前国有企业经理人市场化程度较低，因此，推进国有企业经理人市场化有助于进一步完善经理人的市场化配置机制。可以从以下几方面推动国有企业经理人市场发展：一是设计市场化选聘制度。“市场化身份”是职业经理人推行工作的逻辑起点。应坚持以党管干部、市场导向为原则，持续推进职业经理人的市场化选聘工作。在选聘方法上，坚持采用市场化选聘方式，运用社会公开招聘、内部竞聘、市场寻聘三种方式；在选聘标准上，根据具体岗位需求综合考察候选者创新、技能、职业素养、经营与管理等综合能力的胜任程度。二是创新薪酬激励模式。强调“业绩导向，业绩与待遇双标”的原则，将薪酬激励与业绩挂钩，与企业长期的发展挂钩。应该灵活使用各种中长期激励方式（如股权激励、超额利润分享、项目跟投等），将职业经理人与企业发展密切捆绑在一起。三是建立监督管理体系。应建立一套以党管干部为核心，充分利用市场化治理机制的监督体系。所谓党管干部，就是职业经理人也要接受党的监督和管理，并充分利用党的组织制度发挥监督的作用。同时，也应积极提升董事会、股东会和独立董事等内部治理机制，并结合政府审计、违规监管、媒体关注及分析师关注等外部治理机制在治理体系中发挥的作用。

第三，搭建经理人市场服务平台。建议由国家市场监督管理部门牵头，中国经理人协会主要负责建设，同时其他相关的政府部门配合，共同搭建经理人市场服务平台。平台的定位为打通经理人市场供给端和需求端的非营利性平台。该平台同时面向经理人和公司，双方皆可在平台上注册，形成双向选择。平台要按以下思路来搭建：从供给端来看，要建立经理人声誉评价机制。一方面，争取得到企业、税收部门和法院的配合并提供相关数据资料，从经理人过去合同履行情况、纳税情况以及遵纪守法等维度构建多维度的经理人评价体系；另一方面，设置企业对经理人进行评价的模块，同时，还可以引入第三方评级机构，对经理人能力和声誉进行综合的评价。将上述两个方面整合起来，共同构建完整的经理人声誉评价体系。从需求端来看，同样需要争取市场监管、税收和法院等部门的支持并提供相关数据资料，从企业的生产经营、纳税情况和法院判决等维度构建多维度的企业评价体系。综上所述，可以有效缓解经理人与企业之间的信息不对称性，有助于经理人选择合适的企业，同样也有助于企业选择合适的经理人，有效地防范逆向选择和道德风险。

7.2.2 违规监管外部治理机制的优化

第一，完善证监会的监督制度，加大违法惩处的力度。一方面，《证券法》规定的惩处力度偏低，即便执行了较为严厉的处罚力度，对于违规公司也没造成多大的影响。应加大对违规公司的处罚力度，提高执法威慑力。应增加更多的监管处罚手段，综合运用刑事追责、行政处罚、民事赔偿及诚信记录等追责体系，实现监管惩戒的高效衔接。另一方面，全面优化风险管理制度体系，实现证监会对企业全面高效的监管，汲取国内外先进经验，做好市场风险预警提示，增强防范、化解金融风险的能力。当企业出现扰乱市场秩序的行为时，及时公布问题企业清单，使企业接受公众的监督和评议，提高企业违法犯罪的成本，同时对相关的违法行为及违法分子给予严惩，充分发挥法律的威慑作用。

第二，加强对隐蔽性较高的违规行为的监管，提高打击违规行为的精准度。随着监管法律的不断完善和执法力度的加大，上市公司的违规行为也变得越来越隐蔽，增加了监管部门的监管难度。针对此问题，应利用大数据、区块链、人工智能等信息技术，提高对隐蔽性违规行为的识别。推进智能监管技术和人工监管经验的互相融合，构建清晰的“公司画像”并基于此进行精准监管。

第三，建立对上市公司信息披露文件的事后审查制度。现有法律法规下对信息披露的违规处罚力度过轻，对违规公司不能起到很好的威慑作用，部分公司即使受到违规处罚，依然会再次违反信息披露的规定。因此，需要建立事后审查制度，在审查中重点关注上市公司法人治理结构运作情况，公司资产的安全性，资产债务重组，控制权变更（或主要高级管理人员变动），募集资金使用，重要关联交易，担保，诉讼事项，财务会计报告真实性、完整性及可能存在的重大风险因素等方面内容，认真做好审查工作底稿。

7.2.3　分析师关注治理机制的优化

第一，提高分析师发布研报的质量。研报是分析师向外界发布信息的重要载体，也是分析师发挥信息中介作用的重要途径。然而，目前研报的分析结论的合理依据不够充分、研究报告发布前的质量控制存在不足的情形非常普遍。针对此类情况，需要多方面共同发力进行监督。从券商层面来看，券商需要规范分析师公开发表言论行为，强化专业责任担当，同时，加强工作人员管理，强化公司内部控制。另外，对于券商的负责人来说，负责人需要对研究报告质量进行最后的把关，确保研报的数据资料无虚构的现象。从社会层面来看，强化媒体合作管理，健全舆情监测和应对机制。一方面，券商应注重授权媒体机构刊载或者转发研究报告或者摘要、证券分析师和相关工作人员评论意见的权责问题；另一方面，券商应积极利用媒体对分析师监督的作用，关注媒体对分析师发布研报的评价，借助社会的力量加强对分析师的监督。

第二，提升分析师的独立性。独立性是分析师发挥外部治理功能的重要前提，只有分析师保持独立性，才能确保分析师不被企业利用，从而提高分析师的信息中介作用。首先，加强对分析师的监督管理。针对分析师与企业利益勾结而发布引导性研报的行为，需要充分发挥官方与行业自律组织的监管作用。一方面，证监会需要进一步提高对违规分析师的处罚力度，同时责令分析师所在券商机构进行整改；另一方面，行业自律组织也应发挥辅助性监管作用，并按计划组织分析师进行行业纪律培训，增强分析师的法律意识和职业操守。其次，完善分析师进入和退出机制。监管部门需要进一步完善分析师行业的准入门槛，同时，针对违反独立性的分析师设计一套规范的退出机制，从制度上去制约分析师的行为，提高分析师的独立性。最后，建立分析师的诚信档案。由行业自律组织负责，建立一套以分析师独立性的评价为基础的惩罚机制，并将其与分析师的薪酬与奖励相挂钩。

第三，完善分析师的评价体系。明星分析师的评选是我国分析师行业评价体系中重要组成部分，但是，当前明星分析师的评选仍以股票用户和券商机构投票为主，主观性较强。科学的分析师评价体系应该是主观性投票与客观性量化评价相结合，组成一套完整的评价体系。因此，完善分析师的评价体系，就是要将客观性的量化评价引入分析师的评价体系当中。具体来看，应借助大数据和人工智能等新兴信息技术，对分析师做出的买卖评级和盈利预测的准确性进行分析和排名。另外，应借助文本分析的方法对分析师发布的研报进行分析，判断分析师是否存在利益交换的行为，并将分析的结果纳入综合评价体系当中。最后，还应将分析师的信息挖掘能力作为评价体系中的一环。信息分为公开信息和私人信息，而分析师的作用在于揭示普通投资者拿不到的私人信息。私人信息较难获取，分析师挖掘私人信息的能力应该得到认可，可以根据大数据来判断分析师挖掘信息的能力大小，并将其纳入明星分析师的评价中。

7.3 研究不足与展望

7.3.1 研究不足

首先，本书研究了外部治理对实体企业金融化的影响及其作用机理，梳理了市场、政府和社会三大类外部治理机制的公司治理效应，并通过理论模型推导了外部治理如何影响企业金融化，致力于构建一个关于外部治理与企业金融化的理论分析框架。但是，由于时间和精力有限，本书中实证分析部分并不能对各种外部治理机制进行全面地分析，因而只能选取经理人市场竞争、违规监管和分析师关注作为市场、政府和社会治理机制的代表来开展实证研究。

其次，本书实证分析部分分析了经理人市场竞争、违规监管和分析师关注对实体企业金融化的影响及其作用机理，拓展了企业金融化影响因素的研究，但是，仍然有两个方向值得深入研究。一是探讨外部治理对过度金融化的影响，外部治理对过度金融化是否存在更好的治理效应？二是三种类型的外部治理中，哪种类型对实体企业金融化的外部治理效果更好，抑或是哪种类型的外部治理更为重要？

最后，变量衡量上的不足。目前，关于经理人市场竞争的研究还比较少，如何准确地衡量经理人市场竞争是学术界的一大难题。本书的第4章中使用经理人更替地区差异和经理人更替行业差异来衡量经理人市场竞争是一个不错的方法，但也仍有它的缺陷，比如部分省份（部分行业）中上市公司数量比较少的情况下能否准确衡量经理人市场竞争是一个值得思考的问题。

7.3.2　研究展望

从外部治理视角探讨公司治理如何影响企业金融化是一个值得深入探讨的问题，本书以经理人市场竞争、违规监管和分析师关注三方面为切入点，考察了外部治理对企业金融化的影响及影响路径。由于笔者能力和时间有限，还有其他内容值得深入研究。

第一，外部治理包含市场、政府和社会三个方面的内容，但本书仅从经理人市场竞争、违规监管以及分析师关注三个具体的外部治理机制进行了研究，未来研究还可以从其他方面考察公司外部治理对企业金融化的影响。例如，从债权人治理的角度，若上市公司对债务融资依赖较大，则可能会更多地通过非公开渠道向债权人披露私有信息，从而可能会降低债权人对可比信息的需求，尤其是考虑到我国企业的债权人很大比例是国有银行，而国有银行存在的预算软约束也会降低管理层的披露水平，进而对可比性产生影响。

第二，本书的实证研究部分仅考虑了单个外部治理机制（经理人市场竞争、违规监管和分析师关注）对企业金融化的影响，未能从全局的角度去展开研究。事实上，学术界尚未提出外部治理指数的概念，更加谈不上去计算外部治理指数。参考现有研究中构造的公司内部治理水平指数，未来可以构造一个上市公司面临的外部治理指数，用来评判上市公司外部治理环境的好坏。具体可以从市场（产品市场、资本市场和经理人市场等）、政府（政府审计、违规监管等）和社会（证券分析师、媒体和社会审计等）三个方面来收集相关数据，并通过科学的计算方法来计算。

第三，本书研究了经理人市场竞争、违规监管和分析师关注三个外部治理机制对企业金融化的影响，同时探讨了公司内部治理水平的调节作用，验证了外部治理机制对内部治理机制的替代效应，但是，缺乏对公司内部治理机制和外部治理机制如何达到最佳治理效果的深入研究。例如，外部治理机制对哪种内部治理机制的替代作用最明显；公司内部治理达到什么水平时，外部治理的介入才能达到最佳的治理效果；外部治理机制对内部治理机制的替代作用是否存在门槛效应，等等。

参考文献

［1］蔡昉．生产率、新动能与制造业——中国经济如何提高资源重新配置效率［J］．中国工业经济，2021，（5）：5－18.

［2］黄群慧，黄阳华，贺俊等．面向中上等收入阶段的中国工业化战略研究［J］．中国社会科学，2017，（12）：94－116.

［3］魏后凯，王颂吉．中国“过度去工业化”现象剖析与理论反思［J］．中国工业经济，2019，（1）：5－22.

［4］张成思，张步昙．再论金融与实体经济：经济金融化视角［J］．经济学动态，2015，（6）：56－66.

［5］Lazonick，W. From innovation to financialization：How shareholder value ideology is destroying the US economy［M］. Oxford University Press，2011.

［6］杜勇，谢瑾，陈建英．CEO金融背景与实体企业金融化［J］．中国工业经济，2019，（5）：136－154.

［7］余怒涛，张华玉，刘昊．非控股大股东与企业金融化：蓄水池还是套利工具？［J］．南开管理评论，2021，（9）：1－33.

［8］杜勇，眭鑫．控股股东股权质押与实体企业金融化——基于“掏空”与控制权转移的视角［J］．会计研究，2021，（2）：102－119.

［9］陈婧，方军雄．高铁开通、经理人市场竞争与高管薪酬激励［J］．财贸经济，2020，41（12）：132－146.

［10］顾小龙，辛宇，滕飞．违规监管具有治理效应吗——兼论股价同步性指标的两重性［J］．南开管理评论，2016，19（5）：41－54.

［11］He，J.，X. Tian. The dark side of analyst coverage：The case of innovation［J］. Journal of Financial Economics，2013，109（3）：856－878.

［12］ 陈钦源，马黎珺，伊志宏．分析师跟踪与企业创新绩效——中国的逻辑［J］．南开管理评论，2017，20（3）：15－27.

［13］ Baran，P. A.，P. M. Sweezy. Monopoly capital：An essay on the American economic and social order［M］. New York：Monthly Review Press，1966.

［14］ Epstein，G. A. Financialization and the world economy［M］. Edward Elgar，2006.

［15］ Palley，T. I. Financialization：What it is and why it matters［J］. Social Science Electronic Publishing，2007，26（9）：9－15.

［16］ 张成思．金融化的逻辑与反思［J］．经济研究，2019，54（11）：4－20.

［17］ Basak，S.，A. Pavlova. A model of financialization of commodities［J］. Journal of Finance，2016，71（4）：1511－1556.

［18］ Ibbotson，R. G.，Z. Chen，D. Y. J. Kim，et al. Liquidity as an investment style［J］. Financial Analysts Journal，2013，69（3）：30－44.

［19］ Arrighi，G. The long twentieth century：Money，Power，and the origins of our times［J］. American Political Science Association，1994，89（4）：427－436.

［20］ Krippner，G. R. The financialization of the American economy［J］. Socio－Economic Review，2005，3（2）：173－208.

［21］ Sawyer，M. What is financialization?［J］. International Journal of Political Economy，2013，42（4）：5－18.

［22］ Lazonick，W.，M. O'Sullivan. Maximizing shareholder value：a new ideology for corporate governance［J］. Economy and Society，2000，29（1）：13－35.

［23］ Froud，J.，C. Haslam，S. Johal，et al. Shareholder value and financialization：consultancy promises，management moves［J］. Economy and Society，2000，29（1）：80－110.

［24］ Lapavitsas，C. Financialised capitalism：Crisis and financial expropriation［J］. Historical Materialism，2009，17（2）：114－148.

［25］ Froud，J.，C. Haslam，S. Johal，et al. Financialization and the coupon pool [J]. Management & Production, 2001, 8 (3): 271 - 288.

[26] Foster, J. B. The financialization of accumulation [J]. Monthly Review, 2010, 62 (5): 1 - 17.

[27] Foster, J. B. The financialization of capital and the crisis [J]. Monthly Review, 2008, 59 (11): 1 - 19.

[28] Foster, J. B. The financialization of capitalism [J]. Monthly Review, 2007, 58 (11): 1 - 12.

[29] 鲁春义，丁晓钦．经济金融化行为的政治经济学分析——一个演化博弈框架 [J]. 财经研究，2016，42 (7)：52 - 62.

[30] 蔡明荣，任世驰．企业金融化：一项研究综述 [J]. 财经科学，2014，(7)：41 - 51.

[31] 戴赜，彭俞超，马思超．从微观视角理解经济“脱实向虚”——企业金融化相关研究述评 [J]. 外国经济与管理，2018，40 (11)：31 - 43.

[32] 吴敬琏．论现代企业制度 [J]. 财经研究，1994，(2)：3 - 13.

[33] 林毅夫，李周．现代企业制度的内涵与国有企业改革方向 [J]. 经济研究，1997，(3)：3 - 10.

[34] Shleifer, A., R. W. Vishny. A survey of corporate governance [J]. Journal of Finance, 1997, 52 (2): 737 - 783.

[35] Tirole, J. Corporate governance [J]. Econometrica, 2001, 69 (1): 1 - 15.

[36] Blair, M. M. Ownership and control: rethinking corporate governance for the twenty - first century [M]. Brookings: Brookings Institution Press, 1995: 432 - 469.

[37] 张维迎．所有制、治理结构及委托—代理关系——兼评崔之元和周其仁的一些观点 [J]. 经济研究，1996，(9)：3 - 15.

[38] 李维安．公司治理 [M]. 天津：南开大学出版社，2001.

[39] 郑志刚．对公司治理内涵的重新认识 [J]. 金融研究，2010，(8)：184 - 198.

[40] Rediker, K. J., A. Seth. Boards of directors and substitution effects of alternative governance mechanisms [J]. Strategic Management Journal,

1995, 16 (2): 85 - 99.

[41] 冯根福. 关于健全和完善我国上市公司治理结构几个关键问题的思考 [J]. 当代经济科学, 2001, (6): 23 - 28.

[42] 白重恩, 刘俏, 陆洲等. 中国上市公司治理结构的实证研究 [J]. 经济研究, 2005, (2): 81 - 91.

[43] Denis, D. K. Twenty - five years of corporate governance research and counting [J]. Review of Financial Economics, 2001, 10 (3): 191 - 212.

[44] 谢志华. 关于公司治理的若干问题 [J]. 会计研究, 2008, (12): 63 - 68.

[45] Fisher, M. R. Exploration in saving behaviour [J]. Oxford Bulletin of Economics and Statistics, 1956, 18 (3): 201 - 277.

[46] Friedman, M. A theory of the consumption function [M]. Princeton: Princeton University Press, 1957.

[47] Dynan, K. E. How prudent are consumers? [J]. Journal of Political Economics, 1993, 101 (2): 1104 - 1113.

[48] Guiso, L., T. Jappelli, D. Terlizzese. Earnings uncertainty and precautionary saving [J]. Journal of Monetary Economics, 1992, 30 (2): 307 - 337.

[49] Zeldes, S. P. Optimal consumption with stochastic income: Deviations from certainty equivalence [J]. Quarterly Journal of Economics, 1989, 104 (2): 275 - 298.

[50] Keynes, J. M. The general theory of interest, employmentand money [M]. London: Macmillan, 1936.

[51] 余靖雯, 郭凯明, 龚六堂. 宏观政策不确定性与企业现金持有 [J]. 经济学 (季刊), 2019, 18 (3): 987 - 1010.

[52] 姜彭, 王文忠, 雷光勇. 政治冲击、不确定性与企业现金持有 [J]. 南开管理评论, 2015, 18 (4): 130 - 138.

[53] Han, S., J. Qiu. Corporate precautionary cash holdings [J]. Journalof Corporate Finance, 2007, 13 (1): 43 - 57.

[54] Rasmusen, E. Games and information : an introduction to game theory [M]. Oxford: Blackwell Publisher, 1989.

[55] Akerlof, G. A. The market for "Lemons": Quality uncertainty and the market mechanism [J]. Quarterly Journal of Economics, 1970, 84 (3): 488 -500.

[56] Arrow, K. J. Uncertainty and the welfare economics of medical care [J]. American Economic Review, 1963, 53 (5): 941 -973.

[57] Berle, A., G. Means. The modern corporation and private property [M]. New York: Macmillan, 1932.

[58] Jensen, M. C., W. H. Meckling. Theory of the firm: Managerial behavior, agency costs and ownership structure [J]. Journal of Financial Economics, 1976, 3 (4): 305 -360.

[59] Rubinstein, A. Equilibrium in supergames with the overtaking criterion [J]. Journal of Economic Theory, 1979, 21 (1): 1 -9.

[60] Fama, E. F. Agency problems and the theory of the firm [J]. Journal of Political Economy, 1980, 88 (2): 288 -307.

[61] Holmstrom, B., J. Costa. Managerial incentives and capital management [J]. The Quarterly Journal of Economics, 1986, 101 (4): 835 -860.

[62] 许成钢. 法律、执法与金融监管——介绍"法律的不完备性"理论 [J]. 经济社会体制比较, 2001, (5): 1 -12.

[63] Harris, M., B. Holmstorm. Theory of wage dynamics [J]. Review of Economic studies, 1982, 49 (3): 315 -333.

[64] Gibbons, R., K. J. Murphy. Optimal incentive contracts in the presence of career concerns: Theory and evidence [R]. National Bureau of Economic Research: 1992.

[65] Holmstrom, B. Managerial incentive problems: A dynamic perspective [J]. Review of Economic Studies, 1999, 66 (1): 169 -182.

[66] 黄群慧, 李春琦. 报酬、声誉与经营者长期化行为的激励 [J]. 中国工业经济, 2001, (1): 58 -63.

[67] 严建苗, 万建军. 国有企业间经理人市场的声誉机制分析 [J]. 数量经济技术经济研究, 2002, (3): 36 -39.

[68] 耿卫东. 经理人市场:"事后评估机制"与"事前激励机制"对

经理人行为的影响［J］．经济管理，2004，(18)：59－64.

［69］袁春生，吴永明，韩洪灵．职业经理人会关注他们的市场声誉吗——来自中国资本市场舞弊行为的经验透视［J］．中国工业经济，2008，(7)：151－160.

［70］陈国进，林辉，王磊．公司治理、声誉机制和上市公司违法违规行为分析［J］．南开管理评论，2005，(6)：35－40.

［71］卢馨，丁艳平，汪柳希．经理人市场化能抑制国企高管腐败吗？——经理人市场竞争对公司高管权力和行为约束效应分析［J］．商业研究，2017，(1)：126－134.

［72］董维明，葛晶，黄谦．外部经理人市场对企业盈余管理影响的实证研究［J］．数量经济技术经济研究，2018，35 (5)：112－127.

［73］李俊成．监管处罚能抑制上市公司违规吗？——一个反常规的经验证据［J］．现代财经（天津财经大学学报），2016，36 (6)：66－79.

［74］Farber，D. B. Restoring trust after fraud：Does corporate governance matter?［J］. The Accounting Review，2005，80 (2)：539－561.

［75］Marciukaityte，D.，S. H. Szewczyk，H. Uzun，et al. Governance and performance changes after accusations of corporate fraud［J］. Financial Analysts Journal，2006，62 (3)：32－41.

［76］陈运森，邓祎璐，李哲．证券交易所一线监管的有效性研究：基于财务报告问询函的证据［J］．管理世界，2019，35 (3)：169－185.

［77］黎文靖．会计信息披露政府监管的经济后果——来自中国证券市场的经验证据［J］．会计研究，2007，(8)：13－21.

［78］Feroz，E. H.，K. Park，V. S. Pastena. Discussion of the financial and market effects of the SEC's accounting and auditing enforcement releases［J］. Journal of Accounting Research，1991，29 (107)：143－148.

［79］Dechow，P. M.，R. G. Sloan，A. P. Sweeney. Causes and consequences of earnings manipulations：An analysis of firms subject to enforcement actions by the SEC［J］. Contemporary Accounting Research，1996，13 (1)：1－36.

［80］杨玉凤，曹琼，吴晓明．上市公司信息披露违规市场反应差异研究——2002—2006 年的实证分析［J］．审计研究，2008，(5)：68－73.

[81] 吴溪，张俊生．上市公司立案公告的市场反应及其含义［J］．会计研究，2014，(4)：10－18.

[82] 张宗新，朱伟骅．证券监管、执法效率与投资者保护——基于国际经验的一种实证分析［J］．财贸经济，2007，(11)：3－8.

[83] 宋云玲，李志文，纪新伟．从业绩预告违规看中国证券监管的处罚效果［J］．金融研究，2011，(6)：136－149.

[84] 高利芳，盛明泉．证监会处罚对公司盈余管理的影响后果及机制研究［J］．财贸研究，2012，23 (1)：134－141.

[85] 郝旭光，朱冰，张士玉．中国证券市场监管政策效果研究——基于问卷调查的分析［J］．管理世界，2012，(7)：44－53.

[86] 朱春艳，伍利娜．上市公司违规问题的审计后果研究——基于证券监管部门处罚公告的分析［J］．审计研究，2009，(4)：42－51.

[87] 王兵，李晶，苏文兵等．行政处罚能改进审计质量吗？——基于中国证监会处罚的证据［J］．会计研究，2011，(12)：86－92.

[88] Karpoff, J. M., J. R. Lott. The reputational penalty firms bear from committing criminal fraud [J]. Journal of Law & Economics, 1993, 36 (2): 757－802.

[89] 李晓玲，侯啸天，葛长付．慈善捐赠是真善还是伪善：基于企业违规的视角［J］．上海财经大学学报，2017，19 (4)：66－78.

[90] 胡奕明，林文雄，王玮璐．证券分析师的信息来源、关注域与分析工具［J］．金融研究，2003，(12)：52－63.

[91] 廖明情，孙继欣，邓路．社会关系在分析师调研过程中的作用——基于利益冲突和信息优势的视角［J］．南开管理评论，2021，24 (1)：148－158.

[92] Cheng, Q., F. Du, X. Wang, et al. Seeing is believing: analysts' corporate site visits [J]. Review of Accounting Studies, 2016, 21 (4): 1－42.

[93] 肖斌卿，彭毅，方立兵等．上市公司调研对投资决策有用吗——基于分析师调研报告的实证研究［J］．南开管理评论，2017，20 (1)：119－131.

[94] 杨青，吉赟，王亚男．高铁能提升分析师盈余预测的准确度吗？——来自上市公司的证据［J］．金融研究，2019，(3)：168－188.

［95］于忠泊，田高良，齐保垒等．媒体关注的公司治理机制——基于盈余管理视角的考察［J］．管理世界，2011，（9）：127－140.

［96］Barber, B. M., T. Odean. All that glitters: The effect of attention and news on the buying behavior of individual and institutional investors［J］. Review of Financial Studies, 2008, 21 (2): 785－818.

［97］周开国，应千伟，陈晓娴．媒体关注度、分析师关注度与盈余预测准确度［J］．金融研究，2014，（2）：139－152.

［98］谭松涛，甘顺利，阚铄．媒体报道能够降低分析师预测偏差吗？［J］．金融研究，2015，（5）：192－206.

［99］张宗新，吴钊颖．媒体情绪传染与分析师乐观偏差——基于机器学习文本分析方法的经验证据［J］．管理世界，2021，37（1）：170－185.

［100］Hermida, A., F. Fletcher, D. Korell, et al. Share, like, recommend［J］. Journalism Studies, 2012, 13 (5－6): 815－824.

［101］Mullainathan, S., A. Shleifer. The market for news［J］. American Economic Review, 2005, 95 (4): 1031－1053.

［102］宋乐，张然．上市公司高管证券背景影响分析师预测吗？［J］．金融研究，2010，（6）：112－123.

［103］袁振超，张路，岳衡．分析师现金流预测能够提高盈余预测准确性吗——来自我国A股市场的经验证据［J］．金融研究，2014，（5）：162－177.

［104］李馨子，肖土盛．管理层业绩预告有助于分析师盈余预测修正吗［J］．南开管理评论，2015，18（2）：30－38.

［105］王雄元，彭旋．稳定客户提高了分析师对企业盈余预测的准确性吗？［J］．金融研究，2016，（5）：156－172.

［106］丘心颖，郑小翠，邓可斌．分析师能有效发挥专业解读信息的作用吗？——基于汉字年报复杂性指标的研究［J］．经济学（季刊），2016，15（4）：1483－1506.

［107］王雄元，李岩琼，肖忞．年报风险信息披露有助于提高分析师预测准确度吗？［J］．会计研究，2017，（10）：37－43.

［108］褚剑，秦璇，方军雄．中国式融资融券制度安排与分析师盈利预测乐观偏差［J］．管理世界，2019，35（1）：151－166.

[109] 李丹，袁淳，廖冠民．卖空机制与分析师乐观性偏差——基于双重差分模型的检验 [J]．会计研究，2016，(9)：25 - 31.

[110] 新夫，梁上坤，戴捷敏等．出口影响分析师预测偏差吗？[J]．会计研究，2017，(6)：31 - 37.

[111] 何熙琼，尹长萍．企业战略差异度能否影响分析师盈余预测——基于中国证券市场的实证研究 [J]．南开管理评论，2018，21 (2)：149 - 159.

[112] 刘青青，陈宋生．暗送秋波：管理层引导与分析师盈余预测误差 [J]．南开管理评论，2019，22 (5)：207 - 224.

[113] Opler, T., L. Pinkowitz, R. Stulz, et al. The determinants and implications of corporate cash holdings [J]. Journal of Financial Economics, 1999, 52 (1): 3 - 46.

[114] Tornell, A. Real vs. financial investment can Tobin taxes eliminate the irreversibility distortion? [J]. Journal of Development Economics, 1990, 32 (2): 419 - 444.

[115] 胡奕明，王雪婷，张瑾．金融资产配置动机："蓄水池" 或 "替代"？——来自中国上市公司的证据 [J]．经济研究，2017，52 (1)：181 - 194.

[116] 杜勇，张欢，陈建英．金融化对实体企业未来主业发展的影响：促进还是抑制 [J]．中国工业经济，2017，(12)：113 - 131.

[117] 王红建，李茫茫，汤泰劼．实体企业跨行业套利的驱动因素及其对创新的影响 [J]．中国工业经济，2016，(11)：73 - 89.

[118] 彭俞超，韩珣，李建军．经济政策不确定性与企业金融化 [J]．中国工业经济，2018，(1)：137 - 155.

[119] 张成思，郑宁．中国实体企业金融化：货币扩张、资本逐利还是风险规避？[J]．金融研究，2020，(9)：1 - 19.

[120] Holmstrom, B. Agency costs and innovation [J]. Journal of Economic Behavior & Organization, 1989, 12 (3): 305 - 327.

[121] 徐经长，曾雪云．公允价值计量与管理层薪酬契约 [J]．会计研究，2010，(3)：12 - 19.

[122] Faccio, M., L. Lang. The ultimate ownership of Western European corporations [J]. Journal of Financial Economics, 2002, 65 (3): 365 - 395.

[123] Claessens, S., S. Djankov, L. Lang. The separation of ownership and control in East Asian corporations [J]. Journal of Financial Economics, 2000, 58 (1-2): 81-112.

[124] La Porta, R., F. Lopez-de-Silanes, A. Shleifer. Corporate ownership around the world [J]. Journal of Finance, 1999, 54 (2): 471-517.

[125] 文春晖，任国良．虚拟经济与实体经济分离发展研究——来自中国上市公司2006-2013年的证据 [J]．中国工业经济，2015，(12): 115-129.

[126] Bar-Ilan, A., W. C. Strange. Investment lags [J]. American Economic Review, 1996, 86 (3): 610-622.

[127] Abel, A. B. Optimal investment under uncertainty [J]. American Economic Review, 1983, 73 (1): 228-233.

[128] 谭小芬，张文婧．经济政策不确定性影响企业投资的渠道分析 [J]．世界经济，2017，40 (12): 3-26.

[129] 饶品贵，岳衡，姜国华．经济政策不确定性与企业投资行为研究 [J]．世界经济，2017，40 (2): 27-51.

[130] Huseyin, G., I. Mihai. Policy uncertainty and corporate investment [J]. Review of Financial Studies, 2015, 29 (3): 523-564.

[131] Pastor, L., P. Veronesi. Political uncertainty and risk premia [J]. Journal of Financial Economics, 2013, 110 (3): 520-545.

[132] Bittlingmayer, G. Output, stock volatility, and political uncertainty in a natural experiment: Germany, 1880-1940 [J]. Journal of Finance, 1998, 53 (6): 2243-2257.

[133] Duchin, R., T. Gilbert, J. Harford, et al. Precautionary savings with risky assets: When cash is not cash [J]. Journal of Finance, 2017, 72 (2): 793-852.

[134] 聂辉华，阮睿，沈吉．企业不确定性感知、投资决策和金融资产配置 [J]．世界经济，2020，43 (6): 77-98.

[135] 孙华妤，郑莉萍，廖佳．货币政策、信贷期限结构与企业金融化 [J]．国际金融研究，2021，(8): 13-21.

[136] 杨筝，王红建，戴静等．放松利率管制、利润率均等化与实体企业“脱实向虚”[J]．金融研究，2019，(6)：20-38.

[137] 马勇，陈点点．宏观审慎政策如何影响企业金融化？[J]．国际金融研究，2020，(3)：13-22.

[138] 戴静，杨筝，刘贯春．银行业竞争与企业金融资产配置结构异质性[J]．管理评论，2022，34(1)：69-78.

[139] 钟凯，梁鹏，王秀丽等．数字普惠金融有助于抑制实体经济“脱实向虚”吗？——基于实体企业金融资产配置的分析[J]．国际金融研究，2022，(2)：13-21.

[140] 谭德凯，田利辉．民间金融发展与企业金融化[J]．世界经济，2021，44(3)：61-85.

[141] 于连超，张卫国，毕茜．产业政策与企业“脱实向虚”：市场导向还是政策套利[J]．南开管理评论，2021，24(4)：128-142.

[142] 郭飞，马睿，谢香兵．产业政策、营商环境与企业脱虚向实——基于国家五年规划的经验证据[J]．财经研究，2022，48(2)：33-46.

[143] 向海凌，郭东琪，吴非．地方产业政策能否治理企业脱实向虚？——基于政府行为视角下的中国经验[J]．国际金融研究，2020，(8)：3-12.

[144] Denis, D. K., J. J. McConnell. International corporate governance [J]. Journal of Financial and Quantitative Analysis, 2003, 38 (1): 1-36.

[145] 钱爱民，吴春天，朱大鹏．民营企业混合所有制能促进实体经济“脱虚返实”吗？[J]．南开管理评论，2021，(12)：1-36.

[146] 刘伟，曹瑜强．机构投资者驱动实体经济“脱实向虚”了吗[J]．财贸经济，2018，39(12)：80-94.

[147] Lazonick, W. Innovative business models and varieties of capitalism: Financialization of the U.S. corporation [J]. Business History Review, 2010, 84 (4): 675-702.

[148] 邓超，张梅，唐莹．中国非金融企业金融化的影响因素分析[J]．财经理论与实践，2017，38(2)：2-8.

[149] 王红建，曹瑜强，杨庆等．实体企业金融化促进还是抑制了企业

创新——基于中国制造业上市公司的经验研究 [J]. 南开管理评论, 2017, 20 (1): 155-166.

[150] 彭俞超, 倪骁然, 沈吉. 企业"脱实向虚"与金融市场稳定——基于股价崩盘风险的视角 [J]. 经济研究, 2018, 53 (10): 50-66.

[151] 李建军, 韩珣. 非金融企业影子银行化与经营风险 [J]. 经济研究, 2019, 54 (8): 21-35.

[152] 黄贤环, 吴秋生, 王瑶. 金融资产配置与企业财务风险: "未雨绸缪"还是"舍本逐末" [J]. 财经研究, 2018, 44 (12): 100-112.

[153] 戚聿东, 张任之. 金融资产配置对企业价值影响的实证研究 [J]. 财贸经济, 2018, 39 (5): 38-52.

[154] 闫海洲, 陈百助. 产业上市公司的金融资产: 市场效应与持有动机 [J]. 经济研究, 2018, 53 (7): 152-166.

[155] 马永强, 张志远. 去杠杆与实体企业金融资产配置 [J]. 国际金融研究, 2021, (12): 14-23.

[156] 彭俞超, 黄志刚. 经济"脱实向虚"的成因与治理: 理解十九大金融体制改革 [J]. 世界经济, 2018, 41 (9): 3-25.

[157] 孟庆斌, 侯粲然. 社会责任履行与企业金融化——信息监督还是声誉保险 [J]. 经济学动态, 2020, (2): 45-58.

[158] 顾雷雷, 郭建鸾, 王鸿宇. 企业社会责任、融资约束与企业金融化 [J]. 金融研究, 2020, (2): 109-127.

[159] 杜勇, 邓旭. 中国式融资融券与企业金融化——基于分批扩容的准自然实验 [J]. 财贸经济, 2020, 41 (2): 69-83.

[160] 柳永明, 罗云峰. 外部盈利压力、多元化股权投资与企业的金融化 [J]. 财经研究, 2019, 45 (3): 73-85.

[161] 秦建文, 胡金城, 操应翔. 分析师关注与实体企业金融化 [J]. 技术经济, 2022, 41 (3): 139-152.

[162] Alchian, A. A. Uncertainty, evolution and economic theory [J]. Journal of Political Economy, 1950, 58 (3): 211-221.

[163] Holmstrom, B. Moral hazard in teams [J]. The Bell Journal of Economics, 1982, 13 (2): 324-340.

[164] Verrecchia, R. E., J. Weber. Redacted disclosure [J]. Journal of Accounting Research, 2006, 44 (4): 791-814.

[165] Hart, O. D. The market mechanism as an incentive scheme [J]. Bell Journal of Econmics, 1983, 14 (2): 366-382.

[166] Scharfstein, D. Product market competition and managerial Slack [J]. Rand Journal of Economics, 1988, 19 (1): 147-155.

[167] 谭云清，韩忠雪，朱荣林．产品市场竞争的公司治理效应研究综述 [J]. 外国经济与管理，2007，(1)：54-59.

[168] Bhattacharya, U., H. Daouk, M. Welker. The world price of earnings opacity [J]. Accounting Review, 2003, 78 (3): 641-678.

[169] Jagannathan, R., S. Srinivasan. Does product market competition reduce agency costs? [J]. The North American Journal of Economics and Finance, 1999, 10 (2): 387-399.

[170] Baggs, J., J. De Bettignies. Product market competition and agency costs [J]. Journal of Industrial Economics, 2007, 55 (2): 289-323.

[171] 李寿喜．产权、代理成本和代理效率 [J]. 经济研究，2007，(1)：102-113.

[172] 姜付秀，黄磊，张敏．产品市场竞争、公司治理与代理成本 [J]. 世界经济，2009，32 (10)：46-59.

[173] Cornaggia, J., Y. Mao, X. Tian, et al. Does banking competition affect innovation? [J]. Journal of Financial Economics, 2015, 115 (1): 189-209.

[174] Dasgupta, S., X. Li, A. Y. Wang. Product market competition shocks, firm performance, and forced CEO turnover [J]. Review of Financial Studies, 2018, 31 (11): 4187-4231.

[175] 褚剑，方军雄．政府审计能够抑制国有企业高管超额在职消费吗？[J]. 会计研究，2016，(9)：82-89.

[176] Ali, U., D. Hirshleifer. Shared analyst coverage: Unifying momentum spillover effects [J]. Journal of Financial Economics, 2020, 136 (3): 649-675.

[177] 廖明情，邓路，宋顺林．内部“军师”和外部“谋士”谁更重

要——基于基金公司内部数据的经验证据 [J]. 南开管理评论, 2018, 21 (3): 191 - 202.

[178] Derrien, F., A. Kecskes. The real effects of financial shocks: evidence from exogenous changes in analyst coverage [J]. Journal of Finance, 2013, 68 (4): 1407 - 1440.

[179] 薛祖云, 王冲. 信息竞争抑或信息补充: 证券分析师的角色扮演——基于我国证券市场的实证分析 [J]. 金融研究, 2011, (11): 167 - 182.

[180] Chan, K., A. Hameed. Stock price synchronicity and analyst coverage in emerging markets [J]. Journal of Financial Economics, 2006, 80 (1SI): 115 - 147.

[181] Frankel, R., X. Li. Characteristics of a firm's information environment and the information asymmetry between insiders and outsiders [J]. Journal of Accounting & Economics, 2004, 37 (2): 229 - 259.

[182] Womack, K. L. Do brokerage analysts' recommendations have investment value? [J]. Journal of Finance, 1996, 51 (1): 137 - 167.

[183] Lys, T., S. Sohn. The association between revisions of financial analysts' earnings forecasts and security price changes [J]. Journal of Accounting and Economics, 1990, 13 (4): 341 - 363.

[184] Healy, P. M., K. G. Palepu. Information asymmetry, corporate disclosure, and the capital markets: A review of the empirical disclosure literature [J]. Journal of Accounting and Economics, 2001, 31 (1): 405 - 440.

[185] Barth, M. E., R. Kasznik, M. F. McNichols. Analyst coverage and intangible assets [J]. Journal of Accounting Research, 2001, 39 (1): 1 - 34.

[186] Dyck, A., A. Morse, L. Zingales. Who blows the whistle on corporate fraud? [J]. Journal of Finance, 2010, 65 (6): 2213 - 2253.

[187] Bartov, E., D. Givoly, C. Hayn. The rewards to meeting or beating earnings expectations [J]. Journal of Accounting and Economics, 2002, 33 (2): 173 - 204.

[188] Hazarika, S., J. M. Karpoff, R. Nahata. Internal corporate governance, CEO turnover, and earnings management [J]. Journal of Financial

Economics, 2012, 104 (1): 44 -69.

[189] Matsunaga, S., C. Park. The effect of missing a quarterly earnings benchmark on the CEO's annual bonus [J]. Accounting Review, 2001, 76 (3): 313 -332.

[190] 周开国，应千伟，钟畅．媒体监督能够起到外部治理的作用吗？——来自中国上市公司违规的证据［J］．金融研究，2016，(6)：193 -206.

[191] 权小锋，吴世农．媒体关注的治理效应及其治理机制研究［J］．财贸经济，2012，(5)：59 -67.

[192] 于忠泊，田高良，齐保垒等．媒体关注的公司治理机制——基于盈余管理视角的考察［J］．管理世界，2011，(9)：127 -140.

[193] Dyck, A., N. Volchkova, L. Zingales. The corporate governance role of the media: Evidence from Russia [J]. Journal of Finance, 2008, 63 (3): 1093 -1135.

[194] Miller, G. S. The press as a watchdog for accounting fraud [J]. Journal of Accounting Research, 2006, 44 (5): 1001 -1033.

[195] 代彬，彭程，郝颖．国企高管控制权、审计监督与会计信息透明度［J］．财经研究，2011，37 (11)：113 -123.

[196] Kreps, D. M., K. R. Wilson. Reputation and imperfect information [J]. Journal of Economic Theory, 1982, 27 (2): 253 -279.

[197] Skinner, D. J., R. G. Sloan. Earnings surprises, growth expectations, and stock returns or don't let an earnings torpedo sink your portfolio [J]. Review of Accounting Studies, 2002, 7 (2): 313 -318.

[198] 褚剑，方军雄．中国式融资融券制度安排与股价崩盘风险的恶化［J］．经济研究，2016，51 (5)：143 -158.

[199] 柯艳蓉，李玉敏，吴晓晖．控股股东股权质押与企业投资行为——基于金融投资和实业投资的视角［J］．财贸经济，2019，40 (4)：50 -66.

[200] 孙国茂，陈国文．金融业利润增长对制造业的影响［J］．中国工业经济，2014，(4)：45 -57.

[201] 张成思，张步昙．中国实业投资率下降之谜：经济金融化视角［J］．经济研究，2016，51 (12)：32 -46.

[202] 胡海峰，窦斌，王爱萍. 企业金融化与生产效率 [J]. 世界经济，2020，43 (1)：70 -96.

[203] 张军，周亚虹，于晓宇. 企业金融化的同伴效应与实体部门经营风险 [J]. 财贸经济，2021，42 (8)：67 -80.

[204] Graham, J. R., C. R. Harvey, S. Rajgopal. The economic implications of corporate financial reporting [J]. Journal of Accounting and Economics, 2005, 40 (1): 3 -73.

[205] Core, J. E., R. W. Holthausen, D. F. Larcker. Corporate governance, chief executive officer compensation, and firm performance [J]. Journal of Financial Economics, 1999, 51 (2): 371 -406.

[206] Murphy, K. J. Corporate performance and managerial remuneration: An empirical analysis [J]. Journal of Accounting and Economics, 1985, 7 (1 - 3): 11 -42.

[207] Fama, E. F., M. C. Jensen. Agency problems and residual claims [J]. Journal of Law & Economics, 1983, 26 (2): 327 -349.

[208] Palepu, K. K. Is group affiliation profitable in emerging markets? An analysis of diversified Indian business groups [J]. Journal of Finance, 2000, 55 (2): 867 -891.

[209] 吴世飞. 股权集中与第二类代理问题研究述评 [J]. 外国经济与管理，2016，38 (1)：87 -100.

[210] Porta, R. L., F. Lopez - De - Silanes, A. Shleifer, et al. Law and finance [J]. Journal of Political Economy, 1998, 106 (6): 1113 -1155.

[211] Wolfenzon, D. A theory of pyramidal structures [M]. Harvard University, 1999.

[212] Mergenthaler, R., S. Rajgopal, S. Srinivasan. CEO and CFO career penalties to missing quarterly analysts forecasts [J]. Harvard Business School Working Paper, No. 09 -014, 2009.

[213] Matsunaga, S. R., C. W. Park. The effect of missing a quarterly earnings benchmark on the CEO's annual bonus. [J]. Accounting Review, 2001, 76 (3): 313 -332.

[214] 李秋梅，梁权熙．企业“脱实向虚”如何传染？——基于同群效应的视角 [J]．财经研究，2020，46 (8)：140 - 155.

[215] Demir, F. Financial liberalization, private investment and portfolio choice: Financialization of real sectors in emerging markets [J]. Journal of Development Economics, 2009, 88 (2): 314 - 324.

[216] 宋军，陆旸．非货币金融资产和经营收益率的 U 形关系——来自我国上市非金融公司的金融化证据 [J]．金融研究，2015，(6)：111 - 127.

[217] Crotty, J. The effects of increased product market competition and changes in financial markets on the performance of nonfinancial corporations in the neoliberal era [J]. Working Papers, Political Economy Research Institute, University of Massachusetts at Amherst, 2002.

[218] 张庆亮，孙景同．我国产融结合有效性的企业绩效分析 [J]．中国工业经济，2007，(7)：96 - 102.

[219] Orhangazi, O. Financialization and capital accumulation in the nonfinancial corporate sector: A theoretical and empirical investigation on the US economy, 1973 - 2004 [J]. Cambridge Journal of Economics, 2008, 32 (6): 863 - 886.

[220] Stockhammer, E. Financialisation and the slowdown of accumulation [J]. Cambridge Journal of Economics, 2004, 28 (5): 719 - 741.

[221] 解维敏．“脱虚向实”与建设创新型国家：践行十九大报告精神 [J]．世界经济，2018，41 (8)：3 - 25.

[222] 韩珣，田光宁，李建军．非金融企业影子银行化与融资结构——中国上市公司的经验证据 [J]．国际金融研究，2017，(10)：44 - 54.

[223] 程小可，姜永盛，郑立东．影子银行、企业风险承担与企业价值 [J]．财贸研究，2016，27 (6)：143 - 152.

[224] 于蔚，汪淼军，金祥荣．政治关联和融资约束：信息效应与资源效应 [J]．经济研究，2012，47 (9)：125 - 139.

[225] 谭之博，赵岳．企业规模与融资来源的实证研究——基于小企业银行融资抑制的视角 [J]．金融研究，2012，(3)：166 - 179.

[226] 王文甫，明娟，岳超云．企业规模、地方政府干预与产能过剩

[J]. 管理世界, 2014, (10): 17-36.

[227] Yonker, S. E. Geography and the market for CEOs [J]. Management Science, 2016, 63 (3): 609-630.

[228] 杜兴强, 彭妙薇. 高铁开通会促进企业高级人才的流动吗? [J]. 经济管理, 2017, 39 (12): 89-107.

[229] Fang, V. W., X. Tian, S. Tice. Does stock liquidity enhance or impede firm innovation? [J]. Journal of Finance, 2014, 69 (5): 2085-2125.

[230] 冯根福, 刘虹, 冯照桢等. 股票流动性会促进我国企业技术创新吗? [J]. 金融研究, 2017, (3): 192-206.

[231] 范欣, 宋冬林, 赵新宇. 基础设施建设打破了国内市场分割吗? [J]. 经济研究, 2017, 52 (2): 20-34.

[232] 赵静, 黄敬昌, 刘峰. 高铁开通与股价崩盘风险 [J]. 管理世界, 2018, 34 (1): 157-168.

[233] 周茜, 许晓芳, 陆正飞. 去杠杆, 究竟谁更积极与稳妥? [J]. 管理世界, 2020, 36 (8): 127-148.

[234] 顾乃康, 周艳利. 卖空的事前威慑、公司治理与企业融资行为——基于融资融券制度的准自然实验检验 [J]. 管理世界, 2017, (2): 120-134.

[235] 陈冬华, 梁上坤, 蒋德权. 不同市场化进程下高管激励契约的成本与选择: 货币薪酬与在职消费 [J]. 会计研究, 2010, (11): 56-64.

[236] 雷宇. 制度环境、声誉机制与会计稳健性 [J]. 财贸研究, 2013, 24 (3): 134-141.

[237] 连玉君, 彭方平, 苏治. 融资约束与流动性管理行为 [J]. 金融研究, 2010, (10): 158-171.

[238] 陈国进, 赵向琴, 林辉. 上市公司违法违规处罚和投资者利益保护效果 [J]. 财经研究, 2005, (8): 48-58.

[239] Kim, O., R. E. Verrecchia. The relation among disclosure, returns, and trading volume information [J]. Accounting Review, 2001, 76 (4): 633-654.

[240] Dechow, P. M., A. P. Hutton, J. H. Kim, et al. Detecting earnings management: A new approach [J]. Journal of Accounting Research,

2012, 50 (2): 275 - 334.

[241] 刘汉民. 所有制、制度环境与公司治理效率 [J]. 经济研究, 2002, (6): 63 - 68.

[242] 吴晓晖, 郭晓冬, 乔政. 机构投资者抱团与股价崩盘风险 [J]. 中国工业经济, 2019, (2): 117 - 135.

[243] 窦炜, 张书敏. 政府审计对国有企业金融资产配置的影响研究 [J]. 管理学报, 2022, 19 (3): 453 - 462.

[244] 陈工孟, 高宁. 我国证券监管有效性的实证研究 [J]. 管理世界, 2005, (7): 40 - 47.

[245] 伊志宏, 杨圣之, 陈钦源. 分析师能降低股价同步性吗——基于研究报告文本分析的实证研究 [J]. 中国工业经济, 2019, (1): 156 - 173.

[246] 余明桂, 钟慧洁, 范蕊. 分析师关注与企业创新——来自中国资本市场的经验证据 [J]. 经济管理, 2017, 39 (3): 175 - 192.

[247] Tian, X., T. Y. Wang. Tolerance for failure and corporate innovation [J]. The Review of Financial Studies, 2014, 27 (1): 211 - 255.

[248] Aghion, P., J. V. Reenen, L. Zingales. Innovation and institutional ownership. [J]. American Economic Review, 2013, 103 (1): 277 - 304.

[249] 李青原, 李江冰, 江春等. 金融发展与地区实体经济资本配置效率——来自省级工业行业数据的证据 [J]. 经济学 (季刊), 2013, 12 (2): 527 - 548.

[250] Kaplan, S. N., Z. Luigi. Do investment - cash flow sensitivities provide useful measures of financing constraints? [J]. Quarterly Journal of Economics, 1997, 112 (1): 169 - 215.

[251] 李春涛, 宋敏, 张璇. 分析师跟踪与企业盈余管理——来自中国上市公司的证据 [J]. 金融研究, 2014, (7): 124 - 139.

[252] Yu, F. F. Analyst coverage and earnings management [J]. Journal of Financial Economics, 2008, 88 (2): 245 - 271.

[253] Kim, J. B., L. Y. Li, L. Y. Lu, et al. Financial statement comparability and expected crash risk [J]. Journal of Accounting & Economics, 2016, 61 (2 - 3): 294 - 312.

［254］Kim, J. B., L. D. Zhang. Financial reporting opacity and expected crash risk: Evidence from implied volatility smirks［J］. Contemporary Accounting Research, 2014, 31 (3): 851－875.

［255］Xu, N., K. C. Chan, X. Jiang, et al. Do star analysts know more firm－specific information? Evidence from China［J］. Journal of banking & finance, 2013, 37 (1): 89－102.

［256］Loh, R. K., R. M. Stulz. When are analyst recommendation changes influential?［J］. Review of Financial Studies, 2011, 24 (2): 593－627.

［257］翟胜宝，张雯，曹源等．分析师跟踪与审计意见购买［J］．会计研究，2016，(6)：86－93.

［258］朱红军，何贤杰，陶林．中国的证券分析师能够提高资本市场的效率吗——基于股价同步性和股价信息含量的经验证据［J］．金融研究，2007，(2)：110－121.

［259］王玉涛，王彦超．业绩预告信息对分析师预测行为有影响吗［J］．金融研究，2012，(6)：193－206.

［260］Bowen, R. M., A. K. Davis, D. A. Matsumoto. Do conference calls affect analysts' forecasts?［J］. The Accounting Review, 2002, 77 (2): 285－316.

附　　录

附表 1　　匹配平衡假设检验（2008 年）

变量名称	匹配	均值		标准化偏差	t 值	p 值
		处理组	控制组			
SOE	匹配前	0.6908	0.6035	18.3	3.03	0.002
	匹配后	0.5840	0.6183	-7.2	-0.80	0.423
Size	匹配前	21.9380	20.8660	105.3	16.58	0.000
	匹配后	21.1340	21.2060	-7.1	-1.08	0.283
ROA	匹配前	0.0399	-0.0131	65.3	11.20	0.000
	匹配后	0.0130	0.0068	7.6	0.95	0.340
TobinQ	匹配前	1.3855	1.5387	-18.0	-3.19	0.001
	匹配后	1.3884	1.4246	-4.3	-0.51	0.607
Growth	匹配前	0.1924	0.0595	31.6	5.37	0.000
	匹配后	0.1223	0.0953	6.4	0.80	0.427
Lev	匹配前	0.4998	0.5513	-23.8	-4.05	0.000
	匹配后	0.5085	0.5264	-8.2	-0.96	0.337
Largest	匹配前	37.6620	31.6650	41.5	6.67	0.000
	匹配后	32.5080	32.7160	-1.4	-0.18	0.860
Fata	匹配前	0.3124	0.2912	11.8	1.95	0.051
	匹配后	0.2841	0.2873	-1.8	-0.22	0.829
CF	匹配前	0.0652	0.0372	36.7	6.08	0.000
	匹配后	0.0495	0.0506	-1.5	-0.19	0.848

附表 2　　　　　　匹配平衡假设检验（2009 年）

变量名称	匹配	均值		标准化偏差	*t* 值	*p* 值
		处理组	控制组			
SOE	匹配前	0.6472	0.5331	23.3	3.67	0.000
	匹配后	0.5190	0.5443	-5.2	-0.55	0.582
Size	匹配前	21.9280	20.7140	112.7	16.34	0.000
	匹配后	20.9130	20.9660	-4.9	-0.75	0.453
ROA	匹配前	0.0422	-0.0222	70.1	12.82	0.000
	匹配后	0.0121	0.0108	1.4	0.17	0.862
TobinQ	匹配前	2.3104	3.0175	-44.4	-7.73	0.000
	匹配后	2.5714	2.6977	-7.9	-0.91	0.363
Growth	匹配前	0.0983	0.0186	11.4	1.95	0.052
	匹配后	0.0456	0.0547	-1.8	-0.21	0.834
Lev	匹配前	0.5024	0.5732	-29.9	-5.09	0.000
	匹配后	0.5082	0.5279	-8.3	-0.94	0.349
Largest	匹配前	37.1770	30.9690	42.7	6.43	0.000
	匹配后	31.8190	31.9840	-1.1	-0.13	0.897
Fata	匹配前	0.3044	0.2615	23.5	3.71	0.000
	匹配后	0.2815	31.9840	7.1	0.82	0.415
CF	匹配前	0.0709	0.0374	40.1	6.42	0.000
	匹配后	0.0457	0.0484	-3.3	-0.38	0.703

附表 3　　　　　　匹配平衡假设检验（2010 年）

变量名称	匹配	均值		标准化偏差	*t* 值	*p* 值
		处理组	控制组			
SOE	匹配前	0.6285	0.5149	23.1	3.58	0.000
	匹配后	0.5727	0.5507	4.5	0.47	0.637
Size	匹配前	22.0680	20.8600	110.5	15.57	0.000
	匹配后	21.0310	21.0590	-2.5	-0.37	0.715
ROA	匹配前	0.0531	0.0071	68.6	11.94	0.000
	匹配后	0.0238	0.0184	8.0	0.94	0.384
TobinQ	匹配前	2.5586	3.0273	-26.6	-4.29	0.000
	匹配后	2.7003	2.8442	-8.2	-0.95	0.341

续表

变量名称	匹配	均值		标准化偏差	*t* 值	*p* 值
		处理组	控制组			
Growth	匹配前	0.3524	0.2498	18.4	3.12	0.002
	匹配后	0.2774	0.3020	-4.4	-0.47	0.639
Lev	匹配前	0.4993	0.5626	-27.3	-4.58	0.000
	匹配后	0.5146	0.5292	-6.3	-0.69	0.492
Largest	匹配前	36.7940	30.7720	41.5	6.16	0.000
	匹配后	31.8060	31.7710	0.2	0.03	0.979
Fata	匹配前	0.2853	0.2525	18.3	2.86	0.004
	匹配后	0.2532	0.2562	-1.7	-0.19	0.847
CF	匹配前	0.0549	0.0262	36.3	5.62	0.000
	匹配后	0.0311	0.0342	-3.9	-0.41	0.679

附表 4　　匹配平衡假设检验（2011 年）

变量名称	匹配	均值		标准化偏差	*t* 值	*p* 值
		处理组	控制组			
SOE	匹配前	0.5547	0.5552	-0.1	-0.01	0.990
	匹配后	0.5348	0.5348	0.0	0.00	1.000
Size	匹配前	22.1070	21.0070	95.1	14.43	0.000
	匹配后	21.1030	21.1930	-7.8	-1.09	0.275
ROA	匹配前	0.0490	-0.0025	67.7	12.05	0.000
	匹配后	0.0199	0.0158	5.4	0.64	0.524
TobinQ	匹配前	1.7959	2.3355	-38.9	-7.07	0.000
	匹配后	2.0115	2.0918	-5.8	-0.67	0.502
Growth	匹配前	0.2580	0.1702	18.2	3.03	0.002
	匹配后	0.2116	0.1698	8.7	1.09	0.295
Lev	匹配前	0.4781	0.5527	-30.4	-5.06	0.000
	匹配后	0.4911	0.5076	-6.7	-0.72	0.470
Largest	匹配前	36.5840	30.3000	43.3	6.27	0.000
	匹配后	31.0710	30.9150	1.1	0.13	0.900

续表

变量名称	匹配	均值		标准化偏差	t 值	p 值
		处理组	控制组			
Fata	匹配前	0.2556	0.2576	-1.2	-0.18	0.854
	匹配后	0.2627	0.2524	6.0	0.67	0.502
CF	匹配前	0.0395	0.0146	31.9	4.84	0.000
	匹配后	0.0211	0.0181	3.8	0.41	0.678

附表 5　　　　匹配平衡假设检验（2012 年）

变量名称	匹配	均值		标准化偏差	t 值	p 值
		处理组	控制组			
SOE	匹配前	0.4616	0.4875	-5.5	-0.95	0.343
	匹配后	0.4801	0.4688	2.3	0.30	0.763
Size	匹配前	22.1170	21.2060	80.5	13.87	0.000
	匹配后	21.3690	21.3950	-2.3	-0.39	0.698
ROA	匹配前	0.0435	0.0043	59.1	12.15	0.000
	匹配后	0.0180	0.0205	-3.8	-0.63	0.527
TobinQ	匹配前	1.6320	2.0754	-35.4	-7.60	0.000
	匹配后	1.7293	1.8169	-7.0	-1.04	0.299
Growth	匹配前	0.1524	0.0897	12.3	2.45	0.014
	匹配后	0.1378	0.0863	10.1	1.43	0.154
Lev	匹配前	0.4329	0.5112	-33.1	-6.34	0.000
	匹配后	0.4566	0.4639	-3.1	-0.43	0.665
Largest	匹配前	37.4290	31.8090	38.0	6.76	0.000
	匹配后	32.0970	32.9410	-5.7	-0.80	0.422
Fata	匹配前	0.2485	0.2434	3.1	0.56	0.575
	匹配后	0.2529	0.2402	7.7	1.05	0.295
CF	匹配前	0.0516	0.0240	38.4	7.17	0.000
	匹配后	0.0259	0.0339	-11.3	-1.54	0.123

附表 6　　匹配平衡假设检验（2013 年）

变量名称	匹配	均值		标准化偏差	t 值	p 值
		处理组	控制组			
SOE	匹配前	0.4185	0.4418	-4.7	-0.96	0.335
	匹配后	0.4217	0.4280	-1.3	-0.20	0.845
Size	匹配前	22.1580	21.4190	63.9	12.57	0.000
	匹配后	21.5080	21.5550	-4.0	-0.76	0.447
ROA	匹配前	0.0454	0.0050	66.6	14.52	0.000
	匹配后	0.0205	0.0184	3.6	0.64	0.520
TobinQ	匹配前	1.8858	2.0300	-11.1	-2.44	0.015
	匹配后	1.8228	1.8950	-5.6	-0.98	0.325
Growth	匹配前	0.1758	0.1221	12.7	2.75	0.006
	匹配后	0.1414	0.1395	0.4	0.07	0.941
Lev	匹配前	0.4222	0.4854	-28.0	-5.93	0.000
	匹配后	0.4479	0.4497	-0.8	-0.13	0.897
Largest	匹配前	37.0120	32.4640	30.6	6.18	0.000
	匹配后	33.9510	32.9240	6.9	1.15	0.251
Fata	匹配前	0.2462	0.2519	-3.4	-0.70	0.483
	匹配后	0.2493	0.2461	1.9	0.30	0.765
CF	匹配前	0.0478	0.0193	40.4	8.39	0.000
	匹配后	0.0264	0.0270	-1.0	-0.16	0.875

附表 7　　匹配平衡假设检验（2014 年）

变量名称	匹配	均值		标准化偏差	t 值	p 值
		处理组	控制组			
SOE	匹配前	0.3817	0.4798	-19.9	-3.96	0.000
	匹配后	0.4482	0.4313	3.4	0.49	0.625
Size	匹配前	22.2260	21.5130	60.0	11.61	0.000
	匹配后	21.6410	21.6910	-4.1	-0.70	0.487
ROA	匹配前	0.0435	0.0014	65.9	13.34	0.000
	匹配后	0.0184	0.0156	4.3	0.71	0.476
TobinQ	匹配前	2.1706	2.4764	-20.3	-4.42	0.000
	匹配后	2.2136	2.2556	-2.8	-0.44	0.660

续表

变量名称	匹配	均值		标准化偏差	t 值	p 值
		处理组	控制组			
Growth	匹配前	0.1637	0.0473	26.9	5.53	0.000
	匹配后	0.0761	0.0879	-2.7	-0.43	0.666
Lev	匹配前	0.4198	0.4906	-31.5	-6.53	0.000
	匹配后	0.4501	0.4557	-2.5	-0.36	0.716
Largest	匹配前	35.8800	35.5890	22.2	4.37	0.000
	匹配后	32.8950	33.6620	-5.2	-0.78	0.437
Fata	匹配前	0.2430	0.2560	-7.5	-1.54	0.123
	匹配后	0.2626	0.2507	6.9	0.99	0.321
CF	匹配前	0.0472	0.0239	33.0	6.72	0.000
	匹配后	0.0283	0.0304	-2.9	-0.42	0.673

附表 8　　匹配平衡假设检验（2015 年）

变量名称	匹配	均值		标准化偏差	t 值	p 值
		处理组	控制组			
SOE	匹配前	0.3722	0.4881	-23.6	-4.35	0.000
	匹配后	0.4786	0.4652	2.7	0.37	0.715
Size	匹配前	22.3520	21.6790	57.8	10.29	0.000
	匹配后	21.7280	21.7630	-3.0	-0.46	0.642
ROA	匹配前	0.0363	-0.0049	58.1	11.82	0.000
	匹配后	0.0075	0.0065	1.4	0.19	0.849
TobinQ	匹配前	3.0747	3.4231	-16.8	-3.23	0.001
	匹配后	3.2366	3.2546	-0.9	-0.13	0.900
Growth	匹配前	0.1562	0.0676	15.6	3.06	0.002
	匹配后	0.0819	0.0781	0.7	0.09	0.925
Lev	匹配前	0.4235	0.4714	-21.9	-4.20	0.000
	匹配后	0.4465	0.4480	-1.6	-0.22	0.824
Largest	匹配前	34.6000	31.7430	19.5	3.55	0.000
	匹配后	32.3070	32.4440	-0.9	-0.14	0.892

续表

变量名称	匹配	均值		标准化偏差	t 值	p 值
		处理组	控制组			
Fata	匹配前	0.2318	0.2675	-20.4	-3.85	0.000
	匹配后	0.2732	0.2562	9.7	1.35	0.177
CF	匹配前	0.0493	0.0307	26.5	4.99	0.000
	匹配后	0.0364	0.0342	3.2	0.43	0.671

附表 9　　匹配平衡假设检验（2016 年）

变量名称	匹配	均值		标准化偏差	t 值	p 值
		处理组	控制组			
SOE	匹配前	0.3554	0.4701	-23.4	-4.23	0.000
	匹配后	0.4773	0.4592	3.7	0.47	0.641
Size	匹配前	22.4800	21.6750	68.6	12.20	0.000
	匹配后	21.8240	21.8660	-3.6	-0.53	0.597
ROA	匹配前	0.0402	0.0054	55.1	11.10	0.000
	匹配后	0.0173	0.0169	0.7	0.09	0.930
TobinQ	匹配前	2.3435	3.3375	-53.8	-11.75	0.000
	匹配后	2.9960	2.9255	3.8	0.49	0.622
Growth	匹配前	0.2388	0.1334	20.2	3.68	0.000
	匹配后	0.1467	0.1357	2.1	0.32	0.750
Lev	匹配前	0.4198	0.4482	-12.9	-2.46	0.014
	匹配后	0.4288	0.4263	1.2	0.15	0.879
Largest	匹配前	33.4470	31.8490	11.0	1.97	0.049
	匹配后	32.9880	32.4910	3.4	0.45	0.652
Fata	匹配前	0.2205	0.2477	-15.7	-2.89	0.004
	匹配后	0.2676	0.2472	11.8	1.49	0.137
CF	匹配前	0.0496	0.0298	27.9	5.14	0.000
	匹配后	0.0393	0.0351	5.9	0.80	0.426

附表 10　　匹配平衡假设检验（2017 年）

变量名称	匹配	均值		标准化偏差	t 值	p 值
		处理组	控制组			
SOE	匹配前	0.3420	0.3763	-7.2	-1.49	0.137
	匹配后	0.3809	0.3519	6.0	0.90	0.368
Size	匹配前	22.6260	21.6050	90.3	18.46	0.000
	匹配后	21.7870	21.8400	-4.7	-0.85	0.398
ROA	匹配前	0.0455	0.0087	56.9	13.05	0.000
	匹配后	0.0228	0.0205	3.5	0.56	0.572
TobinQ	匹配前	1.9544	2.5878	-41.3	-10.10	0.000
	匹配后	2.1811	2.1628	1.2	0.22	0.829
Growth	匹配前	0.3076	0.2104	19.6	4.17	0.000
	匹配后	0.2290	0.2296	-0.1	-0.02	0.984
Lev	匹配前	0.4241	0.4303	-2.9	-0.63	0.525
	匹配后	0.4023	0.4089	-3.1	-0.47	0.638
Largest	匹配前	33.6150	30.4440	22.7	4.58	0.000
	匹配后	31.6960	31.2590	3.1	0.49	0.622
Fata	匹配前	0.2109	0.2175	-4.0	-0.84	0.400
	匹配后	0.2121	0.2152	-1.9	-0.30	0.764
CF	匹配前	0.0422	0.0223	29.2	6.05	0.000
	匹配后	0.0247	0.0262	-2.2	-0.33	0.739

附表 11　　匹配平衡假设检验（2018 年）

变量名称	匹配	均值		标准化偏差	t 值	p 值
		处理组	控制组			
SOE	匹配前	0.3228	0.3327	-2.1	-0.54	0.587
	匹配后	0.3103	0.2973	2.8	0.53	0.599
Size	匹配前	22.7250	21.6860	91.9	23.19	0.000
	匹配后	21.9760	22.0190	-3.8	-0.85	0.396
ROA	匹配前	0.0403	-0.0129	53.5	14.25	0.000
	匹配后	0.0148	0.0131	1.7	0.35	0.728
TobinQ	匹配前	1.5390	1.7427	-19.4	-5.20	0.000
	匹配后	1.5454	1.5290	1.6	0.37	0.714

续表

变量名称	匹配	均值		标准化偏差	*t* 值	*p* 值
		处理组	控制组			
Growth	匹配前	0.1897	0.1111	18.9	5.04	0.000
	匹配后	0.1548	0.1379	4.1	0.78	0.437
Lev	匹配前	0.4358	0.4293	3.1	0.82	0.415
	匹配后	0.4122	0.4189	-3.2	-0.61	0.542
Largest	匹配前	34.0840	31.0490	21.5	5.46	0.000
	匹配后	31.6340	31.4680	1.2	0.23	0.820
Fata	匹配前	0.2093	0.2095	-0.1	-0.03	0.979
	匹配后	0.2036	0.2086	-3.2	-0.60	0.547
CF	匹配前	0.0549	0.0284	38.7	10.02	0.000
	匹配后	0.0382	0.0373	1.3	0.26	0.794

附表 12　　匹配平衡假设检验（2019 年）

变量名称	匹配	均值		标准化偏差	*t* 值	*p* 值
		处理组	控制组			
SOE	匹配前	0.3260	0.2855	8.8	2.47	0.013
	匹配后	0.2778	0.2920	-3.1	-0.62	0.536
Size	匹配前	22.7240	21.6240	97.3	27.02	0.000
	匹配后	21.9580	22.0240	-5.8	-1.39	0.165
ROA	匹配前	0.0439	-0.0132	56.6	16.48	0.000
	匹配后	0.0196	0.0165	3.1	0.69	0.491
TobinQ	匹配前	1.8680	1.9752	-8.3	-2.38	0.018
	匹配后	1.7746	1.7583	1.3	0.31	0.733
Growth	匹配前	0.1583	0.0376	30.5	8.58	0.000
	匹配后	0.1047	0.0938	2.7	0.58	0.561
Lev	匹配前	0.4299	0.4390	-4.2	-1.22	0.222
	匹配后	0.4124	0.4231	-5.0	-1.04	0.0.298
Largest	匹配前	34.0610	30.5160	25.2	7.04	0.000
	匹配后	31.4220	31.4980	-0.5	-0.11	0.913

续表

变量名称	匹配	均值		标准化偏差	t 值	p 值
		处理组	控制组			
Fata	匹配前	0. 2106	0. 2050	3. 6	1. 02	0. 307
	匹配后	0. 2008	0. 2047	-2. 5	-0. 51	0. 607
CF	匹配前	0. 0711	0. 0397	47. 9	13. 56	0. 000
	匹配后	0. 0534	0. 0523	1. 6	0. 35	0. 729

附表 13　　匹配平衡假设检验（2020 年）

变量名称	匹配	均值		标准化偏差	t 值	p 值
		处理组	控制组			
SOE	匹配前	0. 3090	0. 3386	-6. 3	-1. 79	0. 073
	匹配后	0. 3103	0. 3103	0	0	1
Size	匹配前	22. 7810	21. 7970	83. 8	23. 58	0. 000
	匹配后	22. 1700	22. 1950	-2. 1	-0. 64	0. 644
ROA	匹配前	0. 0454	-0. 0094	61. 2	11. 57	0. 000
	匹配后	0. 0201	0. 0153	5. 4	1. 19	0. 235
TobinQ	匹配前	2. 2869	1. 9450	22. 6	6. 31	0. 000
	匹配后	1. 8585	1. 8940	-2. 3	-0. 59	0. 555
Growth	匹配前	0. 1102	0. 0002	25. 9	7. 40	0. 000
	匹配后	0. 0545	0. 0398	3. 5	0. 68	0. 496
Lev	匹配前	0. 4271	0. 4604	-15. 9	-4. 56	0. 000
	匹配后	0. 4389	0. 4358	1. 5	0. 31	0. 756
Largest	匹配前	32. 8250	30. 4650	16. 6	4. 67	0. 000
	匹配后	31. 6220	31. 6180	0	0. 01	0. 996
Fata	匹配前	0. 2055	0. 2066	-0. 7	-0. 19	0. 847
	匹配后	0. 1982	0. 2056	-4. 9	-0. 97	0. 330
CF	匹配前	0. 0715	0. 0379	51. 9	14. 72	0. 000
	匹配后	0. 0515	0. 0505	1. 5	0. 31	0. 757